Le son de vie
et la
sonorité des mondes

Catalogage avant publication de Bibliothèque et Archives nationales du Québec et Bibliothèque et Archives Canada

Comte, Emmanuel, 1959-

Le son de vie et la sonorité des mondes
(Collection Croissance personnelle)
ISBN 978-2-7640-1757-9

1. Son – Emploi en thérapeutique. 2. Musicothérapie. 3. Massage vibratoire. I. Titre. II. Collection : Collection Croissance personnelle.

RZ999.C65 2011 615.8'3 C2011-940778-7

Une compagnie de Quebecor Media
7, chemin Bates
Montréal (Québec) Canada
H2V 4V7

Dépôt légal : 2011
Bibliothèque et Archives nationales du Québec

Pour en savoir davantage sur nos publications, visitez notre site : www.quebecoreditions.com

Éditeur : Jacques Simard
Conception de la couverture : Bernard Langlois
Illustration de la couverture : Istockphoto
Conception graphique : Sandra Laforest
Infographie : Claude Bergeron

Imprimé au Canada

Gouvernement du Québec – Programme de crédit d'impôt pour l'édition de livres – Gestion SODEC.

L'Éditeur bénéficie du soutien de la Société de développement des entreprises culturelles du Québec pour son programme d'édition.

Nous reconnaissons l'aide financière du gouvernement du Canada par l'entremise du Fonds du livre du Canada pour nos activités d'édition.

DISTRIBUTEURS EXCLUSIFS :

- Pour le Canada et les États-Unis :
MESSAGERIES ADP*
2315, rue de la Province
Longueuil, Québec J4G 1G4
Tél. : (450) 640-1237
Télécopieur : (450) 674-6237
* une division du Groupe Sogides inc., filiale du Groupe Livre Quebecor Média inc.

- Pour la France et les autres pays :
INTERFORUM editis
Immeuble Paryseine, 3, Allée de la Seine
94854 Ivry CEDEX
Tél. : 33 (0) 4 49 59 11 56/91
Télécopieur : 33 (0) 1 49 59 11 33

Service commande France Métropolitaine
Tél. : 33 (0) 2 38 32 71 00
Télécopieur : 33 (0) 2 38 32 71 28
Internet : www.interforum.fr

Service commandes Export – DOM-TOM
Télécopieur : 33 (0) 2 38 32 78 86
Internet : www.interforum.fr
Courriel : cdes-export@interforum.fr

- Pour la Suisse :
INTERFORUM editis SUISSE
Case postale 69 – CH 1701 Fribourg – Suisse
Tél. : 41 (0) 26 460 80 60
Télécopieur : 41 (0) 26 460 80 68
Internet : www.interforumsuisse.ch
Courriel : office@interforumsuisse.ch

Distributeur : OLF S.A.
ZI. 3, Corminboeuf
Case postale 1061 – CH 1701 Fribourg – Suisse

Commandes : Tél. : 41 (0) 26 467 53 33
Télécopieur : 41 (0) 26 467 54 66
Internet : www.olf.ch
Courriel : information@olf.ch

- Pour la Belgique et le Luxembourg :
INTERFORUM BENELUX S.A.
Fond Jean-Pâques, 6
B-1348 Louvain-La-Neuve
Tél. : 00 32 10 42 03 20
Télécopieur : 00 32 10 41 20 24

Le son de vie et la sonorité des mondes

Sonologie et pythagorisme

EMMANUEL COMTE

LES ÉDITIONS
Quebecor
Une compagnie de Quebecor Media

À l'infini.

À Pythagore, aux anciens Grecs
et aux anciens Kamites d'Égypte.

À Madeleine Mirocourt, pour la musique, et
à mon père, pour la flûte et l'architecture.

À mes Guides célestes et terrestres.

À R.,
pour la connaissance, la pratique
et l'enseignement des sons éternels,
et l'inspiration de la musique.

Merci.

Introduction

D'aucuns objecteront que le bruit est nécessairement déplaisant à l'oreille. Objections futiles que je crois oiseux de réfuter en dénombrant tous les bruits délicats qui donnent d'innombrables sensations. Pour vous convaincre de la variété surprenante des bruits, je vous citerai le tonnerre, le vent, les cascades, les fleuves, les ruisseaux, les feuilles, le trot d'un cheval qui s'éloigne, les sursauts d'un chariot sur le pavé, la respiration solennelle et blanche d'une ville nocturne, tous les bruits que font les félins et les animaux domestiques et tous ceux que la bouche de l'homme peut faire sans parler ni chanter.

Luigi Russolo
(*L'art des bruits, manifeste futuriste*, 1913, p. 18)

« Laissons les sons nous donner des leçons. »

Quand, il y a 2600 ans, Pythagore enseignait que « les lois qui régissent les sons sont les mêmes que celles qui régissent les mondes », il traçait une voie que la science moderne confirme jour après jour. Explorer cette voie est l'objectif de ce livre.

Depuis trente ans, nous nous sommes spécialisés dans l'enseignement du pythagorisme et du démocritisme dans cette nouvelle science que nous avons créée, la sonologie ou sciences des sons et des vibrations thérapeutiques, et son application thérapeutique appelée le Toucher par les sons® ou sonothérapie. Nous y abordons différentes techniques d'harmonisation utilisant les sons et les vibrations[1]. Nous apprenons à les ressentir et à trouver leur structure pythagoricienne. D'ailleurs, plusieurs techniques

1. Voir *Le son d'harmonie*, du même auteur, Éditions MedSon, Canada, 2009.

vocales basées sur le chant des voyelles ont justement pour but d'amplifier la structure mathématique de notre voix et de découvrir les capacités acoustiques insoupçonnées de notre corps-instrument.

De la même manière que la lumière se diffracte à travers un prisme pour donner les couleurs du spectre visible telles qu'observées par Isaac Newton en 1666, les sons de notre voix, comme tout son musical, peuvent aussi devenir de la « lumière sonore diffractée », donnant ces notes pures et cristallines à partir desquelles Pythagore a construit la gamme qui porte son nom et qui ressemble à la gamme diatonique de do majeur.

La cathédrale glottique

L'articulation spécifique de la position des lèvres, de la langue et du voile du palais, ensemble que nous appelons cathédrale glottique, accompagnée de la mise en vibration de nos résonateurs naturels (cavités buccale, nasales, sinusales, laryngée) jouent le même rôle que celui du prisme pour la lumière : le son se diffracte à travers nos filtres et résonateurs naturels et révèle son spectre rempli d'harmonie, proche de la structure de Fibonacci. C'est pour cela que l'on nomme ces sons angéliques harmoniques, car ils révèlent l'harmonie universelle des nombres et des ratios mathématiques omniprésents dans l'Univers : « Un son, c'est un nombre qui chante », disait maître Pythagore qui ajoutait : « [Comme] tout est nombre », l'Univers est une symphonie colossale et éternelle dont la « musique des sphères » est un minuscule mouvement. Nous accorderons ici une large place à la science grecque ancienne et pythagoricienne, car son incroyable avant-gardisme doit être davantage connu. Nous approfondirons donc cette musique des sphères, nous en développerons divers aspects et nous expliquerons comment l'actuelle astrophysique en témoigne.

Soho et la musique des sphères

Cet enseignement grec s'est propagé au cours des époques et plus tard, au XVIIIe siècle, l'astronome allemand Johannes Kepler a redonné à l'Univers une dimension pythagoricienne qui avait été occultée par Aristote quelques siècles plus tôt. Nous verrons comment celui qui a été surnommé le « musicien du ciel » a comparé le système solaire à un orchestre dont chaque planète était un instrument dont les variations d'amplitudes orbitales créaient les modulations.

Plus proche de nous encore, le génial Nikola Tesla pressentit en 1905 que la Terre était une cavité résonnante. Ce qui fut démontré un demi-siècle plus tard par un physicien portant le nom d'un grand musicien, Winfried Otto Schumann, qui a découvert les ondes appelées maintenant résonances de Schumann. Et, croyez-le ou non, les ondes alpha de notre cerveau vibrent pour certaines d'entre elles au même rythme que l'onde de Schumann la plus importante : 8 Hz.

Les données recueillies par le satellite Soho nous donnent de l'information vibratoire sur le soleil qui est comparé à un instrument de musique par les astrophysiciens. Nous verrons comment et surtout pourquoi les scientifiques sont si curieux de l'observer « musicalement ».

Tout est mouvement. Les planètes du système solaire vibrent donc et émettent des sons inaudibles découverts par l'astrophysique et appelés musique des sphères par Pythagore.

Les sons ou les vibrations

Nos étudiants nous demandent souvent quelle est la différence entre les sons et les vibrations : elle réside simplement dans la limite de nos perceptions. Ce qu'on appelle « sons » représente en fait une famille de fréquences exprimées par les vibrations acoustiques audibles que notre oreille peut percevoir : entre 20 et 20 000 vibrations par seconde environ. On nomme ces cycles hertz, notés Hz, en hommage au savant du même nom : 1 Hz égale un cycle, ou une vibration par seconde. Au-delà de la perception audible humaine se situent les ultrasons et en deçà, les infrasons.

Il existe d'autres formes d'ondes inaudibles non plus acoustiques mais électromagnétiques, dont font partie, par exemple, la lumière visible et les ondes radio.

Les relations des vibrations les unes avec les autres peuvent former des ratios appelés intervalles en musique. Il y a des rapports entre les sons et les formes, et nous verrons comment. Nous évoquerons la genèse de l'imagerie sonore qui a conduit à la cymatique et nous évoquerons les dernières recherches répertoriées dans ce domaine.

Le point commun entre les ondes acoustiques et électromagnétiques est la vibration, et il y aurait beaucoup de correspondances à établir parmi les lois qui les gouvernent. Et si tout est vibration, de la particule subatomique et en deçà, jusqu'au super amas galactique et au-delà, tout peut être rendu sonore. En effet, grâce à une technique très simple, appelée transfert d'octaves, il est possible de rendre audible et donner un équivalent acoustique à toute forme de vibration quelle qu'elle soit. Comme tout est vibration, alors tout est son ! Et nous dirons avec John Cage (et Pythagore) : « Tout est musique [des sphères !]. »

Nos sphères intérieures vibrent aussi

Si Pythagore a parlé de la musique des sphères, notons que tous nos organes vibrent également, à commencer par notre cerveau, notre cœur, nos poumons, etc., sans oublier nos cellules ainsi que les molécules qui les composent. Il est maintenant connu que nos molécules communiquent entre elles sur un mode vibratoire, dans le spectre de l'audition humaine, et qu'il est possible d'amplifier ces vibrations et de les rendre audibles. Il en va de même pour nos cellules. Nous nos référons ici aux recherches en biologie numérique entreprises en 1991 par le Dr Benveniste et, en 2003, avec la sonocytologie du Pr Gimzewski. Dans certaines conditions, les sons et les fréquences peuvent alors être utilisés pour renforcer notre terrain et aider le corps à lutter de manière plus efficace pour nous libérer de la maladie qui peut l'assaillir. Cela ouvre de belles perspectives pour la médecine du futur et représente le champ de recherche principal de la sonologie, du Toucher par les sons® et de la sonothérapie que nous enseignons ainsi que des musiques thérapeutiques que nous composons. C'est pour cela que nous disons que la médecine est l'avenir de la musique.

Leçons de sons

Fermez les yeux, écoutez et « contemplez » le son d'un bol tibétain, d'un diapason, d'une cloche ou d'une simple corde pincée. Le son en lui-même est un grand professeur. Il nous enseigne la philosophie, la mathématique (au sens originel du mot : la connaissance) et la géométrie. Nous vous proposons ici une partie plus philosophique de notre enseignement sonore qui doit beaucoup au pythagorisme, accompagnée d'une courte synthèse de notre parcours de vie, comprenant une description succincte des musiques que nous transmettons.

L'écoute consciente et la pratique de la voie infinie des sons est un merveilleux chemin pour s'harmoniser avec l'Univers et sa dimension fractale et sans limites. La sonologie, la sonothérapie et le Toucher par les sons® nous permettent de nous fusionner avec l'Univers et ainsi de nous sentir reliés avec tout. Nous souhaitons qu'ils deviennent pour vous des compagnons de vie, comme cela s'est réalisé pour nous depuis tant d'années.

Leçon de vie

L'objectif de ce livre est de présenter le contenu d'un second volet de l'enseignement que nous donnons depuis trente ans, dont le but ultime est le soulagement des souffrances de l'humanité. Cet enseignement peut changer votre vie. Il a été conçu selon une démarche scientifique. Il est le fruit d'années de recherche, de réflexion et de pratique. Qu'il puisse faire avancer la science et la médecine dans la compréhension de l'importance des phénomènes sonores et vibratoires dans notre vie et leur utilisation pour le bien-être et la guérison. Ils feront partie intégrante de la médecine du futur. La musique est l'avenir de la médecine.

1

Pourquoi la sonologie et le Toucher par les sons®, ou sonothérapie ?

L'art est la révélation de ce que l'on porte en soi.

Madeleine Mirocourt

La flûte magique, ou comment j'ai découvert le pouvoir des sons

Lorsque j'avais quatre ans, une éducatrice du jardin d'enfants de Levallois-Perret, près de Paris, en France, où je résidais alors, est venue nous conter une histoire. Nous étions, mes camarades et moi, assis à terre autour d'elle et elle s'est mise à nous raconter la légende du joueur de flûte. Cette histoire est un conte de Grimm très populaire et, naturellement, j'ignorais encore à quel point cet événement anodin allait influencer ma vie.

L'histoire relate des faits mystérieux qui se seraient passés en Allemagne, au Moyen Âge, en l'an de grâce 1284. Le village de Hameln (Hamelin) était infesté par d'innombrables rats et le bourgmestre, épuisé d'avoir utilisé maints stratagèmes inefficaces pour s'en débarrasser, accepta un beau jour les services d'un joueur de flûte qui passait par là. Ce dernier prétendait qu'il avait le pouvoir de soulager le village de cette vermine grâce à son instrument...

Il lui fut promis une forte récompense s'il réussissait. Alors, le joueur de flûte déambula dans les rues, tout en jouant d'étranges mélopées. Les rats le suivirent tous, sans exception, et cet étrange cortège franchit bientôt les portes du village.

Le joueur de flûte s'enfonça alors dans la forêt et s'arrêta juste au bord d'une falaise, au bas de laquelle un torrent tumultueux grondait. Les rats s'y précipitèrent et moururent jusqu'au dernier. Ils se fracassèrent sur les rochers et furent noyés et emportés dans le courant. C'est ainsi que le village d'Hamelin fut débarrassé des rats qui l'avaient envahi.

Quand le joueur de flûte vint réclamer son dû, les notables du village ne le crurent pas. Ils refusèrent de reconnaître les faits. Ils rirent de lui et ils ignorèrent sa demande. Comme la récompense promise au flûtiste ne lui fut donc pas versée, il repartit alors jouer d'autres sons étranges et tous les enfants de la cité accoururent alors vers lui et le suivirent comme l'avaient fait auparavant les rats. Il les emmena loin du bourg et s'en allèrent dans une contrée mystérieuse et lointaine connue seulement des joueurs de flûte et des enfants. Et personne ne les revit jamais.

Pour ma part, je ressens encore aujourd'hui l'émerveillement que j'avais eu à l'époque, surtout à l'instant où, à la fin de l'histoire, l'éducatrice a sorti de son sac une flûte alto en ébène et nous en a joué... Ce fut un instant magique et je m'en souviens très distinctement.

J'avais été fasciné par cette histoire et par le pouvoir merveilleux de ce flûtiste et des sons qu'il joua. Ces sons étranges qui pouvaient accomplir des choses aussi extraordinaires... Et l'instrument m'avait semblé autant magique que la lampe d'Aladin. La flûte était donc un instrument magique qui existait vraiment, puisque je l'avais vue et entendue après avoir écouté cette histoire étrange.

Mon apprentissage de la musique

En grandissant, j'ai oublié ce mythe. J'ai enfoui le souvenir de cet instrument magique quelque part dans le grenier de ma mémoire d'enfant émerveillé. Lorsque j'eus sept ans et que mon père m'offrit la possibilité de choisir un instrument de musique, je choisis la flûte à bec sans hésiter.

Je me suis alors concentré de longues années sur l'apprentissage de ce simple morceau de bois percé de plusieurs trous, si simple en apparence, qui m'a demandé dix bonnes années pour le maîtriser. À cet âge, c'est long... Ma professeure, Madeleine Mirocourt, de Lyon, où mes parents avaient déménagé, comparait l'apprentissage de la flûte à celui du violon ou de la voix. Le plus difficile à maîtriser dans cet instrument, hormis le doigté, est le souffle et il m'a fallu bien des heures d'application des techniques respiratoires et de travail du diaphragme pour jouer juste et donner un son doux à ma flûte. J'ai d'ailleurs vécu ces études instrumentales comme une véritable ascèse : j'étais comme un jeune moine musicien. J'ai appris à pratiquer des techniques s'apparentant à l'autohypnose lorsque, par exemple, je restais concentré une heure entière sur un seul son ou de longs moments sur des morceaux de phrase musicale d'un concerto afin d'en maîtriser le phrasé et le doigté dans l'enchaînement des notes, parfois très rapides.

J'eus aussi le privilège d'apprendre la musique sans cours de solfège grâce aux méthodes pédagogiques qu'utilisait ma professeure. C'est ainsi que mon cerveau s'est structuré. Je jouais au sein de l'ensemble qu'elle avait formé, Musique Amitié, dont l'association fut créée par mon père. Nous donnions régulièrement des concerts et, à de nombreuses reprises, j'ai joué en soliste. La première fois, ce fut à l'âge de neuf ans, au temple du Change, à Lyon.

Il me semble encore entendre les sons du clavecin qui m'accompagnait. Je participais en outre à des camps musicaux au bord de la mer Méditerranée, où la grande maison que nous occupions était entièrement habitée de musique et de chants qui résonnaient dans les corridors de l'édifice que nous occupions au milieu d'une pinède, située dans les hauteurs de Saint-Cyr-sur-mer. Il y avait des séances communes ainsi que des répétitions et des cours en ateliers qui donnaient une ambiance enchanteresse grâce aux sons concomitants et aux mélodies qui résonnaient de part et d'autre de l'édifice, à travers ses corridors. Nous chantions d'innombrables musiques en quatuors, des chorals de Jean-Sébastien Bach[2], de la musique d'Heinrich Schütz[3], de Michael Praetorius[4] ou d'autres compositeurs de ces époques de l'âge baroque et de la Renaissance. Nous faisions aussi de longues pauses silencieuses et réfléchissions, à d'autres moments, sur le sens profond de la musique, de l'art ou de la création.

2. Jean-Sébastien Bach (1685-1750).
3. Heinrich Schütz (1585-1672).
4. Michael Praetorius (1571-1621).

À d'autres occasions, nous allions jouer des pièces anciennes et chanter en chœur dans une clinique protestante, à Lyon, durant le temps de Noël. J'ai participé à ce genre d'activités durant de nombreuses années. Je trouvais cela toujours très beau et émouvant; ces expériences m'ont aussi influencé pour ce qui allait suivre, concernant mon cheminement musical et thérapeutique.

J'ai développé de manière précoce l'art de l'improvisation et de la composition, ce qui m'a permis très tôt d'oser jouer ma propre musique, de sortir des sentiers battus et de donner de l'expressivité à mon jeu musical. L'art me passionnait. J'ai exploré de multiples matières artistiques, fasciné que j'étais par les artistes de la Renaissance italienne. Leur approche holistique m'impressionnait et je voulais devenir comme eux. Mon père, architecte de métier, me surnommait d'ailleurs Brunelleschi, nom du grand architecte du Quattrocento florentin à qui l'on doit le Dôme de Florence. Il prononçait son nom de manière solennelle, en saisissant ma chevelure abondante. Il m'a initié très tôt au nombre d'or, la «divine» proportion utilisée par les anciens maîtres d'œuvre et les artistes[5]. Je voulais devenir compositeur, architecte, peintre, graveur, sculpteur, poète et pratiquer tous ces moyens d'expression. Benvenuto Cellini, le sculpteur et orfèvre de la Renaissance dont j'avais lu l'autobiographie[6], ne jouait-il pas lui aussi de la flûte? À la différence que Benvenuto n'aimait pas sa flûte, moi, je l'adorais.

Ma quête était encouragée par la poésie que je découvris de manière précoce: «Les parfums, les couleurs et les sons se répondent[7]» et Paul Éluard m'accompagnait dans le regard que je posais sur le monde. Plus tard, au secondaire, la physique et les mathématiques rejoignirent la poésie lorsque j'étudiai le spectre électromagnétique, la cymatique[8], les vibrations et les

---

5. J'ai abondamment consulté les livres de Charles Funck-Hellet, dont *La proportion des maîtres d'œuvre et le nombre d'or, dans la peinture*, dans la bibliothèque de mon père.
6. Benvenuto Cellini (1500-1571), *Vie de Benvenuto Cellini* (écrite par lui-même), deux volumes, Éditions Julliard, 1965.
7. Charles Baudelaire, *Correspondances*.
8. Le mot «cymatique» vient de *cyma*, qui signifie onde. Ce terme a été créé par le médecin anthroposophe Hans Jenny dans les années 1960. Il a créé et expérimenté l'imagerie sonore. Ses recherches ont été précédées par celles de Robert Hooke (1635-1703), puis Ernst Chladni (1756-1827) et Margaret Watt Hughes au XIXe siècle. Voir les chapitres 5 et 6.

harmoniques ; j'y voyais toutes sortes de liens et de correspondances. Voilà ce qui a accompagné mon apprentissage musical.

Madeleine Mirocourt dirigeant l'ensemble de flûtes à bec de Lyon, Musique Amitié, à l'auditorium Maurice-Ravel, à Lyon, le 8 mai 1978.

2

La musique thérapeutique

La musique est faite de silence.

Madeleine Mirocourt

Le cheminement sonore que j'ai eu le privilège d'entreprendre il y a bien des années dans mon plan de vie est une portée musicale sur laquelle des notes et des sons ne cessent de s'écrire.

Durant mon adolescence, j'étais aussi passionné par l'art moderne et la musique contemporaine. J'appréciais dans cette dernière le décloisonnement des techniques instrumentales et d'écriture, ainsi que la grande place donnée le plus souvent aux initiatives de l'interprète, qui devenait compositeur à part entière.

J'étais à l'affût des expositions d'art et des concerts d'avant-garde. C'est comme cela que j'ai pu rencontrer John Cage lors de son passage à Lyon en 1979. Je passais également la plupart de mon temps libre dans les galeries d'art ou les musées ; j'avais toujours un carnet de croquis dans une poche et un recueil de poèmes dans l'autre. Étant donné ma passion de la musique contemporaine, ma professeure Madeleine Mirocourt m'a confié des partitions qui paraissaient hermétiques à la plupart des membres de l'ensemble qu'elle dirigeait mais qui étaient pour moi très claires.

C'est comme cela que j'ai interprété une pièce de Patrice Sciortino intitulée *Salicionaux* qui était écrite tout en quarts de tons et qu'un an plus tard, j'ai fait la création mondiale de *Rezitative* (1967) de Michael Vetter à l'auditorium Maurice-Ravel, à Lyon (voir la partition à la page 20). C'était le 8 mai 1978. Deux ans plus tard, j'ai rencontré ce compositeur

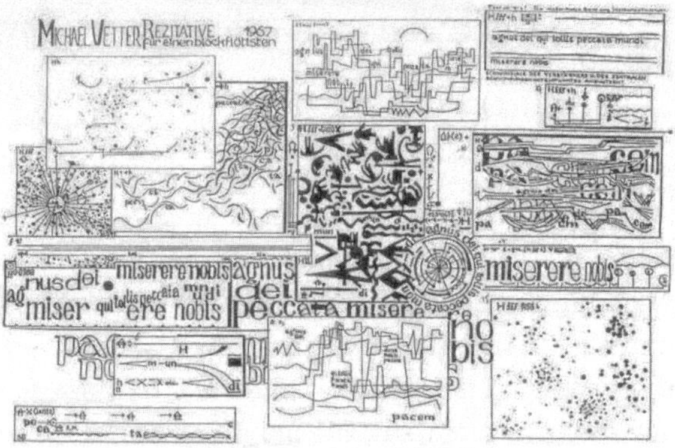

Partition de l'œuvre de Michael Vetter, *Rezitative* (1967), créée en première mondiale par Emmanuel Comte à l'auditorium Maurice-Ravel, à Lyon, le 8 mai 1978.

et je me suis produit avec lui au cours d'un concert donné au conservatoire de Lyon. À l'issue de notre rencontre, il m'a initié au chant harmonique que je pratique depuis lors. Sans le savoir, j'avais été mis en contact avec un maître du chant harmonique, l'un des pionniers de cette technique en Occident.

Le cancer

En 1977, j'ai été soigné pour un cancer. Je pense aujourd'hui que je me suis donné cette maladie dans une démarche de révolte car ma créativité était trop embrigadée par des contingences scolaires et familiales, auxquelles je me suis finalement soumis, trop tard sans doute.

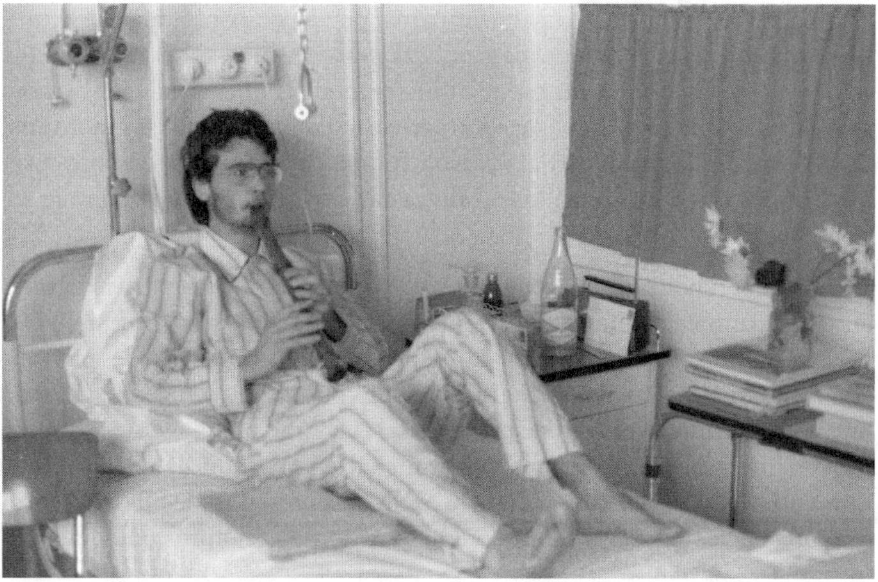

J'avais naturellement emporté ma flûte avec moi à l'hôpital et j'en ai joué, naturellement (voir la photo ci-dessus). Comme d'autres patients entendaient les sons de mon instrument, ils m'ont réclamé auprès d'eux ; les infirmières vinrent me voir et me demandèrent de devenir le troubadour de l'hôpital. J'ai donc été appelé à aller dans les chambres occupées par d'autres personnes malades et une nouvelle aventure a débuté : celle d'apprendre à soulager la souffrance et à donner de la compassion avec des sons. J'ajoute que la musique a été, à cette époque, d'un grand secours pour moi et que la pratique de cet art ô combien vibratoire a joué un rôle essentiel dans ma guérison, sinon le plus important ! J'ose affirmer que la musique m'a sauvé la vie. C'est elle qui m'a accompagné dans ma guérison et qui me permet d'écrire ces lignes aujourd'hui.

À la suite de cette expérience, ma création musicale s'est orientée naturellement vers une pratique méditative et thérapeutique que j'ai appelée méditation sonore[9]. Puis, à de nombreuses occasions, il m'a été donné la possibilité de jouer dans des groupes de méditation ou auprès des malades. Chaque fois, j'avais des témoignages de personnes qui me disaient que ma musique les endormait (!) ou leur apportait un grand sentiment de paix et d'harmonie. Le style que j'avais développé était composé de sons lents avec un phrasé mélodieux auquel je m'abandonnais, rythmé par la respiration nécessaire à la pratique de ma flûte.

Au fil des années, je suis devenu ainsi peu à peu conscient que la musique que je créais avec mes instruments avait certains «pouvoirs[10]». Plus tard, j'ai appris que la flûte était l'instrument traditionnel des bergers parce que le son qui s'en dégage aurait la capacité de calmer les moutons. D'ailleurs, des flûtes ou sifflets paléolithiques retrouvés sur des sites préhistoriques ont des propriétés étranges sur certains animaux comme les caribous.

Des chercheurs ont découvert des sifflets obtenus à partir de phalanges de rennes émettant des fréquences situées entre 1800 et 3600 Hz. Le Dr William Obadiah Pruitt, du département de zoologie de l'université du Manitoba, au Canada, a par ailleurs observé l'étrange réaction de hardes de caribous au signal sonore émis avec une phalange de renne en provenance des populations autochtones du Yukon du début du siècle. Lorsqu'il a répété les longs coups de sifflet au bord d'un lac dans la forêt finlandaise, les rennes se sont couchés sur la neige[11] après quelques minutes.

Je me suis remémoré aussi l'histoire du joueur de flûte de mon enfance et je me suis passionné par l'aspect thérapeutique des sons, surtout après avoir dû fréquenter l'hôpital. Je suis devenu convaincu que les sons pouvaient apporter beaucoup sur le plan thérapeutique à l'humanité, dans un domaine médical totalement nouveau et révolutionnaire. J'avais cons-

---

9. Voir: www.meditation-sonore.com.

10. Pratiquer la flûte demande de jouer de plusieurs instruments, répartis selon les voix: soprano, alto, ténor et basse, comme la répartition des voix d'un chœur.

11. «Son et musique au Paléolithique», *Pour la Science*, n° 253, novembre 1998.

cience qu'il me restait beaucoup à accomplir car, en la matière, la science balbutiait et la médecine pouvait avoir certains freins à utiliser des méthodes qui allégeraient l'utilisation des médicaments... Tout un programme !

Cela fait maintenant trente ans que je m'interroge sur l'influence des sons sur la santé. Cette question apparemment anodine est à la base des recherches que j'ai entreprises. Comme je l'ai expliqué, mon enfance et mon adolescence ont été baignées par le son des flûtes, des clavecins et des chœurs. Lors des multiples camps musicaux, répétitions et concerts auxquels j'ai participé, je ressentais les vibrations me traverser le corps et inonder toutes mes cellules. Je devenais musique, je devenais son. La lecture du livre de John Cage, *Pour les oiseaux*[12], que j'ai faite à l'âge de dix-sept ans a développé en moi de manière précoce le sentiment que tout est musique et que l'écoute de la musique de la vie est enthousiasmante.

L'écoute de la nature m'a permis d'apprendre à écouter les sons et les vibrations inaudibles et de découvrir leur « énergie ». C'est grâce à cette démarche que j'ai pu ressentir, puis commencer à comprendre comment les sons et la musique pouvaient influencer la santé. Ce que j'ai trouvé, c'est que les sons sont les molécules de la musique et que leur étude dépasse l'aspect strictement musical ou artistique. J'ai d'ailleurs pris conscience que le mot « musique » prête à une grande confusion aujourd'hui, ce qui fait que j'hésite maintenant à l'employer et que je préfère parler de sons et de sonologie, ou science des sons thérapeutiques, dont j'ai créé le concept en 1994 avec le Toucher par les sons®, ou sonothérapie.

Le chant des harmoniques

À l'adolescence, je me suis passionné pour la voix humaine et j'ai beaucoup chanté. Je ne connaissais aucune technique de chant à part la maîtrise du souffle. Je voulais mon style personnel : je l'appelais ma voix naturelle. Je me revois encore, au printemps, dans le jardin de ma grand-mère, en train de chanter à l'aube les différentes voix de certaines pièces de Michael Praetorius, de Roland de Lassus ou d'Heinrich Schütz pour honorer le lever du soleil et glorifier la splendeur d'un pêcher en fleur.

J'écoutais souvent des émissions sur France Musique ou France Culture. Je restais parfois immobile et stupéfait à l'écoute de certains sons des émissions radiophoniques tardives sur France Musique et consacrées

---

12. John Cage (1912-1992), *Pour les oiseaux*, Paris, Belfond, 1976, entretiens avec Daniel Charles, réédité en 2002 chez L'Herne, Paris, 295 p.

aux traditions ethnomusicales de la terre de Kama[13] ou d'ailleurs. Cela m'a permis de découvrir en outre le chant des moines tibétains, ce qui m'a profondément impressionné. J'éprouvais dans ces vibrations un sentiment que je n'avais senti nulle part ailleurs : une profonde religiosité sonore. C'est la même émotion que j'ai ressentie lors d'une entrevue avec David Hykes au moment où son premier album, *À l'écoute des vents solaires*, est sorti en France en 1983.

Je sentais ma voie se dessiner : une approche spirituelle du son dans une démarche scientifique grâce à la physique et à d'autres sciences.

Autres expériences sonores

Dans mon cheminement sonore, j'ai vécu d'autres expériences marquantes qui ont beaucoup influencé ma recherche. J'ai découvert l'existence des harmoniques en 1976, alors que j'écoutais en classe de musique une émission sur la physique des sons. Il était question du son des cloches. Nous devions concentrer notre attention sur le fait qu'en écoutant consciemment des cloches sonner, on pouvait facilement identifier la note fondamentale qui «planait» doucement dans le grave, alors que la note principale, celle que l'on percevait comme la plus forte auditivement, formait la deuxième harmonique, une octave plus haute.

Nous apprenions à percevoir quelques autres harmoniques, quinte, tierce et octaves supérieures. Le balancement des cloches favorisant une spatialisation et une décomposition du son par effet doppler, où la compression de l'air due au mouvement de la cloche, influait sur la hauteur du son et diffusait les harmoniques comme une fontaine sonore de façon distincte.

Cet effet est clairement entendu lorsqu'une sirène de camion de pompier se trouve au loin, se rapproche de nous et nous dépasse : le son nous paraît d'abord plus aigu alors que le véhicule se rapproche, et plus grave alors qu'il s'éloigne. La forme du véhicule comprime l'air à l'avant (ce qui raccourcit la longueur des ondes et rend donc leur son plus aigu). Lorsque le camion de pompier nous a dépassés, le son est dilué dans la traînée

13. Kama, ou terre de Cham, est le véritable nom de l'Afrique ; les habitants sont donc les Kamites. Ils peuplaient aussi la terre d'Égypte ancienne. Kam veut dire «noirci» en hébreu et «noir» en copte. Afrique est le nom donné par les colonisateurs arabes, puis romains à ce continent, en attendant les Européens qui vinrent ensuite.

d'air, à l'arrière du véhicule, et la décompression de l'air agrandit la longueur des ondes, ce qui fait varier le son dans le grave.

Depuis ce temps-là, je me passionne pour les cloches et je me ravis de leur écoute. À plusieurs reprises, je suis allé écouter leur son au pied des cathédrales françaises, notamment la cathédrale Saint-Jean de Lyon et la cathédrale de Rennes, et j'aime le faire encore lors de mes voyages en Europe. Dernièrement encore, je me suis prêté à ce jeu vibratoire au pied de la cathédrale de Lausanne, en Suisse, et du campanile de Montmartre, à Paris.

En me plaçant au pied du clocher quelques minutes, alors que les cloches sonnent, je me sens soudainement trembler des pieds à la tête, totalement submergé par l'énergie sonore et baigné par un univers de sons harmoniques, comme si chacune de mes cellules devenait un son ! C'est une expérience énergétique que l'on peut vivre au pied des cathédrales d'Europe où de très vieilles cloches vibrent encore...

Un autre événement marquant a été pour moi la découverte des bols tibétains. En 1989, j'ai été vraiment impressionné lorsque j'ai vu pour la première fois ce qui ressemblait à un grand saladier brillant comme de l'or. Lorsque j'ai entendu le son du bol, ma passion pour les cloches s'est activée instantanément. J'ai été émerveillé et très impressionné qu'une telle chose puisse exister et je me suis mis en contact sans tarder avec un fournisseur pour m'en procurer. Ce fut mon premier bol tibétain, que j'ai toujours ! Depuis, j'en ai acquis plusieurs.

La géobiologie

En 1987, j'ai décidé de suivre une formation en géobiologie et en médecine holistique désirant m'ouvrir à l'énergétique des ondes de forme et du cosmo-tellurisme. J'ai ensuite exercé le métier de géobiologue pendant plusieurs années, ce qui m'a permis de développer ma sensibilité et de découvrir une nouvelle vision du monde basée sur les énergies subtiles et le magnétisme et qui est appelée le feng shui (le vent et l'eau).

Premières compositions

À partir de 1976, j'ai composé plusieurs œuvres pour flûte, déposées à la SACEM[14], dont *Espace visuel, Flaüte, Terre et Monochrome 7.*

14. SACEM : Société des auteurs, compositeurs, éditeurs de musique, à Paris.

Puis, j'ai cristallisé dix années de recherches sonores dans ma première œuvre enregistrée en 1988 dans le couvent construit par Le Corbusier à Éveux-sur-l'Arbresle : *Occidentale sagesse, musique pour la sérénité*[15] pour flûte à bec soliste et chant harmonique. *Musique du ciel* a suivi un an plus tard, enregistrée dans le même lieu. Dès que ces œuvres ont commencé à être diffusées, de nombreux témoignages et observations thérapeutiques me sont parvenus, alors qu'au départ j'ai souhaité composer ces musiques seulement pour la méditation sonore que je pratiquais. Des religieuses me réclamaient des cassettes pour accompagner les mourants et j'ai été amené ensuite à donner moi-même des séances auprès de personnes en phase terminale de maladie, grâce à des stagiaires que je rencontrais dans mes ateliers.

Puis, un jour, je suis tombé par hasard sur la première page d'un quotidien qui annonçait : « Anesthésie en musique. » Ces mots m'ont immédiatement accroché. Puis, le sous-titre : « Une expérience unique en France est menée au Centre hospitalier régional de Rennes. » C'est en lisant l'article que j'ai appris qu'un chercheur avait mené des expériences dont les conclusions rejoignaient ce que j'avais moi-même constaté avec ma propre musique.

Il avait démontré que certaines musiques avaient le pouvoir d'endormir les patients avant qu'ils soient opérés. Cela permettait, dans certaines conditions, de supprimer ou du moins de baisser considérablement les doses de certains médicaments couramment utilisés : suppression des anxiolytiques et diminution jusqu'à 50 % des anesthésiants. Deux éléments m'ont immédiatement intéressé dans sa démarche : premièrement, l'endormissement dû à la musique ; et deuxièmement, l'aspect clinique et scientifique. J'ai pu retracer les coordonnées de ce chercheur. À l'époque, il n'y avait pas encore Internet, mais le Minitel me fut très utile et c'est ainsi que j'ai traversé la France pour faire la connaissance d'Alain Carré qui dirigeait à Rennes un centre de recherche et de pédagogie musicale. C'était en 1988[16].

---

15. On ne peut plus se procurer *Occidentale sagesse*; toutefois, il est possible de trouver *Musique du ciel* (1990), *Aôm* (1993), *Univers de lumière* (1994), *L'harmonie des instants* (1996), *Healing Flute* (2007) et *É-O-I, l'infini* (2009). Nous avons fêté les 20 ans de la sortie de *Musique du ciel* en 2010.

16. Voir l'annexe 1, à la page 235.

Premier centre de recherche et de formation

J'ai commencé à enseigner les sons en 1980 puis, à partir de 1989, à animer des stages plus complets intégrant le chant harmonique et intitulés «Sons et nature», où je privilégiais une approche non mystique des sons tout en favorisant l'écoute de soi et de la nature. Après avoir suivi une formation avec Alain Carré, j'ai continué mes recherches en sonologie. J'ai ouvert un centre à Villefranche-sur-Saône en 1992 où j'ai appliqué sa pédagogie en enseignant la musique aux enfants et aux handicapés, en même temps que j'ai donné des séances de sonothérapie et de Toucher par les sons® pour les adultes (chant harmonique, chant des voyelles, bols tibétains...). Ainsi, le centre MedSon est né.

Premières expériences cliniques

L'année suivante, j'ai rencontré le Dr Yves Heynen dans un atelier au cours duquel je faisais une démonstration vibratoire. Je comparais des sons de plusieurs bols tibétains, qui s'accordaient parfaitement, à des fréquences de remèdes homéopathiques et phytothérapiques dont les composantes avaient été apparemment «accordées» en synergie ou pouvaient l'avoir été, ce qui leur conférait une plus grande efficacité que si elles avaient été prises séparément.

Le Dr Heynen m'a confié alors qu'il utilisait depuis de nombreuses années différentes musiques dans son bloc opératoire, afin de favoriser l'anesthésie de ses patients. Il m'a dit qu'il était chirurgien vasculaire et que ma démarche sonore l'intéressait beaucoup. Je lui ai alors parlé des musiques que j'avais composées. Il m'a répondu: «Je veux bien tester ta musique. Tu sais, avec l'anesthésie, on ne peut pas tricher et je vais sûrement être déçu...»

Quelques mois ont passé. Puis, j'ai appris avec stupéfaction qu'il avait obtenu de tels résultats avec mes musiques chez ses patients qu'il les employait désormais tous les jours dans son bloc opératoire. Il avait été ébahi de l'état d'endormissement de ses patients avec ma musique, en comparaison de toutes celles qu'il avait utilisées les dix années précédentes. Je me suis ensuite déplacé dans sa clinique, à Vichy, pour jouer en direct alors qu'il opérait. Nous avons même réalisé un petit film témoignant de cette expérience. Plus tard, en 1996, il a fait une étude clinique avec ma composition *Musique du ciel* qu'il est venu présenter à un congrès médical à Sherbrooke, au Québec[17]. En septembre 2008, je suis retourné auprès du Dr Heynen pour jouer en direct pendant plusieurs opérations[18].

Musique en salle d'opération avec le Dr Yves Heynen.
À gauche : Vichy, France, 1995. À droite : Issoire, France, 2008.

17. Voir l'annexe 2, à la page 239.
18. Lire l'article paru dans *La montagne* : www.medson.net/revue-presse/revue11.html.

Le didjeridu

En 1993, j'ai eu l'occasion de rencontrer un musicien qui avait vécu avec les aborigènes dans le désert australien. Je m'intéressais beaucoup au didjeridu et au rhombe. D'ailleurs, un ami m'en avait envoyé d'Australie. (J'avais été fasciné par ces instruments et leurs harmoniques lors de la sortie du film *Crocodile Dundee*. Aussi, je vibrais lorsque les sons de divers animaux, comme le dingo et le kookaburra, étaient imités.)

Le didjeridu est une trompe rudimentaire formée d'une branche d'eucalyptus creusée par les termites. C'est une sorte de cylindre très irrégulier, légèrement conique, dans lequel le musicien souffle en faisant vibrer ses lèvres et en utilisant le souffle continu (*circular breathing*). Cet instrument est devenu aujourd'hui très populaire, mais à l'époque il était quasiment inconnu.

Le rhombe, quant à lui, est une petite planchette de bois en forme d'amande mesurant environ 30 cm de long, suspendue au bout d'une corde. En faisant tournoyer cet objet, on obtient une vibration très grave et poignante. J'ai appris plus tard qu'on trouvait des rhombes en Afrique, en Amazonie et en Australie et que cet instrument datait de la préhistoire[19].

Lorsque j'ai rencontré Phillip Péris pour la première fois, je lui ai demandé de m'apprendre à jouer du didjeridu avec la technique du souffle continu et je lui ai proposé d'enregistrer un disque que je produirais. C'est ainsi qu'est né *Lightning and Thunder*[20]. Pendant que nous étions en studio, je lui ai demandé de jouer un morceau de douze minutes qui me servirait pour mon disque *Aôm* que je préparais alors.

J'ai collaboré quelques années avec Phillip. Nous avons donné de nombreux concerts et animé des séminaires sur le son. Cela m'a permis d'être en contact avec d'autres musiciens, notamment un maître tambour du Sénégal.

Le Québec

En 1994, je suis venu m'installer au Québec dans le but de me consacrer pleinement à la thérapie par les sons, à la recherche et à l'enseignement.

---

19. Mickey Hart, *Voyage dans la magie des rythmes, un batteur rock chez les chamanes*, Paris, Robert Laffont, 1992.
20. Ce CD n'est plus produit actuellement.

Ainsi a été créé le centre MedSon, en continuité du centre de Villefranche-sur-Saône, en France, fondé en 1992.

À partir de 1995, j'ai joué dans plusieurs hôpitaux pour y donner des séances de musicothérapie auprès de nombreux patients et j'ai participé à de nombreux congrès médicaux.

Durant cinq années, je suis allé dans les services de soins palliatifs et d'oncologie et j'ai joué de mes compositions auprès des malades et des mourants, dans des hôpitaux et des centres d'accueil de plusieurs villes du Québec dont: Sherbrooke, Drummondville, Saint-Hyacinthe et Montréal.

Les séances données à Sherbrooke étant beaucoup appréciées du personnel, la direction des soins infirmiers a décidé d'organiser des conférences ayant pour thème «L'influence de la musique sur la santé» et qui ont été publiées par l'Université de Sherbrooke[21].

Les séances se déroulaient de la manière suivante: après avoir consulté préalablement les fiches des patients hospitalisés et pris connaissance des notes écrites par les infirmières et par les autres intervenants, j'entrais dans une chambre et m'installais le plus près possible de la personne hospitalisée. Je laissais ensuite parler les instruments et leur résonance envahir la chambre.

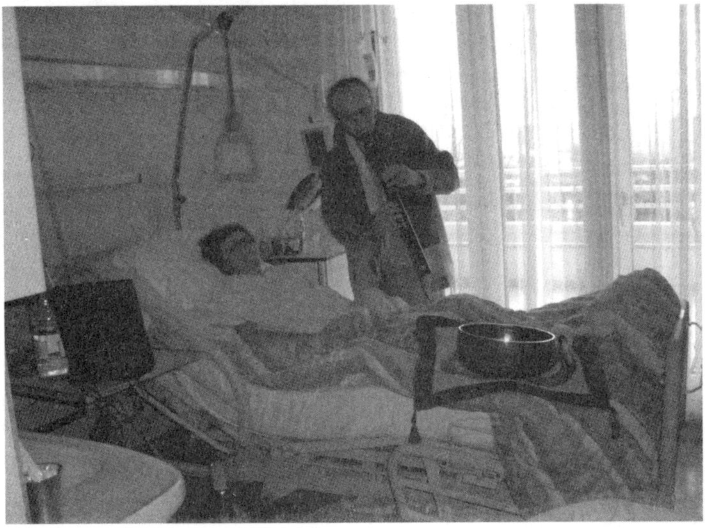

21. *Cahiers des mardis-cliniques en soins infirmiers du CUSE (Centre universitaire de santé de l'Estrie, aujourd'hui CHUS)*, vol. 7, 1995-1996, p. 67-76.

Une patiente s'est retrouvée dans un tel état de détente qu'elle a réclamé de nouvelles séances et a souhaité que le plus grand nombre de personnes puissent bénéficier de cette musique qu'elle a qualifiée elle-même de « céleste ». Il m'a été aussi arrivé de permettre à la personne de mourir paisiblement immédiatement après la séance. Pendant que je jouais, le patient râlait de façon sonore et saccadée. Il est décédé dans la minute qui a suivi la fin de la séance. Les proches qui étaient présents ont été très étonnés de cette musique si inhabituelle.

Même si les patients ne meurent pas tous immédiatement après une séance (!), certains disent que la musique a continué de vibrer en eux les jours suivants et témoignent de l'aide qu'elle leur a apportée (soulagement, soutien, répit, facilitateur de sommeil, fait d'être transporté dans quelque chose de beau). D'autres demandent mes disques qu'ils écoutent en continu jusqu'à leur départ. Souvent, les personnes n'ont pas la possibilité de suivre plusieurs séances, car elles meurent entre-temps.

Je raconte souvent l'histoire de ma première visite au Centre hospitalier de Sherbrooke en 1995. Lorsque j'ai rencontré l'infirmière responsable des soins palliatifs, elle avait une radiocassette et faisait jouer *Musique du ciel* en même temps que notre entretien. Au bout d'une minute ou deux, elle m'a dit : « Je te crois à 100 % quand tu dis que ta musique peut aider les patients à s'endormir. Je commence à bâiller et je m'endors, alors que je me sens très en forme ! »

J'ai passé une matinée à parcourir le long étage des soins palliatifs où étaient regroupés tous les patients moribonds, grabataires et mourants. Certains étaient là, attendant la mort depuis de longs mois. Il y avait une atmosphère pesante et de grande souffrance. Je suis passé dans chacune des chambres, l'une après l'autre, et je me suis installé avec mes instruments.

La semaine suivante, j'ai rappelé l'infirmière responsable pour annoncer ma visite. Comme je m'informais de « mes » patients, à savoir comment ils s'étaient sentis après leur séance, elle me dit : « Ils sont tous morts ! » La musique que je leur ai jouée a eu un effet de libération et de lâcher-prise tel qu'ils se sont tous abandonnés à un processus de départ, car avant ils se retenaient de mourir et cela leur occasionnait beaucoup de souffrances. La musique que j'ai composée spécialement pour chacun d'eux les a aidés à franchir la dernière porte. Quand je raconte cette anecdote avant un concert thérapeutique, certaines personnes sont effrayées. Je les rassure tout de suite en leur disant que cette musique permet de vivre aussi et qu'elle est utilisée dans des salles de maternité !

Ainsi, j'ai joué dans les chambres d'environ trois cents personnes soignées en phase terminale de cancer ou en soins prolongés dans différents hôpitaux. Ma musique était composée directement et spécialement pour chaque personne, à l'aide de la flûte et de la cithare, un instrument à cordes pincées composé de plus de 100 cordes. Cette musique est un moyen nouveau pour les accompagner, les soulager, les libérer, en complément de la médication palliative et particulièrement efficace. Il y a eu également des séances collectives appelées « Musique à l'hôpital » et données dans des lieux pouvant recevoir une trentaine de patients simultanément.

En 1998, j'ai participé à une recherche dirigée par Sylvie Robichaud-Ekstrand, Ph.D. (Université de Montréal), et intitulée *Influence de la musique sur le niveau de relaxation de patients atteints d'insuffisance coronarienne.* Cette recherche, publiée en juin 2004[22], a été menée par l'Institut de cardiologie de Montréal.

En fréquentant le monde de la santé, qui était en pleine réforme, je me suis rendu compte que les infirmières étaient parfois plus épuisées que les patients qu'elles soignaient et que rien n'était fait pour réduire leur stress.

C'est alors que j'ai décidé de proposer mes services de consultant et d'intervenant auprès des patients, des ateliers et des formations aux infirmières. Ces ateliers sont maintenant ouverts aux autres thérapeutes (massothérapeutes, etc.) ainsi qu'au grand public. Je leur apprends des techniques que j'enseigne depuis trente ans et qui sont l'application thérapeutique de la sonologie et que j'ai baptisées le Toucher par les sons®, ou sonothérapie.

Ce Toucher par les sons® permet avant tout d'expérimenter et ressentir le son comme une énergie vibrante qui pénètre jusqu'au plus profond de notre être et de nous reconnecter avec notre identité sonore. Il permet

22. Université de Liège, Belgique, *Revue francophone de clinique comportementale et cognitive* (www.ulg.ac.be/aemtc/revue_francophone.html), vol. IX, n° 2, p. 20-28 par Sylvie Robichaud-Ekstrand, Ph.D., professeure agrégée, Université de Montréal, chercheure, Institut de cardiologie de Montréal (www.ulg.ac.be/aemtc/sommaire.html). Publié sur la page : http://www.medson.net/recherche/cardio.html.

de nous familiariser avec la conscience sonore et des outils thérapeutiques tels que les diapasons, les bols tibétains, les arômes, la couleur-lumière, les cristaux et la voix, que nous utilisons en médecine intégrée et de manière complémentaire à d'autres thérapies ou spécialités médicales ou paramédicales.

En plus d'enseigner, je continue à faire de la recherche en collaborant avec des équipes médicales partout dans le monde, dans les domaines de l'anesthésie, des soins palliatifs, de l'oncologie, de la cardiologie, etc.

3

L'utilisation des musiques thérapeutiques

Faites-moi un peu de musique, chantez-moi
Quelque chose de beau sur la mort, car mon heure est venue.

Jean-Sébastien Bach
(Leipzig, le 29 juillet 1750, jour de sa mort[23])

Il nous est souvent demandé quel est l'usage précis de telle ou telle musique que nous avons composée[24]. Il n'est pas rare que je reçoive des demandes spécifiques pour « guérir » telle ou telle maladie. Et j'entends parfois : « Fais-moi un son pour l'estomac ou la thyroïde. » Je suis toujours très clair avec mes interlocuteurs : je ne guéris aucune maladie. Seuls les médecins ont ce pouvoir. Les lois médicales sont claires à ce sujet et je les respecte. Mes musiques ainsi que les méthodes sonores que j'enseigne sont à considérer comme des compléments de la médecine, dans ce qu'il est convenu d'appeler maintenant la médecine intégrée ou les techniques complémentaires de soins. D'ailleurs, de plus en plus de médecins ou d'équipes médicales avec lesquels nous collaborons sont intéressés à intégrer nos musiques dans les pratiques cliniques, en attendant que la sonologie et le Toucher par les sons® puissent être intégrés à leur tour, car ils constituent une partie intégrante de la médecine du futur, n'en déplaise aux

23. Anna-Magdalena Bach, *La petite chronique*, Paris, Éditions Buchet/Chastel, 1994.
24. Je dis « nous » car je me sens souvent accompagné lorsque je joue seul ou en public ; je fais partie d'une équipe terrestre et céleste.

puissants lobbys industriels. Quand il n'y a pas assez de maladies ou de guerres, on en fabrique.

Rappelons que l'industrie des médicaments et celle de l'armement constituent des sources de profits considérables et les plus rentables qui soient. La santé mondiale et la paix mondiale sont toutes deux tributaires de la vie, du salaire et du confort de beaucoup de familles, d'hommes et de femmes, ainsi que du fait que des gens sont malades ou que des conflits éclatent. Car nous faisons souvent la comparaison entre la maladie et la guerre, la santé et la paix. L'une s'adresse à l'individu, l'autre au grand corps-humanité, dont chaque être humain constitue une sorte de cellule. Il en va de même pour la santé humaine sur le plan individuel, comme il en va de la paix mondiale, les guerres et les conflits n'étant que des foyers d'infection répartis sur le grand corps-humanité que nous constituons en tant qu'être humains.

De même qu'il existe des maladies fabriquées, provoquées, il existe des guerres créées de toutes pièces, politiquement programmées, avec la complicité des services secrets, des gouvernements, etc. Veut-on la paix? Veut-on la santé? En sachant que la santé est avant tout un choix individuel et que chacun est responsable de sa santé et de ses maux, la meilleure médecine reste la médecine préventive. Car comme le dit si bien le vieux dicton, « il vaut mieux prévenir que guérir ».

D'une manière générale, nos musiques soulagent le stress, détendent profondément, facilitent le sommeil, rétablissent les rythmes vitaux, rééquilibrent les hémisphères cérébraux et « purifient » les lieux dans lesquels elles sont diffusées. Elles agissent sur les plans émotionnel et du cœur en élevant le propre niveau d'amour de chaque être. Elles permettent de lâcher prise, et c'est pour cela qu'elles sont précieuses pour l'accompagnement des mourants afin de rendre leur mort bienheureuse. D'ailleurs, mon expérience auprès d'eux m'a conduit à réfléchir à la manière d'accompagner musicalement la mort.

La musique et la mort

La mort n'est pas pour moi un tabou et j'ai dû en accepter l'éventualité imminente lorsque j'ai dû y faire face à la suite d'un diagnostic de cancer à l'âge de 17 ans. Le thème de la mort a été illustré musicalement depuis la nuit des temps. Certains compositeurs l'ont évoquée au moyen du drame ou de l'opéra, comme à l'époque romantique. D'autres ont cherché à exprimer par les sons et par la musique un hommage au disparu et à offrir à ceux qui restent soutien et compassion. Plus rarement, quelques-uns ont composé des œuvres sonores pour accompagner les mourants eux-mêmes dans leurs derniers instants, favorisant ainsi une mort consciente et harmonieuse. L'aspect le plus répandu concerne l'hommage musical post-mortem rendu au défunt.

Il existe également tous les *Requiem, De Profundis* et autres *Passions* écrits par Heinrich Schütz[25], André Campra[26], Jean-Sébastien Bach[27], Amadeus Mozart[28] ou Gabriel Fauré[29]. Ces musiques rendent hommage aux morts et sont exprimées le plus souvent dans un concept religieux. Elles permettent de donner du réconfort aux personnes qui vivent leur deuil et favorisent une réflexion d'ordre spirituel.

Le second aspect traitant de l'illustration de la mort dans l'art musical concerne l'accompagnement de la personne humaine dans le processus de sa mort. Ces musiques vont donc s'adresser directement aux mourants au moment qui précède ou qui suit immédiatement leur mort. Rares sont les compositeurs qui ont écrit de telles musiques depuis cinq cents ans. Il faut remonter avant la Renaissance pour trouver dans certaines traditions des vestiges musicaux de rites spécifiques pour les mourants.

La souffrance et la mort

Au Moyen Âge, la vie monastique encourageait une mort consciente appelée *transitus*, c'est-à-dire passage. Issues des traditions bénédictines, franciscaines et cisterciennes, ces litanies et répons ont été mis au goût du jour par la chercheure américaine Thérèse Schroeder-Shaker qui se définit elle-même comme une « accoucheuse de mourants ». Nous trouvons aussi dans le bouddhisme des prières et des chants de compassion en lien avec la tradition, rappelée dans le *Livre des morts tibétain* qui évoque des prières spécifiques à réciter au moment où la personne meurt et dans les minutes qui suivent, afin de l'accompagner de manière méditative et spirituelle dans son processus. Il existait, semble-t-il, des rites à l'époque de

25. Heinrich Schütz (1585-1672).
26. André Campra (1660-1744).
27. Jean-Sébastien Bach (1685-1750).
28. Amadeus Mozart (1756-1791).
29. Gabriel Fauré (1845-1924).

l'Égypte ancienne et chez les Grecs. Cet aspect de l'accompagnement musical des mourants reste aujourd'hui confidentiel ou concerne des traditions religieuses ou spirituelles spécifiques. Des musiques nombreuses et variées issues du répertoire peuvent convenir pour l'accompagnement de ceux qui meurent, en tenant compte de leurs goûts et de leurs choix. Néanmoins, nous allons nous intéresser ici à des musiques thérapeutiques conçues spécifiquement pour eux.

L'accompagnement sonore et musical de la mort et des mourants tel que nous le pratiquons depuis 1992 et que nous présentons dans ces lignes est une approche nouvelle, non confessionnelle, tout en restant religieuse et spirituelle, au sens qu'elle nous relie à l'infini et aux vérités éternelles. L'accompagnement pour la mort bienheureuse, avec la musique thérapeutique que nous transmettons, s'inscrit dans le cadre du soulagement global des souffrances grâce à un programme sonore dont l'origine remonte à 1988, date à partir de laquelle nous avons composé et édité les premières musiques thérapeutiques, issues elles-mêmes de dix ans de recherches antérieures.

Si la prescription médicale de cette musique concerne les soins palliatifs, du fait des souffrances vécues par les êtres humains au moment de la mort, notez qu'elle est efficace aussi pour humaniser d'autres soins tels l'oncologie, l'anesthésie, le soin des brûlés, la cardiologie, les soins prolongés, les soins intensifs, la pédiatrie, la maternité, etc., ainsi que les thérapies complémentaires comme la massothérapie, la réflexologie, le toucher thérapeutique, le shiatsu, la polarité, le reiki, les soins esséniens, etc.

La mort bienheureuse[30]

De nos jours, la mort est vécue la plupart du temps avec beaucoup de stress, d'inquiétude et de souffrance. Parce que la maladie est de plus en plus maîtrisée par la science et par la médecine, la mort reste, dans bien des cas, vécue comme un échec médical.

Heureusement, grâce aux progrès de la médecine, le traitement de la douleur liée aux maladies en phase terminale ne cesse de s'améliorer. Néanmoins, beaucoup reste à faire pour permettre à toute personne qui en aurait besoin d'avoir accès à un programme de soins palliatifs. En effet,

---

30. Le mot « euthanasie » signifie étymologiquement : belle mort ou mort bienheureuse.

il existe aujourd'hui, au sein du système de santé, plusieurs priorités médicales concurrentes et les budgets ne sont pas toujours attribués pour améliorer le sort des personnes en fin de vie et l'environnement dans lequel elles se trouvent.

La religiosité face à la mort est quasiment inexistante dans une société où l'idéologie de l'avoir et du savoir prédomine largement. Faire face à sa mort, c'est se retrouver à l'heure du bilan de sa propre vie, à la porte du néant, là où ni l'avoir, ni le savoir, ni les fortunes ou les diplômes accumulés n'ont une valeur marchande.

Dans notre société postmoderne vieillissante, le nombre de personnes faisant face à la maladie et à la mort ne cesse d'augmenter, ainsi que la souffrance et l'angoisse qui leur sont liées. Si le traitement médical de la douleur est de plus en plus maîtrisé, il n'existe quasiment rien pour soulager la souffrance des personnes soignées en phase terminale de leur maladie, celle de leurs proches ainsi que celle des intervenants qui les soignent. Les musiques que nous avons composées sont justement efficaces, entre autres, dans ce cadre-là.

Nous établissons une distinction entre la souffrance et la douleur : la souffrance englobe le caractère psychophysiologique de la condition humaine, alors que la douleur ne reste que sur un plan physique. La médecine progresse beaucoup dans la compréhension biochimique de son mécanisme. En revanche, il n'existe aucun médicament agissant comme le font nos musiques.

Depuis 1989, les musiques que nous avons composées sont utilisées dans un contexte thérapeutique afin de soulager les souffrances et apporter de la compassion, incluant l'accompagnement des personnes souffrant de cancer et des mourants ainsi que le suivi de deuil, sans se limiter à elles naturellement.

Notons enfin que depuis quelques décennies l'utilisation des sons dans notre société a été plus traumatisante que bénéfique. Nous sommes entourés de manifestations sonores qui détruisent nos cellules auditives ainsi que certains paramètres énergétiques à l'intérieur de notre cerveau que la science n'a pas encore découverts. Nos musiques sont utiles pour favoriser la cicatrisation de ces blessures.

Faire du bien avec des sons

Les musiques que nous avons créées ont la capacité de régénérer certaines parties du cerveau humain et de permettre de retrouver un équilibre permettant d'accroître les perceptions sonores et vibratoires plus subtiles. Elles peuvent se révéler plus efficaces que certains médicaments.

Les sons peuvent purifier non seulement notre corps sensible et nos vibrations énergétiques, mais aussi l'atmosphère de notre environnement. L'utilisation de nos musiques harmonise justement les lieux dans lesquels elles sont diffusées. Elles sont également une ressource d'harmonie pour le cerveau humain, en particulier dans la communication et l'équilibre des deux hémisphères. Quelles sont ces musiques ? Voici quelques précisions à leur sujet.

L'effet Comte

Bien au-delà des musiques de relaxation proposées dans le commerce, la musique composée par Emmanuel Comte permet d'obtenir la création d'« états » de songe ou d'hypnose qui restent à définir et que l'on peut dans tous les cas utiliser dans la pratique d'un bloc opératoire. Cette musique est actuellement utilisée dans la préparation des anesthésies générales pendant l'installation du malade : elle permet d'induire un état qui prépare aux techniques d'anesthésie et permet à ces techniques une plus grande efficacité.

Elle est utilisée aussi dans le cadre des anesthésies locales : elle permet à ces patients d'échapper totalement au « moment opératoire », c'est-à-dire oublier la contrainte du lieu géographique, du bruit inhérent aux interventions et de la longueur même des interventions. Elle favorise la création d'images mentales agréables, à un type de description de voyages ou de descriptif de situation agréable qui permet au patient d'oublier totalement l'inconfort de l'installation, voire les douleurs ressenties au cours d'une intervention. Des études sont menées actuellement pour caractériser ce genre d'« état » et améliorer encore leur importance.

Dr Yves-Gabriel Heynen, chirurgien vasculaire, 1992

Musique du ciel (1988-1989)

Musique du ciel est jouée à la flûte à bec, avec une partie de chant harmonique. Voici un extrait du texte de présentation (1988).

> Cette *Musique du ciel* pour flûtes baroques, voix et chants d'oiseaux est avant tout un hymne à la lumière, où le tintement des cymbales tibétaines célèbre le solstice d'été du 21 juin. Emmanuel Comte a créé *Solstice*, le premier morceau de cette œuvre dans l'instant du lever du soleil de ce jour exceptionnel. Cette musique de l'énergie, inspirée par le cosmos, est une musique de la Terre et des éléments, un chant en l'honneur de la création. [...]

Il y a l'ajout de quelques chants d'oiseaux : nous avons choisi le chant du corbeau-flûteur-pie ou cassican-flûteur, un oiseau du Pacifique ayant un chant très mélodieux, ressemblant justement au son de la flûte à bec, pour accompagner certains passages. L'ethnologue Bronislaw Malinowski a découvert qu'une peuplade vivant aux îles Trobriand (Papouasie – Nouvelle-Guinée) imitait le chant de cet oiseau lorsqu'ils plantaient les tubercules d'igname afin de favoriser leur pousse[31]. Nous ignorions cette anecdote historique. C'est une belle coïncidence.

Musique du ciel est une musique soliste, sans aucun accompagnement instrumental. Elle est comme un long fil conducteur qui emmène l'auditeur dans un voyage intérieur et céleste. Cette musique est beaucoup utilisée dans les soins palliatifs et il n'est pas rare que les personnes mourantes écoutent ce disque en continu jusqu'à leur départ. Elle leur permet de s'abandonner, de lâcher prise et de se laisser aller dans le processus de fin de vie.

Largement utilisée en massothérapie, en reiki, en polarité, en réflexologie, en toucher thérapeutique et en soins esséniens, elle induit une détente profonde et représente un complément thérapeutique apprécié. D'une manière générale, les témoignages convergent vers le fait que cette musique agit « au niveau du cœur », au sens où elle touche et amplifie la capacité d'amour de chaque être. Musique de purification et d'harmonisation des êtres et des lieux ainsi que d'équilibre cérébral, elle est, semble-t-il, plus efficace que bien des médicaments.

---

31. Voir à ce sujet le chapitre 18, à la page 212.

Aôm, communication céleste (1993)

Aôm est une œuvre dédiée à cette vibration universelle que forme le son *aôm*. Il y a dans cette œuvre du rhombe, du didjeridu, des gongs, des chœurs, des carillons et des bols tibétains. Nous avons voulu rassembler divers instruments dont les sonorités ou les tonalités étaient en rapport avec la profonde vibration du son *aôm*. Concernant l'explication du son proprement dit, nous référons le lecteur à la section qui lui est consacrée dans notre livre *Le son d'harmonie*[32].

Cette œuvre est très thérapeutique. Il ne s'agit pas là à proprement dit de musique, mais plutôt de sons. Il n'y a aucune mélodie, juste des sons, sélectionnés pour leur grande et puissante richesse acoustique et harmonique. Cette œuvre est utilisée pour la méditation sur les sons et divers accompagnements thérapeutiques. Elle s'est avérée efficace pour soulager la douleur, bien qu'aucune étude scientifique ou clinique ne permette de corroborer cela. Les sons peuvent être appliqués en pansement sonore ou « cataplasme vibratoire » en utilisant la musique comme un diapason et en appliquant directement les haut-parleurs ou le casque d'écoute sur une zone douloureuse. On peut faire jouer les sons directement dans l'eau, à l'aide de haut-parleurs subaquatiques. C'est une musique de purification et d'harmonisation des êtres et des lieux.

Univers de lumière (1994)

Première composition musicale jouée à la flûte EWI et à la cithare, *Univers de lumière* est l'œuvre la plus « musicale » que nous ayons créée, du moins au sens que l'entend notre culture dominante. Elle a été composée pour permettre d'apprivoiser nos autres musiques qui sortent un peu (beaucoup) des sentiers battus et parfois rebutantes car, culturellement, nos oreilles entendent souvent ces sons solistes et sans rythme apparent comme une langue étrangère incompréhensible.

Cette musique est idéale pour la relaxation de détente et de bien-être, alors que les autres sont plus méditatives, induisent des états de conscience plus profonds. Cela peut se mesurer en termes d'ondes cérébrales. *Univers de lumière* induit davantage d'ondes dites alpha, alors que nos

32. *Op. cit.*

autres musiques induisent plutôt des ondes thêta et delta[33]. Il s'agit d'une musique de purification et d'harmonisation des êtres et des lieux.

L'harmonie des instants (1988-1995)

Dans cette œuvre, l'auditeur va trouver deux plages jouées à la flûte à bec soliste, issues de notre première œuvre *Occidentale sagesse* (1988), que l'on ne trouve plus sur le marché, ainsi que deux autres morceaux écrits en 1995. *L'harmonie des instants* a été composée dans le même esprit que *Musique du ciel* et permet une utilisation très large. Il s'agit d'une musique de contemplation, de purification et d'harmonisation des êtres et des lieux.

Healing Flute (2006)

Cette œuvre, composée à l'aide des flûtes EWI 1000 et 4000S, est un éloge à la lenteur. C'est une musique à contre-courant de toutes les musiques très rythmées («boum-boum») qui sont très populaires aujourd'hui. Elle est un hymne contemplatif dédié à la beauté infinie de l'univers intérieur et extérieur. Cette musique a été composée lors de circonstances particulières: après avoir donné des séances thérapeutiques quotidiennes à une jeune femme soignée pour un cancer en phase terminale en 2006, celle-ci m'a demandé que, pour la dernière séance, je lui apporte un enregistrement qu'elle pourrait écouter en mon absence. Le lendemain, je suis arrivé avec *Healing Flute*. Il s'agit d'une musique de purification des lieux et d'harmonisation des êtres.

---

33. La première onde cérébrale, baptisée alpha (première lettre de l'alphabet grec), a été découverte en 1929 par le psychiatre et neurologue allemand Hans Berger (1873-1941), père de l'électroencéphalogramme (EEG, 1924). D'autres ondes ont été ensuite découvertes. Elles sont mesurées électriquement. Elles résultent de fluctuation de potentiel électrique à l'intérieur du cerveau. L'électroencéphalographie permet de détecter plusieurs types d'ondes réparties dans des plages de fréquences caractéristiques. On trouve ainsi les ondes delta, à 4 Hz et moins, qui caractérisent le lâcher-prise, l'état inconscient, les états dits hypnotiques et de mémorisation, et qui correspondent au sommeil profond. Les ondes thêta (de 4 à 8 Hz) sont révélatrices de l'état de rêve, de créativité, de méditation, de contemplation et de prière. Les ondes alpha (de 8 à 12 Hz) témoignent des états de relaxation (état zen), de calme et de bien-être obtenus facilement dès qu'on ferme les yeux, qu'on se concentre sur un point précis ou qu'on respire profondément. Les ondes bêta, situées au-dessus de 12 Hz, correspondent, avec les ondes gamma (36 Hz et plus), aux différents états de veille.

É-O-I, l'infini **(2009)**

Cloches et cymbales tibétaines, bols tibétains, chant de voyelles harmoniques, guitare, chœur, flûtes à bec et flûte EWI 4000S : voilà les instruments qui composent cette œuvre à écouter comme un concert thérapeutique ou une séance de massage sonore. Elle a été créée autour d'un chœur pythagoricien formé par des stagiaires lors d'un séminaire donné en Provence durant l'été 2009. Musique d'un autre âge peut-être, nous aimons la qualifier d'« atlantéenne ». Elle s'inscrit en complément des compositions précédentes et dans la lignée de toutes les autres.

***

Il n'est pas nécessaire d'en dire davantage, les sons parlent d'eux-mêmes. Alors que la musique m'accompagne depuis mon plus jeune âge, je me suis aussi intéressé à la structure des sons et des vibrations sur le plan scientifique, afin de mieux comprendre comment ils agissent. Intéressons-nous à présent à la nature de ces sons et de ces vibrations afin de pouvoir mieux intégrer comment ils peuvent influencer la santé humaine.

4

Qu'est-ce qu'une vibration ?

Tout est en vibration, tout est cycle et mouvement, tout bouge et change en permanence, rien n'est constant dans l'Univers. Si rien n'est constant, c'est parce que tout vibre. Le concept d'infini du temps cosmique est issu de l'essence éternellement cyclique du mouvement. Il existe des vibrations acoustiques audibles ou non ; d'autres, non acoustiques, comme la lumière ou les ondes radio et d'autres encore, plus subtiles, que la science n'a pas encore découvertes. Le spectre des ondes étant infini, il en restera toujours à connaître.

À l'échelle humaine, toute vibration, connue ou inconnue, a la capacité de nous influencer. Les vibrations de l'infiniment petit en provenance des mondes, vivant à l'intérieur des atomes qui nous composent, sont trop infimes pour qu'une quelconque influence puisse être envisagée. Les vibrations de l'infiniment grand, quant à elles, pourraient nous influencer dans le sens où notre Univers pourrait être instantanément anéanti, dans le cas où des scientifiques inconscients, appartenant à une civilisation lointaine et infiniment géante, s'amuseraient à construire des super collisionneurs de particules... Comme le cas se présente actuellement sur la Terre où le projet de bris des cœurs d'atomes et des neutrons dans les super collisionneurs arrive à un niveau (à une « profondeur ») pouvant représenter une menace sérieuse pour les civilisations vivant au niveau de l'infiniment petit[34].

---

34. Il est intéressant de souligner que les récentes expériences du CERN (Organisation européenne pour la recherche nucléaire), à Genève, se sont soldées par des échecs successifs dus à des « incidents » techniques. D'autres ont néanmoins réussi. Nos savants ne sont pas encore conscients de leurs responsabilités par rapport à la déstructuration de l'infiniment petit.

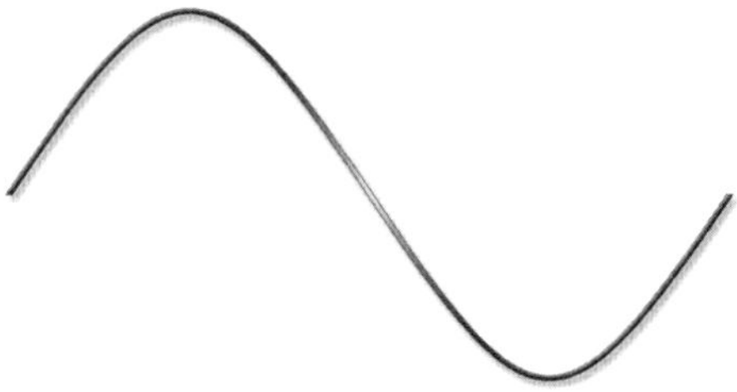

Une vibration est une oscillation entre deux polarités, un mouvement alternatif autour d'un point d'équilibre : ce mouvement de va-et-vient entre deux pôles opposés est générateur d'énergie. Cette polarité est l'essence même du principe de la vibration, bien connu en électricité par exemple. Ce principe de mouvement oscillatoire est la base de la compréhension de la nature vibratoire de l'Univers. Pas de vibration, pas d'Univers.

Symbole du yinyang décalé d'un quart de tour.

On trouve la trace de ce principe en Chine ancienne : c'est le symbole du *yinyang*[35] du tao que nous avons volontairement fait pivoter d'un quart de tour dans l'image ci-dessus. En médecine chinoise, on apprend que tout repose sur le tao, c'est-à-dire l'équilibre des polarités, la vibration, le mouvement cyclique.

35. Nous ne mettons pas de tiret dans l'expression *yinyang*, car ces principes ne sont qu'un et ne peuvent être séparés.

On peut rapprocher le symbole du tao de la svastika qui représente le cycle et le mouvement infini du temps[36]...

Le mot « svastika » signifie en sanskrit « C'est bien ».

Svastika israélienne ornant une mosaïque dans les ruines d'une synagogue juive construite au IVe siècle à Ein Geddi, en Israël, au bord de la mer Morte. Aujourd'hui, ce chantier de fouilles est interdit au public. (Photographiée par l'auteur en 1993.)

36. Si cette svastika vous choque, rappelons que cette croix, avant d'être un symbole nazi, est un symbole religieux védique et que ce mot dérive du sanskrit (*su-asti*) et signifie « C'est bien ». C'est donc un symbole bénéfique que l'on trouve dans de nombreuses traditions anciennes (le jaïnisme, l'hindouisme, le bön, le bouddhisme, le celtisme, chez les Basques, les Grecs, les Étrusques et même dans la kabbale). Il s'agit d'un symbole de vibration cosmique, et son sens de rotation n'a aucune importance car l'Univers n'a pas de sens. Il est important de ne pas confondre la signification d'un symbole et son utilisation : (presque) personne ne trouve à critiquer l'utilisation encore actuelle de la croix romaine, qui représente pourtant la torture et la mise à mort atroce, comme symbole religieux chrétien. Au moyen de ce symbole, il y a eu de très nombreux crimes commis du temps des Romains certes, puisque c'était leur « chaise électrique », mais aussi du temps des chrétiens, car d'autres crimes épouvantables furent ensuite commis au nom de cette croix et en très grand nombre. La croix chrétienne vous choque-t-elle ?

Svastikas tibétaine et française (cathédrale d'Amiens).

... et de l'étoile à six branches qui représente l'union de deux pôles opposés, comme le symbole du *yinyang*.

Étoile à six branches appelée aussi sceau de Salomon, hexagramme étoilé ou étoile de David. Elle est devenue le symbole du judaïsme au XVe siècle. On le trouve aussi en Inde. Il fut utilisé comme signe par les imprimeurs et par les brasseurs.

Ces symboles sont de puissants «émetteurs énergétiques» et génèrent ce qu'on appelle des ondes de forme. En physique, on sait que la juxtaposition de deux pôles opposés est créatrice d'électricité: en prenant une plaque métallique noire d'un côté et blanche de l'autre, il est démontré qu'un courant électrique ultra-faible est créé entre les deux faces de la plaque. C'est un peu le même principe élaboré par Sir William Crookes (1832-1919) avec son radiomètre en 1875.

Un radiomètre ressemble à une sorte d'ampoule électrique sphérique avec un vide partiel à l'intérieur. Un croisillon monté sur un axe vertical remplace le filament. Il est agrémenté de quatre ailettes en mica, avec une face naturelle blanche et réfléchissante et une autre, noircie et absorbante.

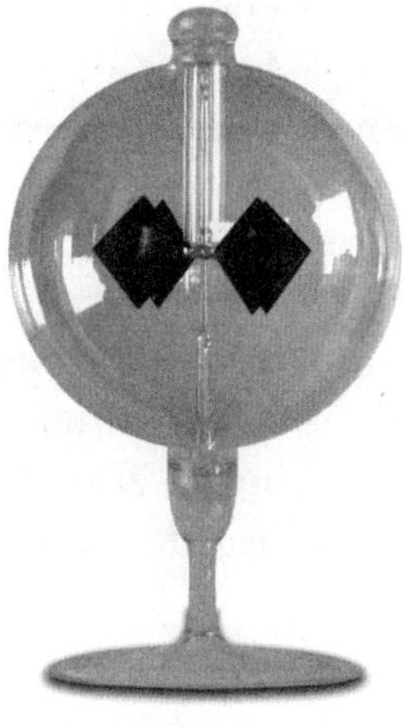

Radiomètre de Crookes.

Lorsque la lumière du jour éclaire le radiomètre, elle « pousse » les facettes noires qui absorbent de l'énergie et s'échauffent (principe du corps noir des panneaux solaires), alors que les faces blanches et réfléchissantes favorisent le mouvement de façon complémentaire en créant une énergie d'aspiration (principe des ailes d'avion ou des voiles de bateau : c'est le vide au-dessus de l'aile ou en avant de la voile qui permet à l'avion de voler ou au voilier d'avancer).

Les molécules du gaz à l'intérieur du radiomètre s'échauffent du côté noir et acquièrent donc une vitesse plus élevée, responsable de la pression cinétique (c'est-à-dire qui engendre un mouvement). La pression sur la face noire étant plus forte que la pression sur la face blanche, le moulin tourne, sans aucun moteur.

Tout son ou toute vibration est animé par une oscillation intrinsèquement porteuse d'énergie. Cela nous intéresse beaucoup sur le plan thérapeutique.

L'infini des vibrations

L'infiniment petit qui nous compose, comme l'infiniment grand que nous composons, s'exprime selon une trame vibratoire basée sur l'harmonie, mise en lumière par la découverte du nombre d'or appelé aussi suite de Fibonacci. Cette énergie harmonique infinie vibre en nous et autour de nous. Depuis plusieurs millénaires, l'être humain a entrepris de nombreuses démarches spirituelles pour s'harmoniser avec elle. L'infini a pu être nommé différemment selon les cultures et les époques. Il a été exprimé du temps des Grecs par Démocrite, ce philosophe « atomiste » qui vécut à la même époque que Socrate, vers 460-370 avant J.-C., que nous évoquerons plus largement plus loin, avant que la vision réductionniste d'Aristote fût imposée au monde occidental avec le géocentrisme stupide. Le concept de l'infini a été repris beaucoup plus tard par Nicolas Copernic et Giordano Bruno ; nous en reparlerons. Aujourd'hui, le concept d'infini de l'espace et du temps sans commencement ni fin recueille un plus large consensus, partagé par de nombreux scientifiques et chercheurs spirituels.

Nous partirons du principe que pour trouver en nous-mêmes l'harmonie et la paix, il est nécessaire de nous connecter avec l'harmonie de ces vibrations qui nous composent et des vibrations que nous composons. Cela nous permet de nous sentir reliés avec tout, ce qui est un des buts du bouddhisme. Grâce à l'application de principes simples et de techniques élémentaires, il devient possible de vibrer et de capter cette harmonie qui est en nous, dans le but de nous mettre au diapason des vibrations de l'Univers. En cela, les sons, qui sont aussi des vibrations, constituent une voie merveilleuse[37]. Il est justement possible de pouvoir observer la représentation des sons et des vibrations et de les retranscrire, autrement mieux que par l'écriture des notes sur une partition musicale. Depuis plusieurs siècles, les scientifiques sont fascinés par les graphismes et les arabesques générés directement par les ondes sonores ; voyons comment.

37. Nous exposons en détail les techniques d'harmonisation sonore dans *Le son d'harmonie*, *op. cit.*

5

Les images sonores (1)

Ces sons, nous pouvons non seulement les entendre, mais les voir.

Camille Flammarion[38]

Comme chacun sait et comme nous venons de l'évoquer, les sons produisent des vibrations. Ils sont générés par divers objets ou instruments, incluant la voix humaine. Dans le cas d'une catégorie de sons appelés « musicaux », ils sont activés ou mis en mouvement et émettent des vibrations, après avoir été frappés, frottés, pincés ou animés par l'air, par le souffle ou par un courant électrique. Notre sens de l'ouïe, représenté par nos oreilles, est l'interface qui permet à notre cerveau d'entendre. Ce sens est très limité. Nous percevons aussi directement les sons par le corps, par résonance osseuse et par perception dite vibro-tactile. Ce que nous ressentons auditivement par l'écoute des sons n'est qu'un aspect de ce que les sons génèrent. Les vibrations sonores se propagent de manière directive en trois dimensions et produisent des formes. Elles peuvent aussi véhiculer de l'information, des intentions et de l'énergie subtile, en un mot, d'autres sortes de vibrations que la science n'a pas encore officiellement découvertes. Cependant, nous nous y intéressons.

Si vous contemplez un cygne glissant sur la membrane représentée par la surface d'une eau calme, vous pouvez facilement observer le plan de l'eau qui ondoie dans son sillage. Un phénomène similaire se produit quand on jette une roche à la surface d'un lac : des ondulations circulaires

---

38. Camille Flammarion, *Astronomie populaire*, Paris, 1880.

centrifuges se propagent harmonieusement à partir du point où la pierre a chuté.

Ces phénomènes que l'on peut facilement observer visuellement à la surface de l'eau se produisent aussi à chaque instant dans l'invisible de l'air, sous la surface de l'eau et dans divers matériaux solides avec les sons et d'autres formes de vibrations. Les sons se propagent en volume dans l'air et dans toutes les directions opposées à la source, selon des lois physiques connues en acoustique, et génèrent en plus des vibrations plus subtiles, moins connues de la science.

> On peut se figurer [les] ondes sonores qui s'élargissent dans tous les sens, comme des couches sphériques qui environnent le corps sonore. [...]
>
> On compare souvent ces ondes avec les ondes concentriques qui se forment sur la surface de l'eau agitée par un corps étranger. Cette comparaison peut servir pour s'en faire une idée en quelque sorte ; mais elle n'est pas tout à fait exacte parce que les ondes de l'eau consistent en des élévations transversales de la surface ; mais les ondes sonores consistent en des condensations longitudinales qui se propagent dans tous les sens possibles[39].

Lorsque j'avais seize ans, je me rappelle avoir assisté à une expérience effectuée en classe par notre professeur de physique, alors que nous étudiions les vibrations dans notre cours de science du secondaire. Il avait réparti du sable fin sur la surface d'une sorte de plaque métallique de forme carrée aux coins arrondis, ayant environ 1 cm d'épaisseur et une trentaine de centimètres de côté, fixée horizontalement en son centre sur un pied en bois. Puis il saisit un archet, l'actionna longitudinalement sur l'un des côtés de la plaque, ce qui la mit instantanément en vibration. Un son à une fréquence d'environ 1000 Hz fut alors émis et mes camarades et moi observâmes alors que des dessins de sable se formaient à la surface de la plaque au même moment[40].

J'avais été fasciné par cette expérience. Je me souviens être allé voir le professeur à la fin du cours pour en savoir plus. Il m'a alors expliqué que des physiciens et acousticiens du XVIIIe siècle du nom de Félix Savart

---

39. E. Chladni, *Traité d'acoustique*, Éditions Courcier, Paris, 1809, p. 264, 266, 267.
40. Exemple : http://eurekalia.umh.ac.be/sitepedago/bellesphotos/images/Chladni1_jpg. jpg.

et Ernst Chladni avaient inventé l'expérience que nous venions de reproduire, pour démontrer comment le son agissait sur la matière. Devant mon insistance à en savoir plus et mes yeux pétillants de passion, il me remit une revue de l'Unesco, datant de 1969, consacrée aux images des vibrations. J'ai conservé cette revue précieusement depuis cette époque (1976) et c'est ainsi que j'ai connu les expériences du médecin anthroposophe suisse Hans Jenny et de la nouvelle science des vibrations qu'il avait baptisée cymatique, du grec *cyma* qui signifie « onde ».

Lorsqu'un objet, quelle que soit sa forme ou son échelle, est mis en vibration, une onde de résonance est exprimée et nous pouvons la percevoir auditivement, de façon tactile ou de toute autre manière[41]. Les ondes sonores se propagent aussi de manière ondulante à travers l'objet lui-même qu'elles déforment en suivant des lignes de force ou axes de symétrie, appelées lignes nodales. Des ventres et des nœuds sont créés, à la suite de l'impact vibratoire ou excitation, selon les caractéristiques harmoniques de leur support.

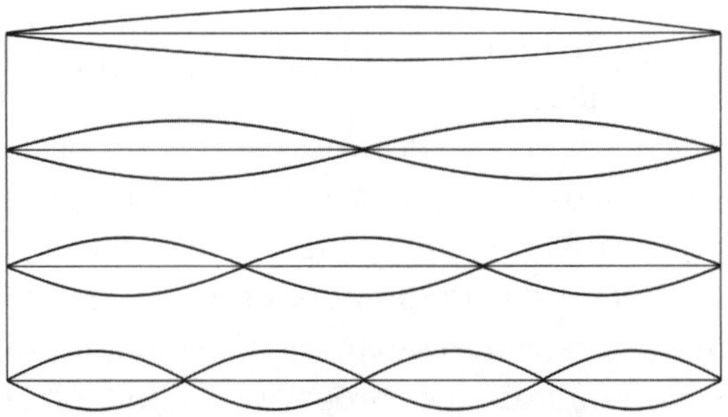

Ces appellations viennent de l'observation et de l'étude des verges et des cordes vibrantes. Lorsque l'on fait vibrer une corde sur toute sa longueur en la pinçant ou lorsqu'elle est excitée par une fréquence identique à elle, elle se met en résonance en formant une onde stationnaire. Elle forme alors un ventre sur toute sa longueur et deux nœuds aux extrémités

41. Pour des objets vibrants issus de notre environnement immédiat, nos oreilles et même notre corps nous permettent de percevoir les sons émis. Il existe des objets émettant des sons dépassant notre capacité à les percevoir (les infrasons, les ultrasons) comme des objets de l'infiniment grand (les planètes) ou de l'infiniment petit (les cellules vivantes), dont on perçoit la vibration au moyen de sondes, de télescopes (radiotélescopes) ou de microscopes (à effet tunnel).

comme le montre la figure de la page précédente (numéro 1). Si la fréquence d'excitation augmente deux fois ou si la corde est effleurée à sa mi-longueur, la corde se met à vibrer à l'octave et l'on observe alors deux ventres séparés par un nœud central (numéro 2). Si la fréquence augmente trois fois ou si elle est effleurée au tiers, la corde se met à vibrer alors à la quinte et forme trois ventres entrecoupés par deux nœuds centraux (numéro 3), et ainsi de suite, selon la loi des harmoniques.

Ci-dessus : corde excitée à l'octave de la fondamentale, avec un nœud au centre et à chaque extrémité. Ces nœuds sont agrémentés de deux ventres de part et d'autre du nœud central.

Sur une surface vibrante, par exemple une plaque en bois ou en métal, les mêmes phénomènes s'observent en deux dimensions cette fois. Lorsqu'une fréquence entre en résonance avec elle, il se forme alors une onde stationnaire, comme dans le cas d'une corde. Les nœuds deviennent des lignes, dites nodales, et les ventres se matérialisent en provoquant des microdéformations de la plaque. Le sable disposé sur sa surface se meut en se rassemblant là où la plaque ne vibre pas, le long des nœuds, qui deviennent donc des lignes ou des courbes. Le sable est expulsé de la surface des ventres (micro-monts) et se concentre sur les lignes nodales (micro-vaux), donnant ainsi une image de la vibration en négatif. Les figures obtenues permettent de comprendre et de mettre en évidence les phénomènes vibratoires engendrés par les sons, par les ondes stationnaires et par leurs harmoniques. Les propriétés ondulatoires révélées par les figures dites de Chladni sont toujours étudiées en classe d'acoustique dans les écoles et les universités.

Cette mathématique était déjà enseignée par l'observation de la corde vibrante par Pythagore il y a 2600 ans. La seule différence est que sur une membrane ou sur une plaque, les lignes nodales (dessins montrant l'absence de vibration) provoquées par les ventres (vibrations) s'expriment en deux dimensions, ce qui crée ces formes. Il reste à inventer un appareil permettant de visualiser les sons en 3D...

La façon la plus simple de mettre en évidence ces vibrations est de disposer expérimentalement d'une plaque vibratile en métal, par exemple, qui fait office de membrane et d'en saupoudrer la surface avec du sable ou toute autre matière granulaire suffisamment fine. On peut utiliser des plaques métalliques de différentes formes ou même des plaques de bois. Dans ce cas, les veines du matériau influent sur la propagation des ondes sonores. Il suffit ensuite d'activer cette plaque en la frappant avec une mailloche ou en la frottant avec un archet dont la rugosité crée de multiples et infimes impulsions permettant les oscillations. La plaque entre alors en vibration selon sa note de résonance fondamentale et ses harmoniques. Il est donc facile d'observer que par cette mise en résonance, les ondoiements issus de sa déformation due aux ventres et aux nœuds fréquentiels se transmettent à la matière. Des lignes nodales s'expriment en créant des géométries ondulantes, radiales, diagonales, circulaires, etc., caractérisées par des symétries et des formes parfois magnifiques. Grâce à des matières pulvérulentes et des liquides, il est ainsi possible de rendre visible la nature vibratoire des sons et de révéler l'essence ondoyante de tout ce qui nous constitue et que nous constituons : l'infini. Qui, au juste, a inventé cette expérience ? Voyons quelques données historiques.

Même si l'histoire nous rapporte que Robert Hooke a expérimenté quelques propriétés des plaques vibrantes au XVIIe siècle, ce fut Ernst Chladni au XVIIIe siècle qui en développa une expérimentation acoustique systématique très rigoureuse pour l'époque et qui donna son nom aux fameuses figures. Ses recherches dans la propagation des sons et sa réflexion au sujet de cette « nouvelle » science[42] ont vraiment tracé les jalons de l'acoustique moderne. Il fut inspiré par les recherches et par les découvertes de Lichtenberg, auteur des *Figures électriques*, dont il prit connaissance. Il en cite le nom à plusieurs reprises dans son livre *L'acoustique* publié en France en 1809.

Robert Hooke (1635-1703)

Le scientifique anglais Robert Hooke est reconnu, entre autres, pour avoir construit le microscope et le télescope, ainsi que pour avoir observé la cellule vivante. Il est considéré comme le précurseur d'Isaac Newton (1642-1727). Il s'est aussi intéressé à mesurer le nombre de vibrations produites

42. N'oublions pas que les Grecs étaient des experts en acoustique : pensons à l'exemple du théâtre d'Épidaure. Les Romains ont hérité de ce savoir et de nombreux édifices du Moyen Âge en Europe ont été conçus selon les connaissances mathématiques de la science de l'acoustique issues des Grecs. Il en va ainsi de l'usage des fameux vases acoustiques que l'on trouve dans de nombreux édifices de cette époque jusqu'à la Renaissance.

par une corde oscillante. Il a conduit de nombreuses expériences acoustiques. Parmi la plus célèbre qu'il a réalisée, l'histoire a retenu celle menée à l'université d'Oxford, le 8 juillet 1680. Ce jour-là, Robert Hooke a déposé de la farine sur une vitre et a fait sonner la plaque de verre avec un archet actionné longitudinalement sur son rebord. Il a observé que la farine était animée d'un mouvement perpendiculaire à la surface de la plaque et se rassemblait en créant des formes oscillant en alternance entre le cercle et l'ovale[43].

Figure électrique originale publiée par Lichtenberg en 1777.

Georg Christoph Lichtenberg (1742-1799)

Georg Christoph Lichtenberg est un philosophe et physicien allemand qui fit la découverte des fameuses figures électriques qui portent son nom et qu'il découvrit en février 1777[44]. Après avoir fabriqué dans son laboratoire un grand électrophore[45] destiné à générer un haut voltage d'élec-

---

43. Daniel P. McVeigh, *An Early History of the Telephone, 1664-1865*, Columbia University, 2000. *Oxford Dictionary of Scientists*, Oxford University Press, 1999, p. 101. Nature, 435, 888 (16 June 2005) | doi (Digital Object Identifier) :10.1038/435888a; Published online 15 June 2005, Martin Kemp, Georg Lichtenberg visualized a new branch of science.

44. *De nova methodonaturam ac motum fluidi electrici investigandi, Super nova methodo naturam ac motum fluidi electrici investigandi (Göttinger Novi Commentarii, Göttingen, 1777).*

45. Appareil générateur d'électricité statique inventé par Alessandro Volta (1745-1827).

tricité statique par induction, il remarqua que les décharges électriques sur la surface de la plaque en résine composant l'appareil provoquaient des images radiales dans la poussière. Il fit aussi des expériences en saupoudrant volontairement ses plaques de verre, de résine ou d'ébonite avec de la poudre de sulfure et d'oxyde de plomb, de sucre, de gomme laque, de farine, de lycopode, de limaille de fer, etc.[46], et observa les figures produites dans les mêmes conditions. Lichtenberg put aussi transférer, fixer et enregistrer ces images par pression, en appliquant une feuille de papier sur la surface de poussière organisée par la décharge d'électricité statique, découvrant ainsi le principe de la xérographie.

Les figures de Lichtenberg se forment autour des électrodes des appareils électriques, dans les isolants et près des points d'impact de la foudre. Elles peuvent être observées aussi dans le ciel lors d'éclairs. Elles ont des formes d'arcs, d'étoiles, de branches et d'arborescences fractales, et les recherches actuelles étudient les figures de Lichtenberg en 3D appelées arborescences électriques (*electrical treeing*).

La découverte de ces recherches fut une véritable révélation pour Ernst Chladni.

Ernst Chladni (1756-1827)

Le physicien allemand Ersnt Chladni a adapté la méthodologie de Lichtenberg au domaine acoustique après avoir pris connaissance de ses travaux dans les années 1780. Ce faisant, il répéta l'expérience faite par Hooke un siècle avant, apparemment sans la connaître, et à la lumière des travaux de Lichtenberg, l'élabora davantage. Chladni est reconnu comme l'un des pères de l'acoustique moderne, par sa perspicacité à découvrir les lois mathématiques qui la gouvernent. Au moyen d'un archet, il

46. *Pulveres generandis figuris apti a nobis adhibiti. 1) Pulvis picis Burgundicae subtilissimus. 2) Pulvis sulphuris purissimi. 3) Pulvis succini. 4) Pulvis Gummi Laccae. 5) Pulvis sulphuris cinnabari tincti. 6) Semen Lycopodii. 7) Cinnabaris. 8) Pulvis sacchari. 9) Pulvis vitri albi subtilissimus. 10) Pulvis pigmenti viridis Brunsw. 11) Pulvis laccae in globulis. 12) Smiris. 13) Pulvis amyli. 14) Farina communis. 15) Limatura orichalci subtilissima.16) Limatura ferri seu chalybis subt. In: Georg Christoph Lichtenberg, Commentatio posterior super nova methodo motum ac naturam fluidi electrici investigandi. Recitata D. XIX. Dec. MDCCLXXVIII. (1778).*

faisait vibrer des plaques métalliques saupoudrées de sable, à la surface desquelles il obtenait la création instantanée de formes[47].

Il en expérimenta de différentes formes et publia le résultat de ses recherches à partir de 1787[48]. Il observa comment leur géométrie pouvait influencer la mouvance des matières répandues et les formes qui en résultaient. Il publia un traité d'acoustique en 1802[49] et traduit en français en 1809[50]. Voici ce qu'il écrit dans les premiers mots de la préface de l'édition française de son *Traité d'acoustique* pour expliquer ses motivations de recherche :

> Pendant qu'on avançait plusieurs branches de la physique, l'acoustique restait toujours en arrière. Les vibrations sonores de la plupart des corps élastiques étaient tout à fait inconnues, et ordinairement on n'avait égard qu'aux vibrations transversales d'une corde, qu'on regardait comme la base de toute l'harmonie, et dont on voulait attribuer les lois à tous les autres corps sonores[51].

Il fit le point des connaissances de l'époque en acoustique, apparemment, comme nous l'avons dit précédemment, sans connaître les recherches de Robert Hooke, alors qu'il cite les travaux de nombreux scientifiques contemporains ou l'ayant précédé. Ainsi, il reprit les travaux d'Euler et de D'Alembert sur la corde vibrante :

> Avant l'intégration de l'équation de la corde vibrante, Euler et D'Alembert avaient intégré des équations en différences partielles ; le premier dans un mémoire publié par ceux de l'Académie de Petersbourg, année 1734 ; le second dans son *Traité de la cause des vents*[52].

---

47. Il publia à Leipzig en 1787 son livre *Entdeckungen über die Theorie des Klanges* (*Découvertes au sujet de la théorie des sons*) où il expose ses premières expérimentations. http://echo.mpiwg-berlin.mpg.de/ECHOdocuView/ECHOzogi Lib?url = /mpiwg/online/permanent/library/5M6VYMSC/pageimg&pn = 5&mode = imagepath.
48. Voir planche page suivante, extraite de E.F. Chladni, *Entdeckungen über die Theorie des Klanges*, Leipzig, 1787.
49. http://imgbase-scd-ulp.u-strasbg.fr/displayimage.php?album = 759&pos = 1.
50. http://books.google.ca/books?id = WcMPAAAAQAAJ&pg = PA365&dq = chladni + trait % C3 % A9 + d % 27acoustique&hl = fr#PPP5,M1.
51. E. F. Chladni, *op. cit.*, Préface.
52. E. F. Chladni, *op. cit.*, p. 372.

D'Alembert publia aussi en 1747 un *Mémoire sur les cordes vibrantes* et traita ce sujet dans les 1er et 25e Mémoires de ses *Opuscules mathématiques* publiées entre 1758 et 1783. La mécanique des cordes vibrantes fut un sujet occasionnant de vifs et âpres débats entre les illustres mathématiciens de l'époque : Jean le Rond D'Alembert (1717-1783)[53], Leonhard Euler (1701-1783)[54], Johann Bernoulli (1667-1748)[55] et Daniel Bernoulli (1700-1782)[56].

53. *Recherches sur la courbe que forme une corde tendue mise en vibration*, Berlin, 1747. *Recherches sur les vibrations des cordes sonores*, 1761.
54. *Sur la vibration des cordes*, Berlin, 1748. *De motu vibratorio Fili flexilils, corpusculis (...)*, 1762.
55. *Meditationes de cordis vibrantibus (Réflexions au sujet des cordes vibrantes)*, 1728.
56. Guillaume Jouve, *Le problème des cordes vibrantes chez D'Alembert*, thèse de l'université de Saint-Étienne, France. http://www.univ-st-etienne.fr/anum/fbp/jouve.pdf.

Comme amateur de musique, dont j'avais commencé à apprendre les éléments un peu tard dans ma 19e année, je remarquai que la théorie du son était plus négligée que plusieurs autres branches de la physique, ce qui me fit naître le désir de suppléer à ce défaut, et d'être utile à cette partie de la physique par quelques découvertes. En faisant (en 1785) beaucoup d'expériences très imparfaites, j'avais observé qu'une plaque de verre ou de métal donnait des sons différents lorsqu'elle était serrée et frappée dans des endroits différents, mais je ne trouvais nulle part de renseignements sur la nature de ces manières de vibrer. Les journaux avaient donné dans ces temps-là des notices sur un instrument de musique, fait en Italie par l'abbé Mazzocchi, et consistant en des cloches auxquelles il appliquait un ou deux archets de violon ; ce qui me fit concevoir l'idée de me servir d'un archet de violon pour examiner les vibrations de différents corps sonores. Lorsque j'appliquais l'archet à une plaque ronde de cuivre jaune, fixée en son milieu, elle rendait des sons différents qui, comparés entre eux, étaient égaux aux carrés de 2, 3, 4, 5, etc. ; mais la nature des mouvements auxquels ces sons correspondaient et les moyens de produire chacun de ces mouvements à volonté m'étaient encore inconnus. Les expériences sur les figures électriques qui se forment sur une plaque de résine saupoudrée, découvertes et publiées par Lichtenberg (dans les *Mémoires* de la Société royale de Göttingen), me firent présumer que les différents mouvements vibratoires d'une plaque sonore devraient aussi offrir des apparences différentes, si l'on répandait sur la surface un peu de sable ou une autre matière semblable. En me servant de ce moyen, la première figure qui se présenta à mes yeux, sur la plaque ronde dont j'ai parlé, ressemblait à

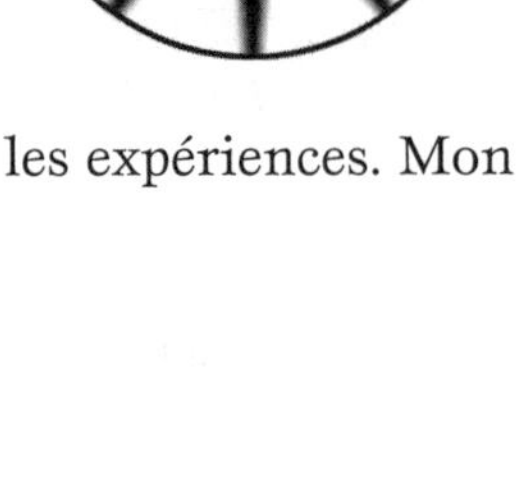

une étoile à 10 ou 12 rayons à peu près comme la figure ci-contre, et le son très aigu était, dans la série citée, celui qui convenait au carré du nombre de lignes diamétrales. Qu'on juge de mon étonnement, en voyant ce phénomène que personne n'avait encore vu. Après avoir réfléchi sur la nature de ces mouvements, je ne trouvais pas difficile de varier et de multiplier les expériences. Mon premier mémoire, qui contient des recherches sur les vibrations d'une plaque ronde, d'une plaque carrée, d'un anneau, d'une cloche, etc., a paru à Leipzig en 1787. Les résultats des recherches que j'ai faites depuis ce temps sur les vibrations longitudinales et sur d'autres objets de l'acoustique se trouvent dans quelques journaux allemands et dans les mémoires de différentes sociétés[57]. [...]

Les plaques peuvent être de verre ou d'un métal assez sonore, par exemple de cuivre rouge ou jaune. On pourra même se servir de plaques de bois, mais les figures ne sont pas régulières parce que l'élasticité n'est pas la même dans les différents sens. [...] Des plaques très minces sont préférables à des plaques plus épaisses, étant plus facile de les mettre en mouvement, parce qu'elles peuvent se plier de manières plus différentes. La grandeur est arbitraire : pour les figures les plus simples, un diamètre de 3 à 6 pouces sera suffisant. Mais pour produire des figures plus compliquées, il faut se servir de plaques plus grandes. Pour que les figures se montrent assez régulières, il faut que l'épaisseur soit partout la même. Les glaces à miroir ne sont pas préférables aux verres à vitre parce que les surfaces ne sont pas toujours parallèles. Il est nécessaire d'ôter le tranchant au bord [...], afin que les crins de l'archet ne soient pas endommagés.

[...] Le comble de toutes les découvertes possibles dans ce genre serait de donner des expressions générales, au moyen desquelles on pourrait prédire les formes que doivent prendre les lignes nodales dans une plaque de forme donnée, ébranlée d'une manière connue[58].

Ernst Chladni voyagea toute sa vie en donnant des conférences au cours desquelles, armé de son archet et de ses plaques, il montrait ses expériences au public. Il imagina une manière de mesurer la vitesse du son dans les solides, s'intéressa aux aérolithes (météorites) et inventa deux

57. E. Chladni, *op. cit.*, Préface.
58. E. Chladni, *op. cit.*, p. 122-134.

instruments de musique : l'euphone[59] et le clavicylindre[60]. À la même époque que Chladni, un autre savant s'est passionné pour l'acoustique.

Félix Savart (1791-1841)

Félix Savart, physicien et médecin militaire des campagnes napoléoniennes, se servit de cette technique pour étudier l'acoustique du violon. Il abandonna la médecine en 1816 pour ne se consacrer qu'à l'acoustique. Il inventa un dispositif pour mesurer les fréquences sonores : la roue dentée qui porte son nom ainsi que le sonomètre. Ses expériences lui permirent de comprendre comment les ondes sonores se diffusent dans le violon[61] en mettant en vibration la table d'harmonie, le fond d'instrument, etc., préalablement saupoudrés de sable. Ces techniques sont toujours utilisées par les luthiers actuels. Il a donné son nom à une unité de mesure des intervalles musicaux : le savart[62].

---

59. L'euphone (1790) : « L'euphone, inventé en 1789 et achevé en 1790, consiste extérieurement en plusieurs petits cylindres de verre qu'on frotte longitudinalement avec les doigts mouillés d'eau. Ces cylindres, de l'épaisseur d'une plume à écrire, sont tous égaux en longueur, et la différence des sons est produite par le mécanisme intérieur. Le son est plus ressemblant à celui de l'harmonica [l'harmonica fut inventé par Benjamin Franklin] qu'à celui d'aucun autre instrument. [...] » E. Chladni, *op. cit.*, Préface. Cet instrument, dont le mécanisme a été tenu secret par son inventeur, était composé de tiges de verre identiques, reliées à des tiges de métal de différentes longueurs et accordées. Le verre servait seulement d'excitateur et faisait résonner les tiges de métal accordées.
60. Le clavicylindre (1800) : « Le clavicylindre, achevé au commencement de l'an 1800 et perfectionné depuis ce temps, contient un clavier, et derrière ce clavier, un cylindre de verre qui se tourne au moyen d'une pédale et d'une roue plombée. Ce cylindre n'est pas lui-même le corps sonore, comme les cloches de l'harmonica, mais il produit le son par un frottement sur le mécanisme intérieur. La qualité principale de cet instrument est de pouvoir *prolonger* les sons à volonté, avec toutes les nuances du *crescendo* et du *diminuendo*, selon qu'on augmente ou diminue la pression sur les touches. » E. Chladni, *op. cit.*, Préface. Dans cet instrument dont l'anatomie était aussi tenue secrète, qui est un « euphone 2.0 », des tiges de fer accordées sont actionnées par un clavier. Elles sont mises en vibration par frottement sur un cylindre de verre en rotation, ce dernier étant animé par une pédale.
61. Mémoire sur la construction des instruments à cordes et à archet, lu à l'Académie des sciences (Paris), le 31 mai 1819.
62. En musique, le savart est une mesure fine des intervalles basée sur la plus fine perception humaine d'intervalle sonore : 1 octave = 301 savarts ; 1 ton = 50 savarts, etc.

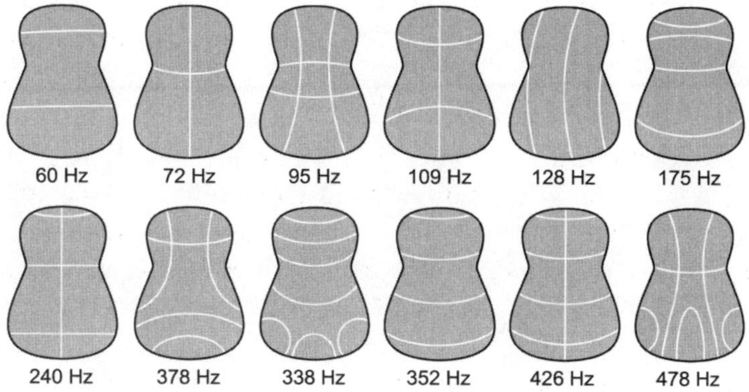

Figures de Chladni-Savart adaptées au dos d'une caisse de guitare avec notation des fréquences utilisées pour obtenir les dessins de sable.

Les lois mathématiques gouvernant les figures sonores de Chladni furent découvertes par Sophie Germain (1776-1831) en 1815. Elle remporta le prix de 3000 francs, soit l'équivalent de 1 kg d'or, offert par Napoléon au premier scientifique qui démontrerait les lois physiques mises en évidence par Chladni[63]. Ainsi, c'est une femme mathématicienne française qui remporta le prix sans aller le chercher elle-même, car elle publia sa découverte sous le pseudonyme de Monsieur Leblanc[64]...

Si Hooke, Lichtenberg et Chladni sont des précurseurs dans le domaine de l'imagerie vibratoire, leurs travaux et leurs découvertes ont fait des émules dans les siècles qui ont suivi et jusqu'à aujourd'hui.

---

63. Napoléon avait assisté à une démonstration de Chladni à l'Institut en 1808. Il fut très impressionné et lui offrit une récompense de 6000 francs. Il finança l'édition française de son livre *Die Akustik*, qui parut l'année suivante. Et l'on peut lire en page 3 le titre suivant: « Napoléon le grand a daigné agréer la dédicace de cet ouvrage après en avoir vu les expériences fondamentales. »

64. Cela n'est apparemment pas une exception dans l'histoire des sciences: « Plusieurs découvertes scientifiques attribuées à des hommes furent en vérité l'œuvre de leurs sœurs, épouses ou filles... » (Entrevue avec Rita Lévi-Montalcini, neurologue et prix Nobel, née en 1909.)

6

Les images sonores (2)

Poursuivons notre voyage dans le domaine passionnant de l'imagerie sonore et évoquons ensemble comment d'autres personnes, après les pionniers du XVIIe, du XVIIIe et du XIXe siècle, ont rendu hommage à l'expression visuelle des sons et des vibrations.

Édouard-Léon Scott de Martinville (1817-1879)

Environ un demi-siècle après les expérimentations de Chladni, Édouard-Léon Scott s'est intéressé à vouloir « photographier les sons » : il donna naissance à une écriture acoustique d'un genre nouveau, 20 ans avant l'invention du phonographe. Nous citons ici les découvertes de ce chercheur car il a obtenu des images sonores constituées par des « spectrogrammes » réalisés avec du noir de fumée. Elles ont pu être récemment mises en sons, grâce à la haute technologie...

> Peut-on espérer que le jour est proche où la phrase musicale, échappée des lèvres du chanteur, viendra d'elle-même et comme à l'insu du musicien sur un papier docile et laisser une trace impérissable de ces fugitives mélodies que la mémoire ne retrouve plus alors qu'elle les cherche ?
>
> Que savons-nous, en effet, des lois qui président au timbre particulier à chaque corps sonore ?
>
> Je m'occupe d'étudier de visu la différence des sons et des bruits, de soulever une partie du mystère de l'harmonie numérique d'ébranlements qui s'établit dans les corps animés et inanimés sous l'influence d'un son prolongé.

Mon but est de construire un appareil qui reproduirait par un tracé graphique les détails les plus délicats du mouvement des ondes sonores.

J'écris non les seules vibrations du corps qui vibre primitivement, mais celles transmises médiatement par un fluide, c'est-à-dire par l'air ambiant.

Pour résoudre le problème, j'ai cru ne pouvoir mieux faire que de copier en partie l'oreille humaine dans son appareil physique seulement, en l'appropriant au but que je me propose; car ce sens admirable est le prototype des instruments propres à s'impressionner des vibrations sonores.

Je couvre une bande de cristal d'une couche égale, opaque mais excessivement mince de noir de fumée. Je dispose au-dessus dans une position fixe un cornet acoustique insonore ayant à sa petite extrémité le diamètre d'une pièce de cinq francs. Cette extrémité inférieure se compose d'une partie recouvrante à frottement imperméable à l'air. Le corps de mon cornet est muni d'une membrane à sa petite extrémité. C'est le tympan physiologique. La partie recouvrante de l'instrument est armée d'une autre membrane, analogue à celle de la fenêtre ovale.

[...] Au centre de la membrane extérieure, je fixe un atome de cire à modeler spéciale, une soie de sanglier, longue d'un centimètre et même plus, fine mais convenablement rigide.

Alors, faisant glisser horizontalement ma plaque de cristal, avec une vitesse d'un mètre par seconde, dans une coulisse bien dressée, je lui présente la partie inférieure du cornet, le style affleurant la couche de fumée sans presser le cristal. Je fixe avec soin le cornet dans cette position.

On parle au voisinage du pavillon; les membranes vibrent, le style décrit des mouvements de pendule, il trace des figures larges si le son est intense; petites s'il est faible; bien séparées quand il est grave; rapprochées s'il est aigu; tremblées et inégales si le timbre est voilé; égales et nettes s'il est pur.

Je tire des épreuves, positives ou négatives, de cette nouvelle graphie, épreuves bien grossières encore, mais facilement perfectionnables[65].

En 1857, Édouard-Léon Scott présente à la Société d'Encouragement[66] (Paris, France) une nouvelle série d'épreuves négatives indiquant le mouvement des membranes minces et de certains solides sous l'influence des instruments de musique et de la voix.

Le son, aussi bien que la lumière, fournit à distance une image durable ; la voix humaine s'écrit elle-même (dans la langue propre à l'acoustique, bien entendu) sur une couche sensible ; à la suite de longs efforts, je suis parvenu à recueillir le tracé de presque tous les mouvements de l'air qui constituent soit les sons, soit les bruits. Enfin, les mêmes moyens me permettent d'obtenir, dans certaines conditions, une représentation fidèle des mouvements rapides, de mouvements inappréciables à nos sens par la petitesse de mouvements moléculaires[67].

Phonautogramme d'un son (dessin d'après First Sounds).

Ces expériences ont débouché, entre autres, sur l'invention du phonographe et du téléphone. Vingt ans avant le dépôt de brevet du phonographe par Thomas Edison, Édouard-Léon Scott de Martinville déposa celui du phonautographe, le 25 mars 1857. Cet appareil enregistre le son,

65. D'après le document autographe original de Édouard-Léon Scott de Martinville, « Principes de phonautographie », déposé en 1857 à l'Académie des sciences de l'Institut de France, Service des archives et du patrimoine historique de l'Académie des sciences et de l'Institut de France. Document disponible sous licence Creative Commons, Patrick Feaster, www.firstsound.org http://www.firstsounds.org/public/First-Sounds-Working-Paper-01.pdf.

66. La Société d'Encouragement pour l'Industrie Nationale (fondée par Napoléon à Paris en 1801) a pour mission de distinguer et d'encourager les inventeurs et les auteurs à l'origine de nouveaux procédés et de développements industriels. http://www.industrienationale.fr/.

67. Édouard-Léon Scott de Martinville, *Fixation graphique de la voix*, 1867. Communication à la Société d'Encouragement, le 16 novembre 1857. Document disponible sous licence Creative Commons, Patrick Feaster, http://www.firstsounds.org/public/First-Sounds-Working-Paper-03.pdf.

sans pouvoir le restituer, grâce à un pavillon équipé d'une membrane recueillant les vibrations. Un stylet relié à cette dernière les transmet ensuite et les grave sur une plaque de verre recouverte d'une feuille de papier enduite de noir de fumée. En juillet 1859, il a enregistré et déposé d'autres phonautogrammes avec des documents décrivant des modifications à sa machine révolutionnaire. Il enregistre les sons sur un cylindre plutôt que sur une plaque, avec une seule membrane plutôt que deux. Il collabore avec le physicien et fabricant d'instruments acoustiques réputé : Karl Rudolph Koenig (1832-1901). Il cherche à commercialiser sa machine, mais il ne remporte pas le succès escompté.

Le 16 juillet 1861, Édouard-Léon Scott a communiqué à l'Académie des sciences les résultats de la découverte à laquelle il travaille depuis 1853 afin de défendre sa priorité d'invention, car un savant étranger a fait une communication concernant « l'inscription automatique des mouvements vibratoires de l'oreille moyenne[68] ».

Il a été récemment possible de restituer une partie du chant *Au clair de la lune* enregistré le 9 avril 1860 par Édouard-Léon Scott ainsi que d'autres échantillons datant de 1854 (paroles et guitare) : la gamme chantée et le son d'un diapason à 435 Hz, déposés à l'Académie des sciences et à l'Institut national de propriété industrielle le 26 janvier 1857[69]. David Giovannoni, spécialisé dans la restitution des anciennes archives sonores et des chercheurs américains œuvrant an sein du Lawrence Berkeley National Laboratory (Berkeley, Californie[70]) ont récemment mis au point une technique permettant de lire ces enregistrements en éliminant les fluctuations de vitesse et le bruit de fond. Ils ont été dévoilés le 27 mars 2008, lors de la conférence annuelle de l'association for Recorded Sound Collection (Stanford University, Palo Alto, Californie)[71].

---

68. http://www.firstsounds.org/public/First-Sounds-Working-Paper-04.pdf.
69. http://www.firstsounds.org/sounds/index.php.
70. http://www.firstsounds.org/.
71. Article du *New York Times*, le 27 mars 2008 (en anglais) : http://www.nytimes.com/2008/03/27/arts/27soun.html. *Le Figaro*, le 28 mars 2008 : http://www.lefigaro.fr/sciences/2008/03/28/01008-20080328ARTFIG00411-vingt-ans-avant-edison-un-francais-avait-invente-la-gravure-sonore.php.

John Tyndall (1820-1893)

John Tyndall est un scientifique irlandais qui a été un grand vulgarisateur. En 1875, il a écrit un livre consacré aux sons, *Sound*[72], dans lequel il fait une synthèse des connaissances scientifiques dans ce domaine. Il présente toutes sortes d'expériences qu'il a parfois lui-même mises en pratique.

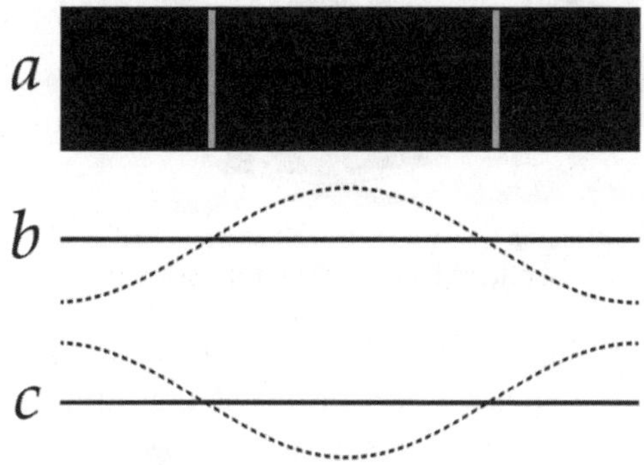

John Tyndall explique les figures de Chladni : les formes obtenues avec le sable sont dues aux déformations de la plaque vibrant en polarités opposées, correspondant à l'onde sinusoïdale du son diffusée en deux dimensions.

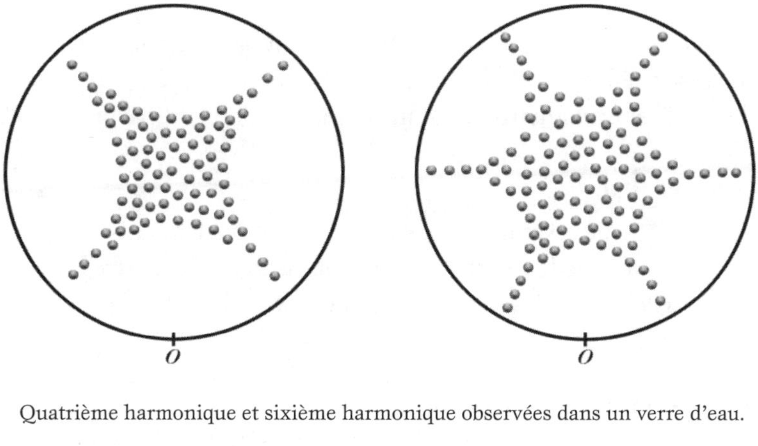

Quatrième harmonique et sixième harmonique observées dans un verre d'eau.

72. John Tyndall, *Sound*, Third Edition, Appleton and Co., New York, London, 1875. À consulter sur : University of California, http://www.archive.org/details/soundtyndallj00tyndiala.

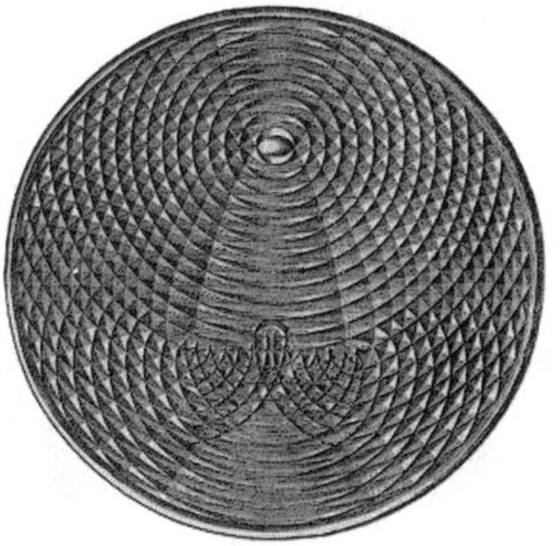

Image d'interférences sonores transmises à la surface d'un liquide (publiée par John Tyndall en 1875).

Il s'est aussi intéressé aux vibrations transmises à la surface des liquides et aux interférences sonores que ces médiums peuvent aider à visualiser. Dans un environnement musical où de multiples instruments jouent au même moment, les ondes sonores s'enchevêtrent dans l'air ambiant, créent des interférences, sont réfléchies et produisent dans l'invisible de l'air toutes sortes d'interactions (la figure ci-dessus nous en donne une petite idée). Voici les commentaires de John Tyndall au sujet de cette gravure :

> Cela représente le processus de changement par l'intersection des ondes directes et réfléchies dans une coupe circulaire. [...] Ce pouvoir de l'eau à recevoir et transmettre de multiples impulsions est partagé par l'air[73].

Sedley Taylor[74]

En 1874, le Pr Sedley Taylor a présenté à la Société française de physique un instrument appelé le phoneidoscope, qui permet de mettre en évidence les vibrations de la voix grâce à un dispositif utilisant les propriétés des films de savon.

Margaret Watts Hughes

En 1885, l'artiste anglaise Margaret Watts Hughes inventa l'eidophone pour peindre en chantant. Son appareil était constitué d'une sorte de pipe

73. John Tyndall, *op. cit.*, p. 356.

74. *New York Times*, le 22 décembre 1878.

à l'extrémité de laquelle une membrane était tendue. Cette pipe avait le même principe que les kazoos modernes, ces petits instruments ludiques utilisés par les enfants pour amplifier leur voix et faire des jeux sonores. La pipe de Margaret Watts Hughes transmettait les vibrations de sa voix à la membrane sur laquelle différents médiums étaient placés et mis en vibration : eau, lait, glycérine, sable et lycopodium ou un mélange des deux derniers. Elle créa de beaux « dessins » où l'on peut contempler des paysages oniriques et dont les photos furent publiées à Londres en 1891[75].

Hans Jenny (1904-1972)

Un demi-siècle plus tard, un médecin anthroposophe, le Dr Hans Jenny, reprit les expériences de Chladni et améliora la pipe de Hughes. Il mit en vibration toutes sortes de plaques recouvertes de différents médiums à l'aide de générateurs de fréquences et d'oscillateurs dont il pouvait faire varier électroniquement la fréquence et l'amplitude. Il créa un successeur à l'eidophone qu'il baptisa tonoscope. Il appela cymatique cette nouvelle science d'imagerie sonore enrichie grâce à la photographie et publia le résultat de ses observations à Bâle en 1967 et 1972[76]. Il voulut saisir, au moyen de l'imagerie des vibrations, le processus qui faisait fleurir la fleur ou qui est à l'origine de la giration des galaxies. Selon lui, les phénomènes de périodicité qu'il observa avec les sons étaient fidèles aux schémas rythmiques universels. Sa recherche se résume très bien par ses propres mots :

> Quels effets tangibles les processus ondulatoires et vibratoires produisent-ils dans un matériau spécifique, dans un milieu particulier[77] ?

Il a pu ainsi observer des structures géométriques d'écailles ressemblant à celles des poissons ou des tortues. Il fut aussi témoin de formes et

---

75. Margaret Watts Hughes, *"Visible Sound"*, *The Century Magazine*, vol. XLII, mai 1891 (en ligne à Cornell University : http://cdl.library.cornell.edu/cgi-bin/moa/pageviewer?frames = 1&coll = moa&view = 50&root = %2Fmoa%2Fcent%2Fcent0042%2F&tif = 00047.TIF&cite = http%3A%2F%2Fcdl.library.cornell.edu%2Fcgi-bin%2Fmoa%2Fmoa-cgi%3Fnotisid%3DABP2287-0042-7).

76. *Cymatics 1 & 2. The Structure and Dynamics of Waves and Vibrations*, Basilius Presse, Bâle. Il y a eu une réédition en anglais en 2005 par un éditeur de Boston : *Cymatics : A Study of Wave Phenomena & Vibration*, Macromedia, Newmarket, NH 03857, USA.

77. Dr Hans Jenny, « La cymatique, image des vibrations », *Le courrier de l'Unesco*, décembre 1969, p. 7.

de mouvements plus complexes comme des vortex, turbulences et tourbillons à l'origine des phénomènes acoustiques utilisés depuis des lustres dans les instruments de musique. Le but de ses recherches a été d'imaginer

> [...] des expériences destinées à produire une foule de phénomènes curieux qui permettent de faire apparaître des formes, de provoquer des courants et des tourbillons, de créer des structures, de rendre visibles des modèles de pulsations harmoniques [...][78].

Il a notamment observé des gouttes de mercure puis d'eau mises en vibration avec des sons. Il observa comment ces gouttes se structuraient géométriquement en 3, 4, 5, 6, 7, etc., suivant ainsi comme une fidèle partition la suite des harmoniques. Il obtint parfois des motifs floraux observés dans la Création. La démonstration est éloquente et les images obtenues sont conformes au nombre d'or :

> Les quelques exemples donneront une idée des immenses perspectives de recherche ouvertes par les phénomènes vibratoires. En observant ces structures, ces figures, ces courants et ces mouvements étranges, nous élargissons le champ de notre vision. Une multitude de choses jusqu'alors inaperçues se révèlent soudain à nous et, soudainement, nous découvrons combien la nature est pleine de rythmes, combien elle abonde en phénomènes périodiques.
>
> On se rappellera que la périodicité est un trait caractéristique des tissus organiques. [...] La vie quotidienne offre d'autres exemples de rythmes, de séries de périodicité. Le moindre jet d'eau, la moindre surface liquide, la moindre goutte font apparaître des phénomènes complexes de nature cymatique. Les formations nuageuses véhiculent des océans entiers de trains d'ondes, de crêtes d'ondes et de champs ondulatoires. La fumée qui sort d'une cheminée est animée de tourbillons et de turbulences qui obéissent à des lois périodiques. [...]
>
> Lorsqu'il saisit tous ces phénomènes complexes comme un tout, l'observateur sent naître en lui ce qui est en fait l'intelligence intuitive des phénomènes rythmiques et périodiques. Il se met à percevoir le côté cymatique de la nature.

---

78. *Ibid.*

[...] Il a été possible de démontrer l'existence d'effets cymatiques dans le domaine de l'infiniment petit; autrement dit, il est possible d'appliquer la méthode cymatique sous toutes ses formes aux phénomènes cellulaires. [...]

[...] Un certain nombre de phénomènes ne sont pas de nature vibratoire au sens propre du terme. Nous pourrions citer, par exemple, les précipitations chimiques de caractère rythmique (les anneaux de Liesegang), les cristallisations rythmiques, les phénomènes rythmiques qui se manifestent dans les solutions colloïdales [...], etc. On a donc tout lieu de penser que la périodicité se manifeste également dans les réactions chimiques.

[...] Prenons l'exemple de l'astrophysique: on peut y escompter à coup sûr des effets vibratoires spécifiques répondant aux caractéristiques que nous venons de décrire. Pour recenser les phénomènes cymatiques, il faudrait rassembler une multitude de caractéristiques et de relations vérifiables en astronomie planétaire, solaire ou galactique [...][79].

En résumé, le Dr Hans Jenny mit en évidence la nature vibratoire de tout ce qui nous constitue et de tout ce que l'on compose... Tout est vibration, tout est mouvement, tout bouge. Bouddha disait: «On ne se baigne jamais deux fois dans la même rivière.» La rivière change et bouge à chaque instant de même que tout ce qui est en nous. Néanmoins, aussi spectaculaires que soient ces observations, gardons juste à l'esprit que ces phénomènes ont des ressemblances avec les formes du vivant, mais que rien ne permet d'affirmer que les sons créent la vie ou sont à l'origine de la morphogenèse.

Manfred Kage

Spécialiste de la microphotographie, le photographe allemand Manfred Kage[80] inventa en 1964 l'audioscope, une machine permettant de rendre la musique visible.

---

79. Dr Hans Jenny, «La cymatique, image des vibrations», *Le courrier de l'Unesco*, décembre 1969, p. 16-17, 29-30.
80. http://www.kage-mikrofotografie.de/en/kage/.

John Stuart Reid

Plus récemment, en 2005, l'acousticien anglais John Reid créa le cymascope, un descendant du tonoscope de Hans Jenny. C'est une machine à visualiser les sons en temps réel. Elle est formée d'une structure au sein de laquelle est placée une membrane circulaire pouvant recevoir poudres et liquides. Un haut-parleur disposé sous la membrane est installé dans une forme cylindrique en plexiglas. En haut de l'appareil, une caméra permet de photographier ou de filmer les processus sonores produisant les images et les formes créées par divers sons enregistrés ou joués en direct avec un instrument de musique ou avec la voix, reliés au système.

Alexander Lauterwasser

En prolongement des recherches du Dr Hans Jenny, le chercheur allemand Alexander Lauterwasser a publié *Images sonores d'eau* (Éditions Médicis, 2005). Il y expose en images ses recherches acoustiques. Il cite le philosophe romantique Novalis dans le sous-titre de son livre: « La musique créatrice de l'Univers[81]. »

Comme le Dr Jenny, il s'est passionné depuis de longues années pour la phénoménologie et, pour lui, ses recherches sont concordantes avec la tradition et l'explication de la création de l'Univers. Il évoque même le son comme réalité agissante des forces initiales et des particules élémentaires de notre Univers antérieur au Big Bang. Il veut montrer, par ses images, que la création du monde a été faite par « des oscillations, des tons et des sons ». Nous sommes ici, bien entendu, dans un domaine purement spéculatif et l'obtention d'images, aussi belles soient-elles, ne prouve en rien l'origine de l'Univers et encore moins la création de la vie par les conséquences d'un très hypothétique « Grand Boum[82] ».

Ondulations

En février 2005, l'artiste canadien Thomas McIntosh a présenté son exposition-performance *Ondulations* au Musée d'art contemporain de Montréal et cette installation parcourt le monde depuis.

---

81. La vraie citation de Novalis est: « [...] l'infinie musique créatrice des mondes [...] », tirée de son essai *L'Europe ou la chrétienté*, *Œuvres complètes*, Gallimard, 1975, p. 315.

82. Voir le chapitre suivant.

Ondulations est une installation cymatique géante, constituée d'un réseau de caissons assemblés sur une surface mesurant environ 8 m sur 15 m, sur lesquels est tendue une membrane étanche, recouverte d'environ 3 cm d'eau. Des haut-parleurs, judicieusement répartis sous la surface, mettent en vibration la membrane. Des tremblements animent alors le liquide. Ils se répandent en ondes qui, à leur tour, se fusionnent et donnent naissance à des interférences très esthétiques. John Tyndall, en son temps, s'était déjà intéressé aux images produites par l'interaction des ondes acoustiques les unes avec les autres. Dans l'installation de Thomas McIntosh, de puissants éclairages en « rase-mottes » reflètent les ondulations de l'eau et leurs interférences sur les murs blancs de la salle, occasionnant de merveilleux entrelacs d'arabesques multiples et mouvantes, créant des sensations féeriques. C'est une expérience fantasmagorique qui permet de voir comment les sons peuvent créer des formes extraordinaires ; le mot qui vient à l'esprit est harmonie. C'est comme si les sons pouvaient être des générateurs naturels d'harmonie qu'ils projettent et impriment de manière invisible dans l'air et de manière plus concrète dans l'eau et différents médiums vibratiles.

Crop circles, mandalas et labyrinthes

Pour clore ce chapitre, nous évoquerons les *crop circles*[83], les mandalas et les labyrinthes qui ont, selon nous, des rapports avec les sons et leur pratique.

Les *crop circles*, appelés aussi agroglyphes, ont des formes d'une grande finesse et beauté. Certaines d'entre elles nous font penser à des images sonores. Nous ne prétendons pas que des sons les aient créées, mais l'harmonie qui s'en dégage rappelle celle des formes soniques, en lien avec la mathématique de Fibonacci.

Quant aux mandalas et aux labyrinthes de cathédrales ou de temples, ils sont créés pour la méditation ou divers rituels de guérison ; leurs formes géométriques rappellent également les formes d'origine sonique.

83. Les *crop circles*, ou cercles céréaliers, sont des formes géométriques qui apparaissent la plupart du temps dans des champs non moissonnés, la nuit. Ces phénomènes ont été largement médiatisés, et nous les citons ici en rapport avec la grande recherche mathématique et harmonique que l'on observe dans ces formations.

Les *crop circles*, les mandalas et les labyrinthes sont de bons supports pour pratiquer des exercices sonores[84].

Les formes obtenues grâce aux sons et aux vibrations ne sont en fait que l'expression visible de leurs structures mathématiques invisibles, enseignées dans le pythagorisme. Elles expriment en surface et en volume ce que le maître enseignait à l'aide du monocorde : les sons ont une structure mathématique que la division de la corde met en évidence. Les expériences amusantes de Hooke, de Chladni, de Jenny et d'autres chercheurs ou artistes contemporains ne sont que la mise en images de l'enseignement de Pythagore et n'apportent rien de fondamentalement nouveau en soi.

La pratique du Toucher par les sons® permet de prendre conscience des sons et de leurs pouvoirs vibratoires. Nous pouvons nous entraîner à les sentir agir non seulement à la surface de notre peau, mais également à l'intérieur de notre corps, au niveau de nos tissus, de nos organes, de nos muscles, de notre structure osseuse, de notre système nerveux, de nos plexus et centres neuroglandulaires appelés chakras (plexus solaire, cœur, gorge, etc.) jusqu'au plus profond de nos cellules, de nos molécules et des atomes qui nous constituent. Cette thérapie de biorésonance peut être ressentie consciemment ou non, car elle n'est pas nécessairement audible.

Après avoir évoqué largement le thème de l'imagerie sonore, nous souhaitons porter à l'attention du lecteur une réflexion concernant l'attribution hypothétique de la vibration et des phénomènes ondulatoires issus des sons et de la musique à l'origine du monde, trouvée chez la plupart des auteurs traitant de ce sujet.

---

84. Voir *Le son d'harmonie, op. cit.*

7

L'Univers est musique Nouvelles hypothèses pour en finir avec le mythe du son créateur

L'Univers est infini.
Il y a un nombre infini de mondes semblables au nôtre.

Démocrite

Des êtres vivants habitent ces mondes.

Giordano Bruno

Les recherches et les réalisations évoquées dans les deux chapitres précédents sont pour nous l'occasion d'une mise au point importante.

Quand Novalis[85] écrit dans son essai, *L'Europe ou la chrétienté*, que « La musique [est] créatrice des mondes », il inverse le processus, selon nous. Alexander Lauterwasser, dont nous avons cité l'œuvre au chapitre précédent, reprend l'expression « La musique créatrice de l'Univers », tirée de Novalis, en sous-titre de son livre *Images sonores d'eau*. Pour lui, le résultat visuel de ses observations « prouve » que la musique a créé l'Univers. Ce n'est là qu'une pure spéculation et notre réflexion se renouvelle de la même manière lorsque Hans Jenny, également cité précédemment,

85. Friedrich von Hardenberg, dit Novalis (1772-1801), mourut très jeune, à l'âge de 29 ans. Son essai *L'Europe ou la chrétienté* fut publié à titre posthume en 1826. (Voir *Œuvres complètes*, Éditions Gallimard, 1975, p. 315.)

voit dans la cymatique une « preuve » de la morphogenèse[86]. Rien ne permet de déduire que les sons et les images qu'ils provoquent lors de diverses expériences vibratoires peuvent expliquer la morphogenèse et *a fortiori* comment un soi-disant *Big Bang* pourrait être à l'origine de l'harmonie de l'Univers ou qu'un son ou une musique puisse l'avoir créé.

Nous émettons plutôt l'hypothèse que l'Univers serait lui-même créateur de la musique, et non l'inverse. Mieux encore, nous dirions : dans cette perspective, l'Univers *est* son, l'Univers *est* musique. Il s'agit bien de la musique des sphères et non des sphères de la musique. Si l'on accepte le concept de l'infinitude de l'Univers, alors il ne peut être créé par rien du tout ni même pas par un son, car il est non né, non créé : il est.

Les chercheurs tels que Hans Jenny ou Alexander Lauterwasser, pour ne citer qu'eux, ont voulu voir dans le résultat de leurs observations vibratoires, très belles au demeurant, un « signe » ou une « confirmation » du pouvoir créateur du son, tel qu'apparemment énoncé par Novalis, par la tradition ou par la Bible, en même temps qu'une « confirmation » du « grand-boumisme ». En aucun cas il ne s'agit là d'une preuve.

Au risque de déplaire à tous les grands-boumistes de ce monde, nous réfutons la théorie du *Big Bang* et à la lumière des découvertes de Neil Turok concernant la structure fractale et électrique de l'Univers, que nous élaborerons plus loin, nous nous interrogeons par là même sur la pertinence des conclusions auxquelles parviennent certains auteurs, voulant faire correspondre, sur le plan théorique, les images sonores obtenues au moyen de la cymatique à la théorie du *Big Bang*.

Pour nous, le « son primordial », le « Om originel » n'existent simplement pas. Il s'agit là d'une mystification : nous préférons parler du « son universel et infini, non né ni créé » et du « Om éternel, sans début ni fin ». Précisons également que la phrase « Au commencement était le Verbe[87] », très souvent citée pour étayer les images cymatiques ou pour justifier la théorie du Grand Boum, ne signifie pas : « Au commencement était le son[88] », comme cela est trop souvent mentionné, car là aussi une confusion est souvent faite.

---

86. Morphogenèse : ensemble des lois qui déterminent la forme, la structure des tissus, des organes et des organismes.
87. Nouveau Testament, Jean, 1,1.
88. Affirmation partagée par beaucoup d'auteurs.

Les recherches que nous avons évoquées dans les chapitres 5 et 6 montrant que le son crée des formes dans le sable, l'eau ou d'autres matériaux, ne prouvent pas que le son soit à l'origine de la morphogenèse. Le fait de l'affirmer n'est pas le démontrer et cela prendrait plus que des images de bac à sable ou de bassine d'eau pour le faire. En fait, le son ne crée aucune forme. Le sable, les poudres et l'eau sont des matériaux qui suivent dans leur mouvance la structure harmonique du son déjà présente ou sous-jacente. Les sons ont des propriétés vibratoires leur permettant de révéler par des poudres et par d'autres matières sensibles les structures mathématiques cachées des matériaux qu'ils traversent ou qu'ils mettent en vibration par résonance. Les sons ne créent pas de formes, ils *sont* les formes et les matières granulaires et liquides qui les épousent ou suivent les déformations membranaires à la suite de leur mise en résonance suivant la loi des harmoniques. Car le son est l'expression de l'Univers. C'est là que réside son grand pouvoir d'harmonisation. Cela permet de comprendre aussi pourquoi le son est si omniprésent dans la plupart des traditions spirituelles qui ont le plus souvent déifié et mystifié l'Univers infini.

Selon nous, l'interprétation du « Verbe » dans Jean est source de grande confusion. Le mot « verbe » ne désigne pas seulement le son, mais aussi la parole (le mot), le design (le dessein), le projet, la science. Le verbe, c'est un son avec une intention, une signification, une sémantique. Notons aussi que la phrase de Jean parle du « commencement ». De quel commencement s'agit-il puisque, selon nous, l'Univers n'en a pas eu ? C'est-à-dire, toujours selon nos hypothèses, que ce commencement est une allusion directe au commencement de la création de la vie sur terre, pour lequel la parole fut. En d'autres mots, il y eut au commencement la parole et, plus précisément, l'idée, le projet et la mission. De même qu'avant de lancer une mission spatiale, la direction de la NASA (Agence spatiale américaine) ou de l'ESA (Agence spatiale européenne) écrit un discours, rédige un communiqué et ces mots sont précédés de pensées, de projets et d'études émis par des scientifiques et responsables gouvernementaux. Tous ces discours, pensées, projets, communiqués pourraient représenter ce concept de « verbe » et symbolisés par ce mot. Par exemple, nous pourrions ainsi dire qu'« Au commencement [des missions *Apollo*] était le verbe », représenté par les idées, les études, les projets, les communiqués, ayant précédé l'alunissage du *LEM*, ou module lunaire[89]. Au commencement des missions futures sur Mars ou sur Vénus, il y aura aussi des projets, des communications, des paroles... en un mot, du «verbe».

Le verbe, ce n'est pas juste un son, c'est un son avec une information, une intention. L'interprétation de ce mot est, selon nous, une source de confusion majeure et d'interprétation souvent erronée. Le début de l'Évangile de Jean fait partie d'un ensemble de textes qui ont été écrits et compilés, rappelons-le, au IIIe siècle après Jésus-Christ. Cette célèbre phrase ne serait qu'une allusion à un projet de dessein intelligent et au commencement de la création de la vie sur terre et non de la création de l'Univers par un très hypothétique Grand Boum et d'une autocréation de la vie, telle que défendue par la théorie de l'évolution.

Nous interprétons donc «Au commencement était le Verbe» par l'hypothèse suivante: ce commencement pourrait avoir coïncidé avec l'arrivée sur terre d'anges ou messagers[90] célestes créateurs, appartenant à cette «pluralité des mondes» dont parlait Giordano Bruno en 1585. Pour ces anges ou messagers célestes, dont la représentation ailée n'est que le symbole de leur origine cosmique, au-delà de la Terre, le Verbe aurait consisté à l'annonce dans leur monde à eux d'un projet scientifique, puis à sa réalisation au moyen d'une mission spatiale dans le système solaire, puis sur Terre. Le but de cette mission, dont la narration semble nous avoir été transmise par le texte de la Genèse biblique et par les écrits sumériens de l'épopée de Gilgamesh, aurait été l'animation de l'inanimé grâce à de l'ingénierie génétique. Nous évoquons ici de pures hypothèses naturellement,

---

89. LEM signifie Lunar Excursion Module et, en français, module lunaire. Il s'agit d'un véhicule spatial utilisé dans le cadre du programme spatial américain *Apollo* (1961-1972) pour débarquer des hommes sur la Lune. Son rôle est de faire atterrir sur la Lune deux des trois membres d'équipage du vaisseau *Apollo* avec des équipements scientifiques, de leur permettre d'y séjourner de deux à quatre jours avant de décoller pour rejoindre le module de commande et service (CMS) resté en orbite lunaire et chargé de ramener l'équipage sur Terre. (Source: Wikipédia.)

90. Ange vient du grec *angelos* et signifie messager.

qui sont tout aussi valables que les dogmes qui sont en vigueur actuellement[91].

Car le son ne crée pas la vie. Il y a toute une différence entre faire bouger « soniquement » de la matière en provoquant la formation de lignes nodales dans du sable ou de l'eau avec l'obtention de formes géométriques aussi stupéfiantes soient-elles et programmer de l'ADN à l'aide de codes génétiques. Pour nous, le son soutient la vie mais ne la crée pas. La vie crée le son, non l'inverse. L'Univers crée la musique, non le contraire, comme l'a prétendu Novalis. La vie, quant à elle, a pu être créée en cohérence avec des principes universels révélés par les ondes sonores. Des formes et le design d'êtres vivants ont pu être inspirés par des dessins vibratoires ; les organismes ont pu être génétiquement créés ou programmés à l'aune de la science de l'harmonie révélée par les sons et par les équations de Fibonacci, ce qui pourrait expliquer le fait que nous puissions trouver autant de similitudes entre les premiers et les seconds. Selon notre hypothèse, la vie ne serait alors qu'un canevas tissé au diapason des lois cosmiques, ces « musiques du ciel », tel que l'envisageaient déjà les anciens Grecs.

---

91. La théorie en vigueur actuellement pour expliquer l'apparition de la vie s'appelle théorie de l'évolution, émise par Charles Darwin (1809-1882) et publiée dans *L'origine des espèces* (1830). Elle s'appuie sur la théorie géologique « uniformitariste » de Charles Lyell (1797-1875), qui s'opposait au catastrophisme de Georges Cuvier (1769-1832). Notons au passage que ces théories sont devenues des dogmes très confus contenant de nombreuses invraisemblances et, malgré cela, toujours acceptées « scientifiquement ». Voir Dr Hans-Joachim Zillmer, *L'erreur de Darwin*, Le Jardin des livres, 2009.

8

La science grecque

Un son, c'est un nombre qui chante.

Pythagore

Le nombre est la force souveraine et autogène
qui maintient la permanence éternelle des choses cosmiques[92].
Tout être connaissable a un nombre : sans celui-ci,
on ne saurait rien concevoir ni rien connaître[93].

Philolaos

Le savoir grec

Après ces mises au point nécessaires concernant le mythe du son créateur, nous allons largement évoquer ici le savoir grec, relié avec la science cosmique, car nous souhaitons lui rendre hommage. Néanmoins, notre culture occidentale a été focalisée de façon excessive sur la civilisation grecque et sa prétendue invention de la philosophie et de la science. Les fausses théories d'Aristote ont ralenti le progrès humain pendant plus d'un millénaire. Les hommes n'ont rien inventé sur terre. Ils ont bénéficié d'enseignements célestes et pour Pythagore, seuls les dieux étaient les

---

92. *Philolaos, 17e fragment*, dans *Pythagore et la philosophie pythagoricienne*, par A. Ed. Chaignet, Librairie académique, Éditions Didier et cie, 1874.

93. *Philolaos, 4e Fragment*, *Les présocratiques*, traduction par Jean-Paul Dumont, Gallimard, collection La Pléiade, 1988.

vrais philosophes et scientifiques. Sinon, comment pouvons-nous expliquer le miracle grec, les civilisations sumérienne, égyptienne et maya et tous ces peuples qui sont passés brutalement de l'âge de la pierre à des systèmes de sociétés organisées, avec art, science, architecture, astronomie, philosophie, médecine... ? Précisions que la Chine s'est développée de façon concomitante à la Grèce et que les philosophes Lao-tseu (570-490) et Confucius (551-479) ont vécu entre le VIe et le Ve siècle, soit à une époque où nous situons biographiquement les sages et les savants cités plus loin. La philosophie de Bouddha (Inde) est concomitante avec celle de Pythagore et les écrits védiques, antérieurs, sont philosophiques aussi. Donc il est fallacieux d'affirmer que les Grecs ont inventé la philosophie. Notons en outre qu'ils ont été plus souvent qu'autrement les dépositaires du savoir africo-égyptien[94] et babylonien et ont trouvé la source de leur civilisation, de leur science et de leur culture en Égypte négro-africaine et en Chaldée. Les plus grands savants et philosophes grecs, tels Thalès, Démocrite, Anaximandre, Anaxagore, Pythagore, Platon, Euclide, pour ne citer qu'eux, ont fait des séjours en Égypte et en Mésopotamie[95]. Certains d'entre eux considéraient que la Terre était sphérique et tournait autour d'un centre, à une époque où sa platitude et son géocentrisme étaient admis par tous. Thalès, Héraclite, Démocrite décrivirent même notre monde baignant dans un milieu infini, composé d'autres terres célestes peuplées de civilisations intelligentes ! En voici quelques exemples[96].

Anaximandre (610-546)

Il est attribué à Anaximandre la paternité de l'usage du mot «*apeiron*», signifiant infini ou illimité, pour désigner le principe originel, donc en fait une «non-origine» avec un Univers ni né ni créé. Il aurait aussi été le premier philosophe grec à employer dans un sens philosophique le terme «*arkhê*» signifiant le commencement, l'origine. Il ne s'agit plus pour lui seulement d'un point dans le temps, mais d'une origine perpétuelle, qui

---

94. Jean-Philippe Omotunde, *L'origine négro-africaine du savoir grec*, vol. 1, coll. Connaissance du monde nègre, Yaoundé, Éditions Menaibuc, 2001.

95. Pythagore aurait passé 22 ans en Égypte, puis aurait été fait prisonnier par les Perses et aurait voyagé jusqu'à Babylone. Platon a séjourné 13 ans en Égypte. Démocrite a voyagé aussi en Égypte et en Perse, et Thalès a étudié en Égypte. Anaxagore y est allé à plusieurs reprises et Euclide y a enseigné.

96. Les dates biographiques que nous indiquons dans ce chapitre sont approximatives et situées avant l'ère chrétienne. Il est rare de connaître avec certitude des dates aussi lointaines.

peut continuellement donner naissance à ce qui sera. Cette conception rejoint en fait les hypothèses actuelles et « très anciennes » du Pr Neil Turok sur l'Univers fractal en régénération permanente. Anaximandre plaçait ainsi l'*apeiron*, l'infini, comme substance originelle ou principe, source, réceptacle de tout, éternel et indestructible.

Anaxagore de Clazomènes (500-428)

Anaxagore, comme de nombreux sages grecs, a voyagé en Égypte. Il considérait que l'Univers était formé de substances diverses sans naissance ni fin et que les étoiles étaient des masses incandescentes. Il affirmait que les astres n'étaient pas des dieux. Sa théorie cosmique athée était (déjà) très mal vue à cette époque, ce qui lui valut un procès pour impiété.

> Par rapport au petit, il n'y a pas de minimum, mais il y a toujours un plus petit, car il n'est pas possible que l'être soit anéanti par la division. De même, par rapport au grand, il y a toujours un plus grand, et il est égal au petit en pluralité, et en elle-même chaque chose est à la fois grande et petite.
>
> Anaxagore, *15e fragment*[97]

Rappelons que 2000 ans plus tard (!), Giordano Bruno fut brûlé vif sur le Campo dei Fiori à Rome, le 17 février 1600 pour impiété, après avoir publié un livre traitant de la pluralité des mondes[98]. Pour Bruno, l'Univers est non seulement non créé et infini, mais d'autres mondes similaires au nôtre existent. Notez qu'il a fallu attendre les années 1960 pour voir naître le projet SETI[99] entrepris, entre autres, par Carl Sagan et 2007 pour que le Pr Neil Turok publie son livre sur la structure fractale de l'Univers[100]. Anaxagore et Anaximandre furent plus tard contredits par Aristote et par Ptolémée, et le monde infini devint subitement clos et

---

97. Paul Tannery, *Pour l'histoire de la science hellène, de Thalès à Emphédocle*, Paris, Éditions Gauthier Villars, 1930.

98. *De l'infinito universo et mondi Venice*, 1584, dans *Oeuvres complètes*, Les Belles Lettres, 1994, tome III, *De l'infini, de l'Univers et des mondes*, traduction de J.-P. Cavaillé.

99. Search for Extra-Terrestrial Intelligence (www.seti.org). Ce projet a été stoppé au printemps 2011, faute de crédits.

100. Pr Neil Turok, de l'université de Cambridge, au Royaume-Uni. Il expose ses conceptions dans son livre paru en mai 2007 chez Doubleday Publishing : *Endless Universe Beyond the Big Bang (L'Univers sans fin, au-delà du Grand Boum)*. http://endlessuniverse.net/.

fini. Les théories actuelles du Grand Boum et de l'évolution des espèces[101] seront regardées bientôt comme de vieilles superstitions et nos scientifiques du futur les compareront à celles du géocentrisme ou du « géoplatisme[102] »... La conception d'un Univers infini, qui ne fait pas encore l'unanimité aujourd'hui, fut donc reléguée pendant des siècles au rang d'une superstition alors qu'il était auparavant une notion déjà partagée par plusieurs.

Héraclite d'Éphèse (544-480) et Démocrite d'Abdère (460-370)

Rien n'arrive sans cause.

Leucippe

Rien ne vient du néant, et rien, après avoir été détruit, n'y retourne.

Démocrite

Theodor Gomperz nomme le philosophe Héraclite comme précurseur de l'école de Démocrite d'Abdère :

> Lorsque Héraclite enseignait l'incessante transformation des choses et déclarait que la permanence d'un objet particulier n'était qu'une pure apparence résultant du remplacement des particules désagrégées par un afflux de particules nouvelles, il supposait nécessairement et aussi bien l'existence de parties invisibles de matière que celle de leurs invisibles mouvements[103].
>
> Voici quelques principes d'Héraclite (*Fragments*) :
>
> On ne peut pas entrer deux fois dans le même fleuve[104].
>
> Aucune rivière n'est la même deux fois de suite.
>
> Les choses froides se réchauffent, les chaudes se refroidissent, les humides se dessèchent, les sèches s'humidifient.
>
> Ce monde, le même pour tous, ni dieu ni homme ne l'a fait, mais il était toujours, il est et il sera, feu toujours vivant, s'allumant en mesure et s'éteignant en mesure.

---

101. Voir Dr Hans-Joachim Zillmer, *L'erreur de Darwin*, Paris, Le Jardin des livres, 2009.

102. Doctrine ancienne disant que la terre était plate.

103. Theodor Gomperz (1832-1912), *Les penseurs de la Grèce : histoire de la philosophie antique*, Livre III, chap. 2 « Les atomistes », Paris, Payot, 1910.

104. On trouve ce concept dans le bouddhisme.

Les atomes crochus de Démocrite (460-370)

Pour les anciens Grecs, le mot « monde » réfère implicitement à l'Univers. Si Héraclite nous parle d'un Univers non né et non créé : « Ni dieu ni homme ne l'a fait, mais il était, il est et il sera », il rejoint Démocrite dans sa conception atomiste de l'Univers infiniment grand, sans commencement, composé de particules : les atomes. Démocrite a créé ce mot, *a-tomos*, signifiant en grec « qui ne peut être divisé ».

Nous rapprochons naturellement ces propos de l'enseignement du bouddhisme dont l'origine est antérieure d'un siècle à celui d'Héraclite. Bouddha (624-544) aurait pu être le grand-père ou l'arrière-grand-père de ce dernier. Rappelons que le bouddhisme est athée et que la conception du non né, du non créé, de l'impermanence et du mouvement est antérieure à celles des Anaximandre, Anaxagore, Héraclite, Démocrite et autres.

Contemporain d'Hippocrate, Démocrite et son maître Leucippe sont les auteurs de la théorie atomiste qui caractérise leur école et qui fut située à Abdère en Grèce[105]. Pour Démocrite, ces particules indivisibles et éternelles sont en agitation continuelle et en mouvement perpétuel. Elles forment des spirales infinies et sont à l'origine des astres lorsqu'elles s'agglutinent ensemble. La Terre n'est pas unique. Elle est en mouvement. L'Univers étant infini, la Terre n'en est pas le centre. Le temps n'existe pas.

> Pour lui, les atomes se touchaient immédiatement et s'entrelaçaient ou s'accrochaient les uns aux autres. Cela ne pouvait se faire que si les atomes étaient pourvus de crochets, et, en effet, Démocrite a imaginé et devait imaginer, en raison de l'infinie variété de formes que suppose sa doctrine, une foule d'atomes crochus. Des particules dépourvues de toute emboîture, et qui ne pouvaient rester en combinaison que si elles étaient emprisonnées au milieu d'autres particules, il distinguait celles qui étaient munies d'anses ou de crochets, de bords infléchis, de convexités ou de cavités, d'appendices de toute forme, et qui, par conséquent, pouvaient s'attacher des manières les plus variées, les unes sur un point, les autres sur deux[106].

105. Abdère était située en Thrace antique, sur la côte égéenne, au sud de la Bulgarie, à quelques kilomètres de la ville grecque moderne de Xhanti.

106. Theodor Gomperz, *op. cit.*, Livre III, chap. 2, 4.

> Il admettait pour principes de l'Univers les atomes et le vide, rejetant tout le reste comme fondé sur des conjectures. Il croyait qu'il y a des mondes à l'infini, [...] que rien ne se fait de rien ni ne s'anéantit ; que les atomes sont infinis par rapport à la grandeur et au nombre ; qu'ils se meuvent en tourbillon, et que de là proviennent toutes les concrétions, le feu, l'eau, l'air et la terre ; que ces matières sont des assemblages d'atomes ; que leur solidité les rend impénétrables et fait qu'ils ne peuvent être détruites ; que le soleil et la lune sont formés par les mouvements et les circuits grossis de ces masses agitées en tourbillon ; que l'âme, qu'il dit être la même chose que l'esprit, est un composé de même nature ; que l'intuition se fait par des objets qui tombent sous son action[107].

Il fut surnommé le « philosophe rieur » car sa bonne humeur était inspirante. Il se laissa mourir à l'âge de 103 ans. Il fut admiré par Archimède : Démocrite avait montré que le volume d'un cône est le tiers de celui d'un cylindre ayant la même base et la même hauteur. Malheureusement, le pouvoir athénien devint intolérant et punissait de mort ceux qui enseignaient les choses du ciel en remettant en question le savoir établi. C'est comme cela que Socrate (470-399) fut plus tard condamné et que Démocrite fut oublié, d'autant qu'Aristote vint ensuite et ridiculisa Démocrite. Le sage Épicure (341-270), pour qui les passions éloignaient l'humain du bonheur[108], reprit les théories de Démocrite concernant l'existence de particules infinitésimales de matière et l'infinitude de l'Univers et de pluralité des mondes[109] :

> Rien ne se fait de rien.
> L'Univers est infini.
>
> Ce n'est pas seulement le nombre des atomes, c'est celui des mondes qui est infini dans l'Univers. Il y a un nombre infini de mondes semblables au nôtre et un nombre infini de mondes différents.
>
> L'âme est un corps composé de parties fort menues et dispersées dans tout l'assemblage de matière qui forme le corps[110].

---

107. Diogène Laërce, Livre IX, 44.

108. Il favorisait la recherche du bonheur par l'ataraxie ou l'absence des passions.

109. Le mot « monde » sous-entend ici planète habitée.

110. Épicure, *Lettre à Hérodote*, 3, 6, 9, 19. http://remacle.org/bloodwolf/philosophes/Ciceron/finibusherodote.htm.

La conception du monde de Démocrite a eu encore un lointain écho chez l'écrivain romain Lucrèce, grâce à qui finalement le démocritisme est parvenu jusqu'à nous (99-55)[111].

Ces quelques exemples nous permettent de comprendre que la science et la réflexion grecques étaient très avancées, sans doute influencées par le savoir des Kamites d'Égypte et des Perses de Babylone. Si nous les avons cités, c'est pour mieux introduire la science de Pythagore qui est venu, dans ce contexte sémantique, révéler un autre aspect de l'Univers infini au moyen de ses théories sonores.

111. Lucrèce, *De rerum natura*.

9

Le pythagorisme

Écoutez... vous l'entendez... la musique ?
Je l'entends partout, dans le vent, dans l'espace, dans la lumière.
Elle est partout autour de nous. Il suffit juste de s'ouvrir à elle.
Il suffit juste d'écouter.

Nick Castle, James V. Hart, Paul Castro, scénaristes du film *August Rush*, 2007.

Pour montrer, s'il est encore nécessaire, combien les Grecs nous ont transmis un savoir qui a été ignoré par des siècles d'obscurantisme, Aristarque de Samos[112], dans son ouvrage *De magnitudinibus et distantis solis et lunæ (Sur les dimensions et des distances du Soleil et de la Lune)*, fut le premier à mesurer, vers 280 avant J.-C., les distances et les dimensions du Soleil, de la Terre et de la Lune (par une méthode simple fondée sur les éclipses). Et sa conception de l'Univers était pythagoricienne :

> Vous n'êtes pas sans savoir que par l'Univers la plupart des astronomes signifient une sphère ayant son centre au centre de la Terre [...]. Toutefois, Aristarque de Samos a publié certains écrits sur les hypothèses astronomiques. Les présuppositions qu'on trouve dans ses écrits suggèrent un univers beaucoup plus grand que celui mentionné plus haut. Il commence en fait avec l'hypothèse que les étoiles sont fixes et que le Soleil est immobile. Quant à la Terre, elle se déplace autour du Soleil sur la circonférence d'un cercle ayant son centre dans le Soleil[113].

112. 310-230 avant J.-C.

113. Archimède, préface du traité *Le sablier*.

Hicétas (400-335) et Ecphantos de Syracuse

Hicétas, pythagoricien du IVe siècle, a affirmé :

> La Terre tourne et pivote sur son axe à très grande vitesse[114].

Son disciple Ecphantos, même s'il a réfuté la pluralité des mondes et adhérait au géocentrisme, considérait que la Terre, centre du monde, tournait sur elle-même d'ouest en est.

Rappelons encore que ce fut Aristote, élève de Platon, qui, plus tard, imposa le géocentrisme avec la fixité de notre planète. La théorie fut reprise par Ptolémée (IIe siècle après J.-C.) et par le Vatican (XIIIe siècle), enfermant la science humaine dans quatorze siècles d'obscurantisme avant que Giordano Bruno, Nicolas Copernic et Johannes Kepler corrigent cette trajectoire erronée, en faisant ressurgir les concepts pythagoriciens, parfois au péril de leur vie[115]. Aristote a néanmoins grandement contribué à la diffusion du pythagorisme : en le critiquant et en s'en moquant, il l'a fait survivre. Ses écrits ont transmis le pythagorisme comme un cheval de Troie.

On trouve donc évocation du pythagorisme chez Aristote et cet enseignement a été transmis aussi chez les Romains : Cicéron[116], célèbre avocat et sénateur de Rome, fait allusion à la théorie de Pythagore revue dans une version aristotélicienne, dans le dernier livre de sa *République*, avec le célèbre « Songe de Scipion » :

> [...] De si grands corps en effet ne se meuvent pas en silence et, en vertu d'une loi naturelle, les sphères extrêmes émettent d'un côté des sons graves, de l'autre des sons aigus. Ainsi ce ciel, mouvant porteur d'étoiles, plus rapide que les autres sphères dans sa révolution, rend un son aigu et perçant comme un cri, la sphère lunaire donne au contraire le plus grave.

---

114. Cicéron, *Premiers académiques*, II, XXXIX, 123.

115. Giordano Bruno a été brûlé vif à Rome en l'an 1600 par l'Inquisition pour avoir parlé des multiples « soleils et des mondes innombrables » dans son livre *De l'infini, de l'Univers et des mondes,* publié en 1584. Nicolas Copernic attendit l'âge de 70 ans pour révéler ses théories, quelques jours avant sa mort. Kepler, quant à lui (qui plus est luthérien de confession), a été poursuivi par l'Inquisition, sans qu'elle parvînt à l'arrêter.

116. 106-43 avant J.-C.

Quant à la Terre, fixée au neuvième rang, au centre de l'Univers, elle est, je le répète, toujours immobile, tandis que les huit sphères mobiles, dont deux ont même impulsion, produisent sept tons différents ; ce nombre en presque toute matière a une signification essentielle. [...] Remplies comme elles le sont du bruit de l'Univers, vos oreilles se sont assourdies, car il n'y a point de sens plus émoussé que l'ouïe [...].

Quant à la musique produite par la révolution rapide du système du monde, le bruit même en est tel que les oreilles humaines sont incapables de l'entendre [...][117].

Pline l'Ancien (23-79 après J.-C.) y fait également allusion[118] :

Mais Pythagore appelle parfois, d'après des rapports musicaux, un ton la distance qui sépare la Lune de la Terre ; de celle-ci à Mercure, il compte un demi-ton ; de lui à Vénus à peu près autant ; de Vénus au Soleil, un ton et demi ; du Soleil à Mars, un ton, c'est-à-dire autant que de la Lune à la Terre ; de Mars jusqu'à Jupiter, un demi-ton ; de Jupiter jusqu'à Saturne, un demi-ton ; et de là jusqu'au zodiaque, un ton et demi.

Les pythagoriciens

La pratique du chant harmonique que j'ai eue à partir de 1980 a ouvert mon corps et mon esprit à un nouveau paradigme sonore : l'univers des sons présents à l'intérieur même du son, ce dont parlait Pythagore il y a 2600 ans. Cette approche du son, vécue de l'intérieur avec la découverte de la gamme des harmoniques naturels, n'était pas pour moi une expérience quelconque, comme celle à laquelle j'avais assisté alors que j'étais étudiant en musicologie à l'université de Lyon où le professeur nous expliquait froidement ce qu'était la suite de Fourrier avec ses partiels ou harmoniques. J'intégrais au contraire cette connaissance scientifique comme une occasion de grandir spirituellement et de ressentir les sons à différents endroits du corps et de me laisser toucher par la pureté des intervalles sonores. La découverte de l'enseignement de Pythagore est venue confirmer ce que j'avais déjà expérimenté par moi-même avec ma voix depuis ces années.

---

117. Cicéron, *De la République*, Livre VI, chap. 18 « Le songe de Scipion ».

118. *Histoire naturelle, Livre II, Relatif au monde et aux éléments*, chap. 22. Texte français Dubochet, Paris, Éditions Émile Littré, 1848-1850.

Les pythagoriciens utilisaient les sons pour soigner et pratiquaient certains chants le matin et d'autres, le soir. Ces pratiques seraient à l'origine du chant monastique et contemplatif antique dont la pratique s'est prolongée jusqu'à l'ère médiévale. Comme nous le détaillerons davantage plus loin, nous savons maintenant que les atomes et les molécules vibrent et que la Terre et le Soleil sont comme des instruments de musique dont la fréquence de résonance est proportionnelle à leur masse. La science démontre aujourd'hui que nous baignons dans une symphonie cosmique, et nous verrons aussi que le pythagorisme s'applique à la symphonie cellulaire que nous sommes.

Nous évoquerons plus loin la vie de Pythagore elle-même. Voyons tout d'abord à travers des témoins directs ou indirects quelle est la substance de son enseignement.

Pythagore à la cathédrale de Chartres.

Sa vie et sa philosophie sont connues par les écrits de ses disciples comme Philolaos, par des historiens et par des philosophes de la Grèce antique et par ceux, plus tardifs, appelés néo-pythagoriciens qui ont transmis le savoir pythagoricien jusqu'au IIIe siècle après J.-C. Parmi eux, il y a eu Nicomaque de Gérase, Porphyre et Jamblique. Il n'y a plus eu de pythagoriciens après le IIIe siècle, car diffuser de telles doctrines « païennes » était passible de condamnation à mort par l'église chrétienne en pleine expansion politique à cette époque, ce qui, avons-le, était très dissuasif. Néanmoins, Pythagore est présent sculpturalement sur le portail royal de la cathédrale de Chartres, en France (XIIe siècle). Deux portails secondaires sont de part et d'autre du portail central. Sur celui de droite, au-dessus des chapiteaux ornant des colonnettes, on peut observer Pythagore, penché sur son monocorde.

Ptolémée est sculpté à un étage supérieur, tandis qu'Aristote est à la même place que Pythagore, à l'opposé, du côté gauche du portail[119]. C'est Nicolas Copernic qui a relu les pythagoriciens quelques siècles plus tard et a engendré la révolution copernicienne qui est en fait une révolution pythagoricienne.

Nicomaque de Gérase (150-200 après J.-C.) a vécu en Palestine au IIe siècle après J.-C., dans la région proche de Tibériade. Il s'est intéressé particulièrement à l'arithmétique et à la musique et a écrit un *Manuel harmonique* dans lequel il expose l'enseignement de Pythagore.

> 10. Les noms des sons doivent avoir été empruntés aux sept astres qui parcourent le ciel et roulent autour de la Terre. En effet, on dit que tous les corps qui tournent rapidement lorsque quelque chose leur cède la place et jouit d'une grande fluidité, produisent nécessairement des bruits qui diffèrent entre eux par la grandeur, par la vitesse du son et par son lieu, c'est-à-dire en raison de leurs sons à eux-mêmes, de leurs vitesses propres ou des milieux dans lesquels s'accomplit la

---

119. On peut observer également sur le même ensemble sculpté, entre autres, Euclide, Boèce et Cicéron. Ces personnages symbolisent l'enseignement du Trivium et du Quadrivium donné à l'école de Chartres qui avait, semble-t-il, un grand rayonnement. Le Trivium, signifiant « trois voies », se composait de la grammaire, de la rhétorique et de la dialectique. Le Quadrivium, signifiant « quatre voies » ou quatre sciences mathématiques dans l'Antiquité : arithmétique, musique, géométrie, astronomie. C'est l'aristotélicien romain Boèce (480-525) qui imposa le Quadrivium d'après le savoir pythagoricien transmis à travers Aristote. Car même en condamnant le pythagorisme et en s'y opposant, Aristote a néanmoins contribué à sa diffusion. Les Athéniens qui ont condamné à mort Socrate ont fortement favorisé la diffusion de son enseignement.

révolution de chaque corps, suivant que ces milieux se trouvent plus fluides ou au contraire plus résistants.

11. On relève clairement ces trois mêmes différences à propos des planètes qui se distinguent entre elles par la grandeur, par la vitesse, par le lieu, et qui, perpétuellement, sans relâche, roulent en sifflant dans la vapeur éthérée.

16. L'astre le plus central, qui est le Soleil, placé le quatrième à partir de chaque extrême, devient l'origine de la *mèse*, placée à l'intervalle de la quarte de l'un et de l'autre [son extrême], dans l'heptacorde antique, de même que le Soleil parmi les sept planètes est au quatrième rang à partir de chaque astre extrême, puisqu'il occupe le point moyen.

27. Un jour qu'il se promenait tout en s'abandonnant aux réflexions et aux pensées que lui suggéraient ses combinaisons, cherchant s'il ne pourrait pas imaginer un secours pour l'oreille, sûr et exempt d'erreurs, tel que la vue en possède un dans le compas et dans la règle ou même, disons-le, dans le dioptra[120], le toucher dans la balance ou dans l'invention des mesures, il vint à passer, par une coïncidence providentielle, devant un atelier de forgeron et entendit très distinctement des marteaux de fer frappant sur l'enclume et donnant pêle-mêle des

120. Le dioptra était un instrument astronomique utilisé par les savants grecs pour mesurer le positionnement des étoiles. Cet instrument de visée horizontale était composé d'une équerre faite d'un triangle isocèle dont la pointe était dirigée vers le bas et alignée verticalement à l'aide d'un fil à plomb. La base du triangle servait à faire la visée à travers deux œilletons situés de part et d'autre. Cet instrument était aussi utilisé à des fins terrestres, pour l'arpentage, la construction d'aqueducs et le creusage de tunnels. Euclide (325-265 avant J.-C.) cite cet instrument dans ses œuvres, ainsi qu'Archimède (287-212), Hipparque (190-120) et plus tard (Ier siècle après J.-C.), Héron d'Alexandrie, connu pour avoir créé des automates hydrauliques et s'être intéressé à la vapeur (première machine à vapeur) et à l'air comprimé. Principalement connu pour les machineries décrites dans son *Traité des pneumatiques* (*Pneumatica*), on lui doit par ailleurs un projet de machine destinée à ouvrir automatiquement les portes d'un temple.

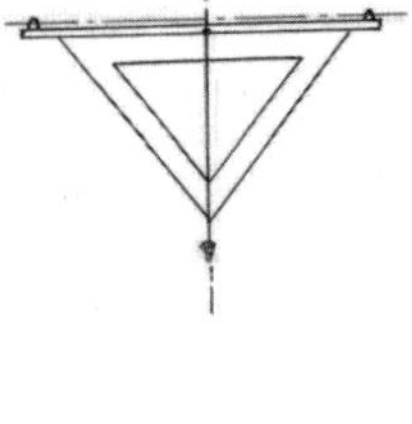

sons parfaitement consonants entre eux, à l'exception d'un seul couple. Il reconnut, parmi ces sons, les consonances d'octave, de quinte et de quarte. Quant à l'intervalle intermédiaire entre la quarte et la quinte, il s'aperçut qu'il était inconsonant en lui-même ; mais, d'autre part, complémentaire de la plus grande de ces deux consonances.

8. Rempli de joie, il entra dans l'atelier comme si un dieu secondait son dessein, et, au moyen d'expériences variées, après avoir reconnu que c'était la différence de poids qui causait la différence de son, et non pas l'effort des forgerons ni la forme des marteaux, ni le déplacement du fer laminé, il releva avec un grand soin le poids des marteaux et leur force impulsive qu'il trouva parfaitement identique, puis il rentra chez lui.

9. Il fixa un clou unique dans l'angle formé par deux murailles, pour éviter qu'il y eût même de ce côté la moindre différence ou que, d'une manière quelconque, la pluralité des clous ayant chacun leur matière propre rendit l'épreuve suspecte. Il suspendit à ce clou quatre cordes semblables par la substance, le nombre des fils, la grosseur, la torsion, et fit supporter à chacune d'elles un poids qu'il fixa à son extrémité inférieure. De plus, il rendit les longueurs des cordes de tout point égales, puis, frappant ensemble les cordes deux à deux, il reconnut respectivement les consonances précitées qui variaient avec chaque couple de cordes. [...]

30. La corde tendue par la suspension du plus grand poids, comparée avec celle qui supportait le plus petit, lui fit constater une résonance à l'octave ; or, celle-ci représentait 12 des poids donnés et celle-là, 6. Il établit ainsi que l'octave est dans le rapport double, ce que les poids eux-mêmes lui avaient fait entrevoir. La plus grande corde, comparée avec celle qui venait après la plus petite et qui représentait 8 poids, sonnait la quinte, et il établit qu'elles étaient dans le rapport sesquitiers[121], ce qui était aussi le rapport des poids entre eux ; puis, il la compara avec celle qui la suivait, par rapport au poids supporté. La plus

121. Le sesquitiers représente le rapport de quarte. « Sesqui : Particule souvent employée par les anciens musiciens dans la composition des mots servant à exprimer toutes sortes de mesures. Ils appelaient donc sesquialtères les mesures dont la principale note valait une moitié de plus que sa valeur ordinaire [...]. » (Jean-Jacques Rousseau, *Dictionnaire de musique*, tome onzième, Paris, Éditions Deterville, Lefèvre, 1817.)

grande des autres cordes se trouvant avoir 9 poids sonnait la quarte, proportionnellement aux poids; or, il constata qu'elle était dans le rapport inversement de la quarte et que cette même corde se trouvait par nature la quinte de la plus petite, car 9 est à 6 dans le même rapport, de même que la corde proche de la petite et supportant 8 poids était à la corde qui en supporte 6 dans le rapport de quarte et la corde de 12 poids dans le rapport de quinte[122].

31. Par conséquent, l'intervalle compris entre la quinte et la quarte, c'est-à-dire celui dont la quinte surpasse la quarte, était confirmé comme se trouvant dans le rapport de ton qui est celui de 9 à 8. Le diapason (octave) était le système formé par la réunion de l'une et de l'autre, autrement dit de la quinte et de la quarte placées en conjonction; de même que le rapport double se compose du sesquialtère et du sesquitiers, soit 12, 8, 6; ou inversement, par la réunion de la quarte et de la quinte, de même que le double se compose du sesquitiers et du sesquialtère, soit 12, 9, 6, placés dans cet ordre.

32. Après avoir exercé sa main et son oreille à l'étude des poids suspendus et bien établi d'après ces poids le rapport des proportions constatées[123], il transporta ingénieusement les résultats généraux obtenus par les cordes (lesquels provenaient du clou placé dans l'angle des deux murailles) sur le batère (la tablette inférieure)[124] d'un instrument qu'il nomma cordotone[125], et la tension, portée à un point proportionnel à celle que produisaient les poids, passa dans le mouvement des chevilles placées à la partie supérieure. Une fois installé sur ce terrain et comme qui dirait en possession de ce gnomon infaillible[126], il étendit l'expérience en la faisant sur divers instruments, par exemple au moyen de la percussion des vases, sur les flûtes, les syrinx, les monocordes, les trigones et autres semblables; toujours il

122. Le sesquialtère correspond à l'intervalle de quinte. L'octave est composée de la quinte et de la quarte.

123. Note de Philippe Remacle: «Les rapports réels des sons ne sont pas ceux des tensions des cordes, mais ceux des racines carrées des forces de tension.»

124. Pièce de bois dur correspondant à l'emplacement des chevilles permettant la tension et l'ajustement des cordes.

125. Monocorde.

126. Le gnomon était un instrument de mesure astronomique. Le gnomon de Pythagore est une équerre aux côtés égaux. http://henriette-chardak.org/pages_projets/pyt7.php.

trouva consonante et invariablement sûre la détermination indiquée par les nombres. [...]

46. Si, par exemple, prenant une corde longue placée sur une règle, soumise à une tension constante mais élevée au-dessus de cette règle de façon qu'elle n'y touche pas, on compare le son produit par le toucher de la corde entière avec le son de sa moitié, considérée isolément au moyen d'un curseur ou de tout autre appareil placé en son milieu, afin que la vibration obtenue par le toucher n'affecte rien que la moitié considérée, on trouvera l'intervalle d'octave entre le son de la demi-corde et celui de la corde entière, en rapport plus grand, c'est-à-dire double, l'effet produit étant en raison inverse des données[127].

Porphyre (234-305 ?), philosophe néoplatonicien du IIIe siècle après J.-C., a écrit une vie de Pythagore, dans laquelle il décrit la musique et les séances pratiquées par le maître.

Il charmait par des rythmes, des chants, des incantations, les souffrances de l'âme et celles des corps. Cela convenait à ses adeptes ; mais pour son compte, il écoutait l'harmonie de l'Univers, sensible qu'il était à l'harmonie universelle des sphères et des astres qui s'y meuvent, que la médiocrité de notre nature nous empêche d'entendre. C'est ce dont témoigne Empédocle quand il dit de lui : « Et il y a parmi eux un homme d'un rare savoir, maître plus que personne en toute sorte d'œuvres sages, qui avait acquis un immense trésor de connaissances. Car lorsqu'il tendait toutes les forces de son esprit, sans peine il voyait toutes choses en détail, pour dix, pour vingt générations humaines[128]. »

---

127. Nicomaque de Gérase, *Manuel d'harmoniques*, traduit par Charles Émile Ruelle (1881), chap. III, 10-11-16, chap. VI, 27, 33, 34, 46, dans *Annuaire de l'Association pour l'encouragement des études grecques en France*, 1880. www.musicologie.org/theses/nicomaque_01.html. L'helléniste et latiniste Philippe Remacle a constitué une œuvre remarquable. Il dirige une équipe et a mis en ligne de vieilles traductions de textes anciens et en a réalisées lui-même. Il publie la synthèse de ses compilations sur le site de l'antiquité grecque et latine, avec des textes d'auteurs arabes, persans, chaldéens, arméniens et syriaques : http://www.remacle.org/ ; Nicomaque de Gérase : http://remacle.org/bloodwolf/erudits/nicomaque/harmonique.htm.

128. Porphyre, *Vie de Pythagore*, Belles Lettres, 1982, p. 50.

Jamblique (250-325 après J.-C.), qui a été élève de Porphyre, nous a laissé aussi une *Vie de Pythagore*, dans laquelle il écrit :

> [...] Considérant que l'on commence de prendre soin des hommes par la sensation, en leur faisant voir des formes et des figures belles et en leur faisant entendre de beaux hymnes et de belles mélodies, il faisait commencer l'éducation par la musique, par certaines mélodies et rythmes, grâce auxquels il produisait des guérisons dans le caractère et les passions des hommes, ramenant l'harmonie entre les facultés de l'âme, comme elles étaient à l'origine et inventait des moyens de contrôler ou de chasser les maladies du corps et de l'âme. [...] Pour ses disciples, il ordonnait et harmonisait des arrangements musicaux, en produisant [...] des mélanges entre certaines mélodies [...], ramenant chacun à la vertu [...] comme au moyen de quelque médicament salvateur, savamment mélangé.
>
> Le soir, lorsque ses compagnons se préparaient au sommeil, il les débarrassait des soucis du jour et du tumulte et il purifiait leur esprit agité, leur donnant un sommeil paisible, plein de beaux rêves, quelquefois même de songes prophétiques. Lorsqu'ils se levaient, il les débarrassait de leur torpeur nocturne, de leur faiblesse et de l'engourdissement de la nuit au moyen de certains chants et mélodies particuliers exécutés sans accompagnement à la lyre ou à la voix [...][129].

La science grecque, avancée s'il en est une, est très bien représentée par les pythagoriciens et ces savants et philosophes que nous venons de citer. Intéressons-nous maintenant à Pythagore lui-même et à son histoire.

129. Jamblique, *Vie de Pythagore*, Belles Lettres, 1996, p. 36-37.

10

Pythagore de Samos (569-475)

Étudiez le monocorde.

Pythagore

Pythagore enseignant dans son école de Crotone, par Raphaël.

Mathématicien éminent, créateur de l'acoustique, auteur de découvertes astronomiques capitales, ainsi que fondateur d'une secte religieuse et d'une communauté que l'on peut rapprocher de nos ordres de chevalerie du Moyen Âge, théologien et réformateur moral, Pythagore de Samos réunit en lui une richesse de dons de la nature la plus variée et parfois la plus contradictoire.

Pythagore cultivait avec ardeur la musique, qui, dans le cercle de ses adhérents, a toujours joué un rôle considérable comme moyen d'exciter ou d'apaiser les passions.

Or, sans cet art, il ne serait sûrement jamais arrivé à sa découverte la plus importante et la plus féconde: démontrer que la hauteur des sons dépend de la longueur des cordes vibrantes. Le monocorde sur lequel il fit les expériences qui devaient fonder l'acoustique «se composait d'une corde tendue sur une caisse de résonance avec un chevalet mobile, qui permettait de partager la corde en parties de longueurs diverses, et ainsi de produire des sons différents, plus hauts ou plus bas, sur une seule et même corde».

Les intervalles des sons – quarte, quinte, octave, etc. – que seule, jusque-là, avait pu distinguer avec certitude l'oreille fine et exercée du musicien, mais que l'on ne pouvait ni expliquer à d'autres ni ramener à des causes tangibles ou intelligibles, étaient maintenant liés à des rapports numériques clairs et précis. Le fondement de la mécanique des sons était posé; quelle autre mécanique pouvait encore paraître inaccessible? Grande fut la joie causée par cette merveilleuse découverte; elle contribua sûrement à faire franchir aux spéculations des pythagoriciens toutes les bornes de la prudence. De ce point, qui est le plus clair de la doctrine, il n'y a qu'un pas à faire pour tomber dans l'obscure mystique des nombres, qui, à première vue, nous paraît si incompréhensible, si opposée même à la raison. Un des phénomènes les plus fugitifs, le son, s'était montré mesurable dans l'espace. Or, la mesure de tout ce qui est espace, c'est le nombre. Rien de plus naturel, donc, puisqu'il exprime le règne de lois universelles, que de le considérer comme la base et l'essence des choses elles-mêmes[130] !

Pythagore considérait que la Terre était sphérique, tournant autour d'un feu central que reflétait le Soleil. Les différents mouvements qui animent la Lune, Mercure, Vénus, Jupiter, Saturne créent une harmonie et l'Univers est, selon le maître, une gigantesque symphonie mathématique basée sur le nombre et dirigée par une divinité géomètre et musicienne.

130. Theodor Gomperz, *op. cit.*, chap III, 1.

Pour Pythagore, l'Univers était un tout ordonné auquel il donna le nom de «cosmos», qui veut dire ordre, beauté et régularité. Les Romains ont traduit ce mot par «*mundus*» qui a donné «monde». C'est de l'*unité* considérée comme principe du monde tel que décrit par Pythagore que dérive le nom «Univers». Nous connaissons la conception héliocentriste de Pythagore grâce à son disciple Philolaos[131] :

> Philolaüs a le premier dit que la Terre se meut en cercles; d'autres disent que c'est Hicétas de Syracuse. Les uns prétendent que la Terre est immobile; mais Philolaüs le pythagoricien dit qu'elle se meut circulairement autour du feu (central) et suivant un cercle oblique, comme le Soleil et la Lune[132].

L'héliocentrisme a été aussi dépeint par Démocrite[133] qui a été un des premiers à prôner ce système et il a fallu attendre presque 2000 ans pour que Nicolas Copernic le reprenne en 1515[134]. Dans un de ses écrits[135], Aristote (384-322) évoque clairement la théorie des pythagoriciens pour la contredire. Il énonce leur conception du mouvement circulaire de la Terre autour d'un centre:

> Ils [les pythagoriciens] disent que le feu est au milieu, que la Terre est un astre, et se meut circulairement autour de ce centre, et par ce mouvement, produit le jour et la nuit.

131. Environ 474-390 avant J.-C.

132. Philolaos, *13e fragment*, a et b, dans *Pythagore et la philosophie pythagoricienne*, A. Éditions Chaignet, Librairie académique, Éditions Didier et cie, 1874.

133. 460-370 avant J.-C. Voir le chapitre précédent.

134. *De Hypothesibus Motuum Cœlestium a se Contitutis Commentariolus* (connu sous le titre de *Commentariolus*), un court traité d'astronomie qu'il termine vers 1515 et publié seulement au XIXe siècle. C'est dans ce traité qu'il énonce pour la première fois sa vision héliocentrique du monde. Il acheva vers 1530 son œuvre magistrale: *De Revolutionibus Orbium Cœlestium (De la révolution des sphères célestes)*. «D'autres pensent que la Terre se meut. Ainsi, Philolaos le pythagoricien dit que la Terre se meut autour du feu en un cercle oblique, de même que le Soleil et la Lune. Héraclide du Pont et Ecphantos le pythagoricien ne donnent pas, il est vrai, à la Terre un mouvement de translation [...]. Partant de là, j'ai commencé, moi aussi, à penser à la mobilité de la Terre.» (Nicolas Copernic, lettre au pape Paul III, préface à *De Revolutionibus Orbium Cœlestium*, 1543.)

135. *Caelo (Du ciel)*, II, 13.

Pythagore, qui se présentait lui-même comme l'ami de la sagesse et de la science (d'où le terme «philosophe» qui vient de là; c'est donc lui qui a inventé le mot, non Socrate), avait pour principe que l'amitié était une vertu majeure à appliquer dans la vie. Il enseignait aux femmes et aux hommes, ce qui paraît avant-gardiste. Dans un autre ordre d'idées, il a identifié visuellement la planète Vénus dans le ciel du matin et du soir. C'est un des savoirs babyloniens transmis par le maître, comme le fut la loi du célèbre triangle rectangle. Il concevait le nombre comme moyen de connaître l'Univers. Rappelons ici que le mot «mathématique» vient du grec *mathema* qui signifie connaissance et que mathématicien était le nom donné à une des deux catégories de disciples de Pythagore, celle la plus avancée. La seconde se nommait acousmates (les «écoutants», du verbe grec *akouô*, écouter, d'où acoustique). Ces derniers étaient stagiaires ou novices pendant plusieurs années avant de devenir mathématiciens et ne pouvaient qu'entendre les propos du maître, en se tenant derrière un rideau.

«Annoncé par la Pythie»

L'histoire de Pythagore que certains considèrent comme un personnage mythique est, avec d'autres philosophes grecs, d'un très grand apport pour l'humanité et pour la sonologie et le Toucher par les sons®. Il est cité par Euclide[136], Diogène Laërce[137], Hérodote[138] et Plutarque[139]. La légende veut que ses parents, Mnésarque et Parthénis, aient eu pour aïeul le héros Ancée, fils de Zeus qui avait fondé la ville de Samos, sur l'île du même nom où est né Pythagore et qu'il serait lui-même fils d'Apollon. Ses disciples l'appelaient d'ailleurs Apollon Hyperboréen.

Pythagore signifie «annoncé par la Pythie» et c'est au cours d'un voyage à Delphes que son père, Mnémarchos de Samos, orfèvre, interroge la Pythie:

> Ce Mnémarchos de Samos, qui était allé pour raison de commerce à Delphes, avec sa femme, dont la grossesse ne se voyait pas encore, se vit répondre en oracle par la Pythie [...] que sa femme était enceinte et qu'elle mettrait au monde un enfant qui l'emporterait en beauté et

136. Euclide, *Éléments*, I, 47.

137. Diogène Laërce, *Vie de Pythagore*.

138. Hérodote, *Histoires*, II, 123.

139. Plutarque, *Œuvres morales*, II, 1.

en sagesse sur tous ceux qui avaient jamais vécu, et qui s'avérerait d'un très grand profit pour la race humaine pour la vie de chacun. [...] De ce moment, il changea le nom de sa femme de Parthénis en Pythaïs (en raison de l'enfant et de ce qu'avait dit la prophétesse)[140].

Soulignons ici qu'une théorie ancienne, rejetée par Jamblique mais qu'il cite néanmoins, à la suite du texte précédent, veut :

[...] qu'Apollon se soit uni à Parthénis, qui l'aurait ainsi rendue enceinte, et qu'il l'aurait fait annoncer par sa prêtresse.

Nous n'avons pas de preuve pour étayer cette théorie, néanmoins nous la trouvons intéressante. Pythagore, fils d'Apollon, annoncé par la Pythie : telle est la manière dont certaines traditions nous présentent cet être exceptionnel, selon nous pas si stupide, en considérant qu'au sein d'autres traditions il est question d'un autre ange qui, 600 ans plus tard, est venu annoncer un beau matin à une certaine Myriam de Nazareth qu'elle allait enfanter elle aussi un être exceptionnel, dont le père était lui aussi « dans les cieux »...

Le prophète du nombre

Pythagore aurait été, selon nous, une sorte de prophète, fils d'un des dieux qui séjournaient sur le mont Olympe ou le mont Parnasse qui, selon toute vraisemblance, auraient été dans l'Antiquité des bases extraterrestres. Il serait venu apporter aux hommes une part de connaissance divine un peu comme Prométhée l'aurait fait plusieurs millénaires avant lui. Son passage en terre de Grèce au VIe siècle avant J.-C. est attesté historiquement[141].

Comme chacun sait, Pythagore aurait beaucoup voyagé durant sa vie. Comme plusieurs, il aurait enrichi son savoir au contact de civilisations brillantes telles que les Kamites d'Égypte, les Babyloniens de Sumer et les Phéniciens de Palestine. La tradition de son enseignement a influencé la science occidentale jusqu'à la Renaissance et semble n'avoir pas été étrangère au rayonnement scientifique de la civilisation musulmane ancienne. Il serait à l'origine également du courant monastique européen.

---

140. Jamblique, *Vie de Pythagore*, 6, Belles Lettres, 1996.

141. La présence historique de Pythagore est témoignée par l'historien grec Hérodote, *Enquête*, IV, 95.

Kepler et Copernic ont réincarné à leur manière le pythagorisme après des siècles d'obscurantisme.

Pythagore est donc originaire de l'île de Samos qui baigne dans la mer Égée, au large de la ville actuelle d'Izmir en Turquie. Dans son jeune âge, il aurait été initié aux enseignements de Thalès[142], Anaximandre[143] et Anaximène[144]. Par la suite, il part pour l'Égypte en passant par le Liban. Il y reste plus de vingt ans, avant d'avoir hypothétiquement été emmené comme prisonnier par les Perses du roi Cambyse II, qui avaient alors conquis l'Égypte. Emprisonné à Babylone, il aurait pu, avec le temps, avoir droit à des faveurs royales et être finalement en contact avec les prêtres et les savants chaldéens, après avoir été libéré. Après avoir voyagé pendant près de trente ans autour du bassin méditerranéen, il débarque à nouveau dans son île natale, qu'il fuit ensuite, pour échapper à Polycrate dont la tyrannie aurait été déjà contraire à ses principes. Il vogue jusqu'à Sybaris pour s'établir finalement à Crotone dans le golfe de Tarente (Calabre italienne) et, vers l'âge de 56 ans, il y fonde son école. Il y avait à Crotone un temple dédié à Apollon. Pythagore eut de très nombreux disciples. Son école était une fraternité philosophique, spirituelle et scientifique.

Il s'opposait tant au despotisme qu'à la démocratie car, pour lui, « c'est une chose insensée de tenir compte de l'opinion du grand nombre ». Et il suffit de voir où la démocratie a amené l'humanité après tous ces siècles pour prendre conscience à quel point Pythagore avait peut-être raison. Souvenons-nous qu'Adolf Hitler et George W. Bush ont été élus démocratiquement. Pythagore préconisait que le pouvoir soit remis aux meilleures personnes et qu'en aucun cas la majorité ignare d'un peuple n'avait les compétences pour les reconnaître. Il a appliqué cette conception politique à la ville de Crotone, où un collège de trois cents de ses disciples administrait la cité. D'autres écoles ont été ouvertes dans cette région du sud de l'Italie, appelée Grande Grèce, dont une à Métaponte, où Pythagore

142. Thalès de Milet (625-547) est considéré comme le premier philosophe, scientifique et mathématicien grec. Il est un des sept sages de la Grèce et fondateur de l'école de Milet.

143. Anaximandre de Milet (610-546) est un philosophe grec qui succéda à Thalès.

144. Anaximène (585-525) fut le dernier philosophe de l'école milésienne et géoplatiste (il pensait que la terre était plate).

est allé peut-être finir ses jours, à moins qu'il ne succombât vers l'âge de 80 ans à l'occasion d'une révolte fomentée contre les membres de son école, alors réunis dans la maison d'un disciple à Crotone. Un incendie survint et ses disciples furent décimés par une révolte populaire menée par le gouverneur de Sybaris, un postulant ayant été refusé précédemment comme disciple par le maître.

Le pythagorisme a eu un immense rayonnement dans la Grande Grèce et il est parvenu jusqu'à nous grâce à ses disciples et à leurs successeurs et héritiers spirituels dont on trouve la trace jusqu'au IIIe siècle après J.-C.

Sa présence sur terre est concomitante ou se situe dans une époque proche de celle de Bouddha[145] en Inde, Lao-tseu[146] en Chine et Zoroastre en Mésopotamie. Pour nous, Pythagore est une sorte de prophète des mathématiques et de l'harmonie des nombres ; avec Héraclite, Anaxagore et Démocrite, il est le père spirituel de la sonologie et du Toucher par les sons®. Il est considéré comme ayant eu une grande influence sur Platon ; ce qu'on appelle communément les « solides de Platon » sont en fait les solides de Pythagore, en sachant que cette géométrie nous viendrait en fait de beaucoup plus loin. N'oublions pas que Platon lui-même a voyagé jusqu'en Égypte après la mort de son maître Socrate.

Pythagore a énoncé que les lois qui régissent l'Univers sont les mêmes que celles qui régissent les sons, une étonnante prémonition à une époque où ni les microscopes ni les télescopes n'existaient. Si l'on saisit bien la portée de cette loi, la structure des sons répond des lois universelles, et leur étude ainsi que leur pratique représenterait une manière unique de se mettre en harmonie avec l'Univers et la création. Aristide Quintilien, musicologue grec (IIIe siècle après J.-C.), rapporte dans son œuvre *Peri Mousikê* (traduite en latin par *De Musica*, qui signifie « De la musique » en français) que Pythagore aurait dit à ses disciples en mourant : « *Monochordizein* [Étudiez le monocorde][147]. » On connaît l'existence de ce traité grâce à Marc Meibom (Marcus Meibomius), qui l'a inséré dans son propre

145. La tradition la plus ancienne considère que les dates de sa naissance et de sa mort sont respectivement 624 et 544 avant Jésus-Christ.

146. Il aurait vécu en Chine au VIe ou au Ve siècle avant J.-C.

147. *De Musica* I, p. 116

traité *Antiquae musicae auctores septem*[148]. Dans le chapitre consacré à Aristide Quintilien, il ajoute :

> Il [Pythagore] montrait par là que l'on parvient mieux à la connaissance musicale par l'esprit, à travers les nombres, que par l'oreille, à travers les sons.

Nous trouvons cette approche des plus intéressantes, positionnant Pythagore avant tout comme un philosophe des sons et de l'infini. Pour lui, l'étude des sons et de leurs proportions était un moyen pour s'harmoniser avec l'Univers et connaître ses lois.

C'est grâce à une anecdote rapportée par Nichomaque de Gérase[149] que Pythagore découvrit les intervalles de quinte (ratio = 3/2), de quarte (ratio = 4/3) et d'octave (ratio = 2 ou 1/2). Pour lui, l'harmonie était la mise en forme et en sons de rapports numériques. Les Grecs connaissaient le nombre *phi* et Pythagore enseignait ce rapport harmonique universel appelé nombre de Fibonacci. Son enseignement basé sur la contemplation du bon ordre et la beauté permettait la connaissance et l'expérience des différentes gammes appelées tons. Les tons grecs sont à l'origine des huit modes grégoriens en usage en Occident pendant le Moyen Âge. Ses disciples avaient pour tâche principale d'apprendre à se sentir reliés aux lois cosmiques et à la beauté (d'où le terme « religieux » signifiant « être reliés »). Pour ce faire, ils utilisaient les sons et étudiaient les lois qui les régissent grâce au monocorde.

Cet instrument d'étude acoustique était composé d'une simple corde unique (d'où son nom) tendue sur une caisse de résonance agrémentée d'une règle graduée. Un chevalet mobile permettait de diviser la corde selon des proportions mathématiques gravées sur la table d'harmonie et d'observer leurs correspondances sonores. Cet instrument rudimentaire, qui a traversé les millénaires, permettait de comprendre le mouvement des planètes selon l'enseignement du maître. Pythagore affirmait que les planètes du système solaire émettaient des sons formant une symphonie céleste, variant au gré des saisons. Il appelait cela la musique des sphères. La science commence à démontrer le bien-fondé de cette antique théo-

148. Amsterdam, 1652. Ce titre pourrait être traduit par : « Sept maîtres de la musique antique. » Ces maîtres anciens sont : Aristoxène, Cleonidès (Euclide ?), Gaudentius, Nichomaque, Alypuis et Artistide Quintilien.

149. Citée au chapitre 9.

rie... Et si Pythagore vivait aujourd'hui, ne serait-il pas personnalisé par quelqu'un comme le Pr Douglas Gough de l'université de Cambridge, pour qui le Soleil est un instrument musical[150] ? Si le pythagorisme a été en déclin à partir du IIIe siècle pour des raisons que nous avons déjà mentionnées, il fallut attendre encore douze autres siècles pour que le couvercle saute, avec la révolution copernicienne. Évoquons à présent le renouveau pythagoricien et ses principaux acteurs.

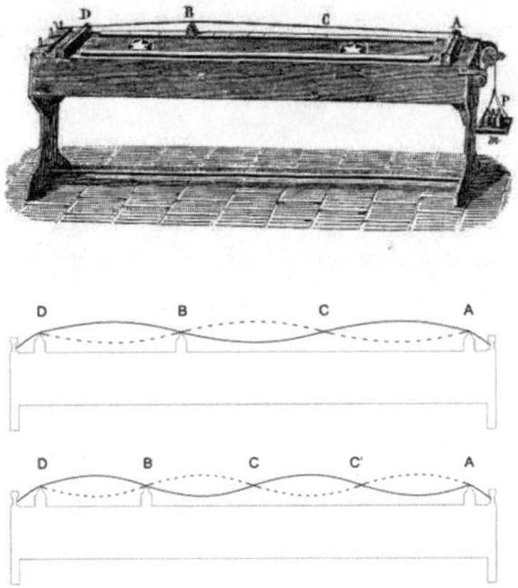

Monocorde pythagoricien.
Une corde est tendue sur une caisse de résonance et un chevalet mobile permet d'étudier les proportions mathématiques assorties de leurs correspondances sonores ; ici, la quinte (troisième harmonique DBCA) et l'octave (quatrième harmonique DBCC'A).

150. Voir à ce sujet le chapitre 12.

11

Musiques de ciel (1) : le renouveau pythagoricien

Cette symphonie cosmique exhalant des accents suaves et tout harmonieux.

Nichomaque de Gérase

Il faut réaliser la conception de l'Univers par la connexion, analogue à celle des cordes, et par l'ajustement d'une chose avec l'autre.

Nichomaque de Gérase (*6e Fragment*)

Il semble, répondis-je, que comme les yeux ont été formés pour l'astronomie, les oreilles l'ont été pour le mouvement harmonique, et que ces sciences sont sœurs, comme l'affirment les pythagoriciens.

Platon[151]

Il a fallu bien des vicissitudes à l'humanité pour sortir de la gangue de l'aristotélisme et nous considérons que nous y sommes encore englués à travers les théories grand-boumistes et évolutionnistes. La nouvelle science des fractales interprète l'Univers, apparemment chaotique, comme un merveilleux ordonnancement. Comme nous l'avons évoqué, Pythagore a baptisé l'Univers « cosmos », ce qui signifie « ordre », car pour lui, « tout est nombre », c'est-à-dire ordonné et régi par lui. L'Univers entier serait organisé selon des algorithmes et des lois mathématiques correspondant

151. *La République*, VII, 530 d.

aux lois acoustiques des intervalles harmoniques, fidèles à la conception de Pythagore. La musique fractale de Jean-Sébastien Bach n'est en fait qu'une mise en musique du pythagorisme et de la musique des sphères.

L'héritage de Pythagore ne se limite pas à la loi du triangle du même nom,[152] qu'apprennent tous les écoliers. Notons au passage que le principe géométrique du triangle rectangle était déjà connu jusqu'à au moins 1000 ans auparavant en Égypte[153], en Chine[154] et à Babylone[155].

Aristote a remis en question le pythagorisme et le démocritisme par toutes sortes de raisonnements, en les présentant comme de vieilles croyances mystiques et illogiques. Il a cherché à les ridiculiser, sous le couvert d'une rhétorique habile, car ce philosophe, élève de Platon qui philosophait en marchant, d'où le nom de « péripatéticiens » donné à son mouvement philosophique, était un brillant orateur[156]. Il a déclaré que la

---

152. Il n'existe aucun document historique pouvant prouver la paternité de cette loi géométrique au maître. C'est Euclide (325-265 avant J.-C.) qui mit le théorème de Pythagore par écrit dans *Éléments*, livre 1, propositions 47-48.

153. Au moyen de la corde à 13 nœuds et 12 intervalles, les arpenteurs égyptiens obtenaient facilement la proportion « 3-4-5 », donnant invariablement un triangle rectangle.

154. Le théorème dit de Guogu postule que : ABE étant un triangle rectangle en A, démontrer que $AB^2 + AE^2 = EB^2$ revient à montrer que Aire(ABCD) + Aire (AEFH) = Aire (BEGI). La trace de ce théorème a été retrouvée dans un des plus anciens traités mathématiques chinois : le *Zhoubi suanjing* de la dynastie Han (206 avant J.-C.-200 après J.-C.) qui relate des formules mathématiques plus anciennes : dynastie Zhou (Xe s.-256 avant J.-C.). Une démonstration du théorème *Guogu* figure dans le *Jiuzhang suanshu,* dont le mathématicien chinois Liu Hui publia des commentaires en 263 avec des solutions aux problèmes présentés dans ce célèbre livre chinois de mathématiques. La démonstration, qui ne ressemble en rien à celle d'Euclide, prouve l'originalité de la démarche chinoise.

155. Tel qu'en atteste la tablette d'argile baptisée *Plimpton 322*, datée de 1900-1600 avant J.-C. environ et conservée à l'université de Colombia : http://www.columbia.edu/acis/textarchive/rare/2.html.
Sur cette tablette, sont gravés les 15 triplets pythagoriciens : une liste de 15 exemples de triangles rectangles dont les côtés ont pour longueur des entiers.
http://slis.ac-rennes.fr/pedagogie/maths/histoire/histbabyl.htm.
http://www3.ac-nancy-metz.fr/clg-georges-de-la-tour-metz/file/La%20tablette%20Plimpton.pdf.

156. Aristote a enseigné près d'un gymnase appelé le Lycée, à Athènes, à partir de 335 avant J.-C.

Terre était plutôt le centre du monde et a nié l'infinitude de l'Univers évoquée par ses prédécesseurs telle que nous le mentionnions :

> Le corps de l'Univers ne saurait être infini [...]. Il ne peut pas y avoir plus d'un ciel [...]. L'Univers ne peut avoir qu'un seul centre[157].

Ptolémée, le savant d'Alexandrie (90-168 après J.-C.), a repris les idées géocentriques et limitées d'Aristote. Il fut l'auteur de traités scientifiques ayant eu une très grande influence sur le monde arabe et européen. L'ouvrage, qui a eu le plus de rayonnement, est sans conteste un traité d'astronomie : l'Almageste, terme dont l'origine est une arabisation du mot grec *megistos* signifiant « très grand ». Il fallut attendre ensuite plus de 1300 ans pour que des érudits[158], qui ont eu accès aux anciens textes grecs d'auteurs antérieurs à Aristote, dont les pythagoriciens, remettent en question ces théories et les dénoncent. Ce fut un sport dangereux.

Nicolas de Cues (1401-1464)

Nicolas de Cues, que l'on estime être un précurseur de Giordano Bruno, rompt avec l'aristotélisme au XVe siècle en affirmant :

> [...] nous raisonnons pareillement au sujet des autres régions d'étoiles, supposant que nulle d'elles n'est privée d'habitants [...].
>
> Le monde n'a pas de circonférence... Donc la Terre, qui ne peut en être le centre, ne peut être privée de mouvement... Les pôles du monde n'existent pas... La machine du monde a, pour ainsi dire, son centre partout et sa circonférence nulle part[159].

De Cues amorce explicitement le renouveau de la pensée pythagoricienne et grecque ancienne en écrivant ces lignes et « raisonnant au sujet d'autres régions d'étoiles, supposant que nulle d'elles n'est privée d'habitants ». Il évoque la machine de l'Univers en la comparant à une sphère infinie, n'ayant ni centre ni pourtour : « Une sphère infinie dont le centre est partout et la circonférence nulle part. » On se demande vraiment

157. Aristote, *Du ciel*, VII.

158. La plupart du temps, ces érudits étaient des clercs, des moines ou des religieux. Ils avaient de ce fait accès à la connaissance grâce à leurs études, dans un monde majoritairement peuplé d'illettrés.

159. Nicolas de Cues, *De la docte ignorance*, II, 12. http://pagesperso-orange.fr/jm.nicolle/cusa/publidocti/page_docti.htm.

comment cet ecclésiastique haut placé a pu échapper à l'Inquisition, ce questionnement ayant été déjà relevé par René Descartes en 1647 :

> Le cardinal de Cues et plusieurs autres docteurs ont supposé le monde infini sans qu'ils aient jamais été repris par l'Église[160].

Il est vrai que, contrairement à Bruno, de Cues n'a pas écrit ces affirmations sur la couverture de son livre... Puis vint Copernic, un Polonais qui restaura la pensée grecque d'avant Aristote.

Nicolas Copernic (1473-1543)

Mikołaj Kopernik, ce chanoine, médecin et astronome polonais, est reconnu comme père de l'héliocentrisme. Vers l'âge de dix ans, alors qu'il perdit son père, il fut élevé par un oncle maternel. Ce dernier étant évêque, il permit ainsi au petit Nicolas de fréquenter les meilleures écoles et universités de Pologne, puis d'Italie, où il a pu étudier l'astronomie avec un professeur éminent, connu pour avoir été un des premiers scientifiques à remettre en cause le système de Ptolémée : Domenico Maria Novara (1454-1504), de l'université de Bologne. Nicolas Copernic expose pour la première fois ses théories révolutionnaires en 1415. Il récidive quinze ans plus tard dans un second traité où il écrit que la Terre tourne autour du Soleil. Ce livre ne sera publié qu'en 1543, juste avant qu'il ne meure d'une grave maladie. Dans sa lettre au pape Paul III, écrite dans la préface de son livre révolutionnaire[161], Nicolas Copernic cite clairement et sans équivoque sa filiation au pythagorisme :

> D'autres pensent que la Terre se meut. Ainsi, Philolaos le pythagoricien dit que la Terre se meut autour du feu en un cercle oblique, de même que le Soleil et la Lune. [...] Partant de là, j'ai commencé, moi aussi, à penser à la mobilité de la Terre.

Giordano Bruno (1548-1600)[162]

Fils spirituel des deux Nicolas précédents, le moine dominicain Giordano Bruno a, quant à lui, publié ses théories anticonformistes de son vivant. Il a repris le flambeau des De Cues et Copernic et remis en cause à son

---

160. René Descartes, *Lettre à Chanut*, 6 juin 1647.

161. *De revolutionibus orbium caelestium*, 1543 (*De la révolution des orbites célestes*).

162. L'article biographique de Wikipédia concernant ce philosophe révolutionnaire est très complet : http://fr.Wikipédia.org/wiki/Giordano_Bruno.

tour l'aristotélisme. Il décrit la pertinence d'un Univers infini, peuplé d'une quantité innombrable de mondes identiques au nôtre, en prônant que l'humanité existe dans l'Univers parmi de nombreuses autres, vivant sur une terre quelconque, gravitant autour d'une étoile banale, accompagnée par une infinité d'autres.

Religieux lui-même comme beaucoup d'érudits anciens (l'accès à la science passait le plus souvent à cette époque par des études religieuses, permettant de s'instruire dans les bibliothèques de monastères), il fut excommunié tour à tour par les catholiques de Rome, les calvinistes de Genève et les luthériens d'Allemagne (Luther et Calvin étaient, comme le pape à Rome, d'ardents anticoperniciens). Il fut finalement condamné par le Vatican pour hérésie et blasphème, après un procès qui dura huit ans, présidé par un certain cardinal Bellarmin[163], puis brûlé vif par l'Inquisition à Rome le 17 février 1600, sur le Campo dei Fiori.

Il a écrit notamment dans *De l'infini, de l'univers et des mondes* :

> Débarrassés du fardeau des cieux théologiques, il n'y a plus pour nous ni limites, ni termes, ni barrières, ni murailles qui nous séparent de l'univers infini des choses.
>
> Désormais, j'ouvre mes ailes, je fends les cieux, j'embrasse l'infini et tandis que je m'élève d'un globe à l'autre et que je pénètre dans les champs éthérés, je laisse derrière moi ce que les autres entrevoient à peine.
>
> Il faut être tout à fait fou pour penser que dans l'espace infini, dans ces mondes innombrables, gigantesques, dont la plupart sont certainement mieux lotis que le nôtre, il n'existe que la lumière que nous apercevons.
>
> Il est vraiment trop absurde de croire qu'il n'existe pas d'autres êtres, pas d'autres facultés de penser, pas d'autres sens que ceux que nous connaissons.
>
> Un nombre infini de soleils existe ; un nombre infini de terres tournent autour de ces soleils comme les sept planètes tournent autour de notre soleil. Des êtres vivants habitent ces mondes[164].

---

163. Roberto Francesco Romolo Bellarmino (francisé en Robert Bellarmin), canonisé par le Vatican en 1930.

164. *De l'infinito universo et Mondi (De l'infini, de l'univers et les mondes)*, 1584.

Il ajoute dans d'autres ouvrages :

Il n'y a pas de haut ni de bas, pas de disposition absolue dans l'espace. Il n'y a que des positions relatives aux autres. Partout, il y a un incessant changement de positions relatives à travers l'Univers et l'observateur est toujours au centre des choses[165].

Il n'y a aucun astre au milieu de l'Univers, parce que celui-ci s'étend également dans toutes ses directions. Chaque étoile est un soleil semblable au nôtre, et autour de chacune d'elles tournent d'autres planètes, invisibles à nos yeux, mais qui existent[166].

On comprend aisément qu'un discours aussi anticonformiste et révolutionnaire n'ait pas tellement plu aux autorités ecclésiastiques de l'époque. Il l'est encore en 2011, 425 ans plus tard ! Giordano était à coup sûr conscient de la nature pamphlétaire et révolutionnaire de ses écrits. Il est allé jusqu'au bout de ses idées et a eu le courage de les crier au monde. C'est pour l'empêcher de le faire encore sur son bûcher que ses bourreaux lui ont ficelé un bâton en travers de la bouche afin qu'il se taise encore. Nous ne pouvons que rendre hommage à cet être exceptionnel qui nous laisse un témoignage de conscience et de courage, apportant un peu de lumière et d'espoir dans ce monde si obscur et primitif.

Les « Johan » : Kepler, Titius et Bode

Un peu plus tard, au XVIIe siècle de notre ère, le mathématicien et astronome allemand Johannes Kepler (1571-1630) a comparé le système solaire à un ensemble instrumental où chaque planète changeait de fréquence selon sa position autour du soleil : le périhélie et l'aphélie. Il a démontré que les orbites planétaires considérées jusque-là à tort comme circulaires sont en fait des ellipses, et le soleil en est le foyer.

Il a comparé les variations orbitales de ces ellipses à des intervalles musicaux : pour lui, la variation du point où la distance par rapport au soleil est la plus courte (périhélie) vers celui où elle est la plus longue (aphélie) n'est qu'un étirement infini d'une note qui ne cesse de monter et de descendre alternativement comme un long *glissando* cosmique. Et, selon Kepler, chaque planète du système solaire joue ainsi sa propre partition, créant un ensemble instrumental à l'échelle de l'infiniment grand,

---

165. *De la causa, principio e Uno (De la cause, du principe et de l'unité)*, 1584.
166. *La Cena de le Ceneri (Le banquet des cendres)*, 1584.

ou musique des sphères rénovée. Il a représenté les planètes du système solaire connues à son époque et leurs ellipses avec des polyèdres emboîtés les uns dans les autres et a fondé sa vision de l'harmonie du monde sur la géométrie des nombres simples, où chaque orbite planétaire devait générer géométriquement la suivante[167].

Un siècle plus tard, en 1766, le mathématicien allemand Johan Titius (1729-1796) découvre une loi empirique établissant une relation approximative entre le soleil et les autres planètes du système solaire : « D'après cette loi, les distances relatives sont égales au dixième des nombres 4, 7, 10, 16, 28, 52, 100, 196, cette série de nombres étant obtenue en ajoutant 4 à chaque terme de la série 0, 3, 6, 12, 24, etc.[168] »

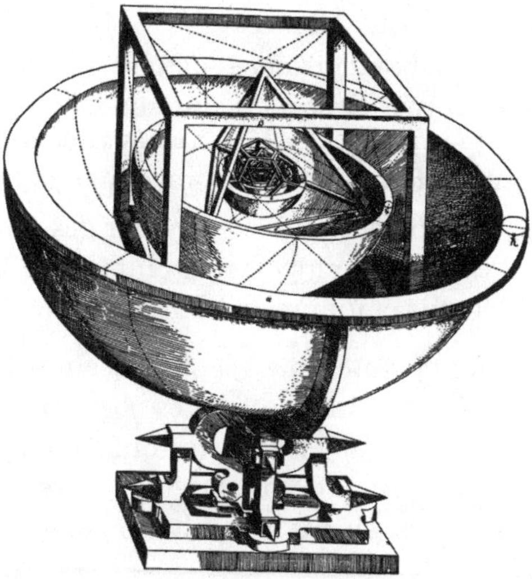

Les cinq polyèdres réguliers représentant le modèle d'Univers de Kepler.

En résumé, cette loi montre que la distance moyenne des planètes du système solaire suit une progression géométrique de raison 1,75[169]. Cette relation fut révélée aux scientifiques de l'époque en 1778 par l'astronome

167. http://www.astroariana.com/1-2-Loi-de-Titius-Bode.html.

168. http://fr.encarta.msn.com/encyclopedia_761574916/Titius-Bode_loi_de.html. http://www.techno-science.net/?onglet = glossaire&definition = 6572.

169. C'est en réalité l'astronome allemand Max Wolf qui a le premier mis en évidence une relation numérique de cet ordre, redécouverte et formalisée mathématiquement en 1766 par Johann Daniel Tietz, dit Titius. Réf. : http://www.techno-science.net/?onglet = glossaire&definition = 6572.

allemand Johan Bode (1747-1828). C'est pour cela qu'elle porte son nom. Cette loi de constante numérique permet de calculer approximativement la distance des planètes par rapport au soleil. Lorsqu'on a découvert en 1781 Uranus, son emplacement cosmique était conforme à cette loi, ainsi que la ceinture d'astéroïdes, avec Cérès, située entre Mars et Jupiter. Elle ne fonctionne pas pour Neptune (découverte en 1846) ni pour Pluton (1930), qui n'est d'ailleurs plus considérée comme une planète. Cette loi, connue aujourd'hui des astronomes sous le nom de loi de Bode ou de Titius-Bode, permet donc à une exception près (Neptune) de calculer la distance des planètes du système solaire[170] les unes par rapport aux autres, un peu à la manière d'une note fondamentale (le soleil) et de ses harmoniques (les planètes), reprenant ainsi le concept de la musique des sphères cher à Pythagore.

Ainsi, en transposant les distances mesurées en unités astronomiques entre les différents corps célestes du système solaire à un niveau acoustique, on trouve un intervalle d'octave, entre le Soleil, Mercure et Cérès et la ceinture d'astéroïdes qui seraient, selon toute vraisemblance, les restes d'une ancienne planète pulvérisée pour des raisons encore inconnues[171]. On trouve aussi un rapport de quinte entre le Soleil et Saturne, entre le Soleil et Uranus et un rapport de tierce entre le Soleil et la Terre.

Il est intéressant de noter que les plus récentes théories astronomiques réintègrent la loi de Titius-Bode. Les observations globales du système solaire avec tous les objets célestes qui le composent[172] forcent à constater de sa grande structuration. Les rapports qui les régissent obéissent à des lois complexes, alliant la gravitation et des phénomènes de ré-

---

170. La loi de Bode est considérée comme empirique par l'astronomie officielle. Les planètes sont, selon elle, réparties de façon aléatoire et la découverte par Johan Bode n'est que pure coïncidence.

171. Il semblerait que des planétoïdes, immenses météorites en provenance du fractionnement de cette ancienne planète appelée Tiamat par les Sumériens et Phaéton par les Grecs, aient été projetés sur la Terre il y a environ 6000 à 7000 ans et auraient été à l'origine du Déluge et de la destruction de l'Atlantide dont parle Platon dans *Timée* et *Critias*.

172. On connaît aujourd'hui 90 satellites, plus de 500 comètes et 30 000 astéroïdes, plus les anneaux et les objets de Kuiper. (Thérèse Encrenaz, Jean-Pierre Bibring, Michel Blanc, Maria-Antonietta Barucci, Françoise Roques, Philippe Zarka, *Le système solaire*, EDP sciences, CNRS Éditions, 2003, p. 12.)

sonance. Par exemple, deux planètes sont en résonance 3/2 (rapport de quinte) si l'une fait trois révolutions autour du soleil, pendant que l'autre en fait deux, comme dans le cas de Neptune et de Pluton[173]. Autre effet remarquable : le rapport Terre/Lune (1:1) est une résonance, où la période de rotation de la Lune autour de la Terre équivaut à sa rotation sur elle-même. Tous les satellites du système solaire sont d'ailleurs en relation synchrone avec leur planète[174]. Selon le principe universel de résonance, il y aurait donc création de zones orbitales stables, une sorte d'accord des systèmes solaires selon des lois pythagoriciennes.

Certains scientifiques émettent des hypothèses permettant d'expliquer comment le système solaire aurait été « désaccordé » par l'intrusion cosmique d'objets célestes inconnus[175]. Selon nous, il a pu y avoir une perturbation majeure, d'origine extraterrestre, ayant eu, entre autres, pour résultante la « création » de la ceinture d'astéroïdes obtenue par la destruction d'une planète qui occupait cet emplacement dans le système solaire, dont certains débris auraient été transformés en météorites immenses (planétoïdes). Ces dernières, projetées vers la Terre, ont pu créer des impacts massifs, déstabiliser son axe de rotation et être à l'origine du Déluge avec l'extinction des dinosaures et de toute vie sur terre, mettant fin brutalement à la période atlantéenne par des bouleversements terrestres massifs. Ceux-ci se manifestèrent par d'énormes cratères liquéfiant les roches

---

173. Depuis sa découverte par l'astronome américain Clyde Tombaugh en 1930, Pluton était considéré comme la neuvième planète du système solaire. À la fin du XXe siècle et au début du XXIe siècle, de plus en plus d'objets similaires furent découverts dans le système solaire externe, en particulier Éris, légèrement plus grand et plus massif que Pluton. Cette évolution amena l'Union astronomique internationale (UAI) à redéfinir la notion de planète en août 2006. Depuis Cérès, Pluton et Éris sont classés comme des planètes naines. L'UAI a également décidé de faire de Pluton le prototype d'une nouvelle catégorie d'objets transneptuniens. À la suite de cette modification de la nomenclature, Pluton a été ajouté à la liste des objets mineurs du système solaire et s'est vue attribuer le numéro 134340 dans ce catalogue. En juin 2008, l'UAI a choisi de le classer dans la catégorie des plutoïdes, comme Éris (source : Wikipédia).
174. Thérèse Encrenaz, *op. cit.*
175. Hypothèse Némésis proposée en 1984 par Richard A. Muller de l'Université de Californie à Berkeley, selon laquelle un objet céleste ayant une période de 26 millions d'années viendrait périodiquement tourner autour du soleil et repartir à l'extérieur du système solaire.

consécutivement à la chute de planétoïdes sur les continents, accompagnés par de gigantesques tsunamis de plusieurs centaines de mètres d'altitude ensevelissant tout[176], puis l'éclatement des continents et un hiver «torride» dû aux poussières projetées dans l'atmosphère, à l'origine des glaciations géologiquement identifiées.

Loi de Bode[177]

Planète	**Distance moyenne en UA** (1)	**Suite de Bode (N)** (2)	**Distance calculée** (3)	**Écarts** (4)
Mercure	0,387	0	0,4	–3,4 %
Vénus	0,723	3	0,7	3,2 %
Terre	1	6	1	0
Mars	1,524	12	1,6	–5 %
Cérès	2,767	24	2,8	–1,2 %
Jupiter	5,203	48	5,2	0,06 %
Saturne	9,539	96	10	–5 %
Uranus	19,18	192	19,6	–2 %
Neptune	30,06	384	38,8	–29 %
Pluton	39,53	768	77,2	Aberrant

1. L'unité astronomique, UA en abrégé, correspond à la distance Terre-Soleil, soit environ 149,6 millions de kilomètres.
2. Les nombres de la suite de Bode sont donnés par la formule $N = 3 \times 2^n$, où n = –infini pour Mercure, 0 pour Vénus, puis 1, 2, 3, etc., pour les planètes suivantes.
3. La formule qui donne la distance en UA à partir du nombre de la suite de Bode est: $D = 0{,}4 + N/10$.
4. Les écarts sont calculés grâce à la formule: (valeur mesurée – valeur calculée)/valeur mesurée.

176. Certains chercheurs évoquent la possibilité de vagues d'une hauteur pouvant atteindre 1000 m (voir *L'erreur de Darwin, op. cit.*).
177. Synthèse créée par Vahé Zartarian: http://co-creation.net/weid/forme/ra.htm.

Les calculs dorés de Jean-Marie Souriau[178]

Le mathématicien français Jean-Marie Souriau (né en 1922) a analysé les périodes orbitales des planètes du système solaire[179]. Il établit des rapports avec la suite de Fibonacci.

> Le point de départ de Souriau est l'analyse des périodes des orbites des différentes planètes. Il retient alors celle de la Terre, 365 jours, et celle de Vénus, 225 jours, et calcule, à la fois vers l'aval et vers l'amont, la suite de Fibonacci correspondante (ou du type de Fibonacci, où tout terme est la somme de deux nombres qui le précèdent). On sait que dans ces conditions le rapport de deux nombres successifs de cette suite tend vers le nombre d'or.
>
> Souriau obtient alors ceci :

225	Vénus
365	Terre
590 (1 an et sept mois)	Mars (1 an et 10 mois)
955	Rien
1545 (4 ans et 3 mois)	Cérès-Pallas (ceinture d'astéroïdes)
2500	Rien
4045 (11 ans)	Jupiter (11 ans et 10 mois)
6545	Rien
10590 (29 ans)	Saturne (29 ans et 5 mois)
17135	Rien
27725 (76 ans)	Uranus (84 ans)
44860	Rien
72585 (199 ans)	Neptune (165 ans), Pluton (248 ans)

> Coïncidence assez étonnante, convenons-en. Souriau étudie ensuite les résonances entre les planètes [...].

178. Il est à noter que tout lecteur n'ayant aucune affinité mathématique pourra aisément sauter les pages qui suivent.

179. Les détails qui suivent sont tirés de : http://www.jp-petit.org/science/f700/f701.htm. Pour plus de détails, voir la page de Jean-Pierre Petit citée ici, consacrée à cette étude.

Ci-après les périodes de révolution des principales planètes du système solaire, en années :

Mercure : 0,2408425
Vénus : 0,6151866
Terre : 1,0000000
Mars : 1,8808155
Cérès-Pallas : 4,604
Jupiter : 11,86178
Saturne : 29,45665
Uranus : 84,0189
Neptune : 164,765
Pluton : 247,68

Ce mathématicien nous révèle donc qu'il existe des rapports harmoniques entre les différentes planètes qui composent le système solaire, comme dans une musique céleste.

L'hypothèse de Vahé Zartarian[180]

Nous citons ces calculs, afin de montrer que le système solaire (et, par extension, l'Univers) est bel et bien animé par des proportions musicales.

> Les périodes des planètes, du Soleil et de la Lune sont organisées par une suite de Fibonacci. La fameuse loi de Bode devient un simple sous-produit de cet ordre plus profond. À l'heure actuelle, une telle organisation est inexplicable par la seule action des forces gravitationnelles. Mais si l'on se souvient que la suite de Fibonacci est souvent caractéristique des êtres vivants, l'on peut se dire que le système solaire est sans doute bien autre chose que ce que l'on croit d'ordinaire. [...]

180. http://co-creation.net/weid/forme/ra.htm.

Suite de Fibonacci et période

Astre	Période en années(1)	Suite de Fibonacci	Période calculée en années(2)	Écarts (3)
Soleil	0,0739(4)	1	0,0669	9,5 %
Lune	0,0748(5)	1	0,0669	10,6 %
Mercure	0,241	2	0,2678	–11,1 %
Vénus	0,615	3	0,6025	2 %
Terre	1	« 4 »(6)	1,071	–7,1 %
Mars	1,881	5	1,674	11 %
Cérès	460	8	4,284	6,9 %
Jupiter	11,86	13	11,313	4,6 %
Saturne	29,46	21	29,522	–0,2 %
Uranus	84	34	77,39	7,9 %
Neptune et Pluton	206,4(7)	55	202,50	1,9 %

1. En prenant pour base de l'année 365,25 jours.
2. La formule est $(F/3,865)^2$, où 3,865 est un coefficient de normalisation qui minimise les écarts.
3. (Valeur mesurée – valeur calculée)/valeur mesurée.
4. Le Soleil tourne sur lui-même en 25 jours à l'équateur et en 36 jours aux pôles ; mais au-dessous de la zone convective, l'ensemble tourne sur une période de 27 jours.
5. Il s'agit de la période de révolution sidérale, soit environ 27,322 jours et non de la durée de la lunaison qui vaut 29,531 jours.
6. Le nombre 4 n'appartient pas à la suite de Fibonacci ; par contre, on peut considérer que la Lune, Mercure, Vénus, la Terre et Mars s'ordonnent en une progression arithmétique de raison 1, laquelle se superpose à la suite de Fibonacci.
7. On considère que Neptune et Pluton forment un seul objet ; Neptune tourne autour du Soleil en 164,8 années et Pluton en 248 années, ce qui fait une moyenne de 206,4.

Ce tableau demande quelques commentaires.

1. Avec cette suite de Fibonacci, on dispose d'un argument bien plus fort pour caractériser le système solaire que la simple progression géométrique de Bode [...].

2. Le Soleil et la Lune font partie intégrante de la suite de Fibonacci, alors qu'ils n'étaient pas présents dans la suite de Bode (en prenant pour le premier sa période de rotation sur lui-même, au-dessous des couches convectives, et pour la seconde, sa durée de

révolution sidérale). Et, fait important, ces deux astres constituent les deux premiers termes de la suite, chacun caractérisé par le nombre 1, ce qui va dans le sens de l'observation faite précédemment sur l'identité de leur diamètre apparent.

3. La Terre occupe une position très particulière. D'une part, elle est liée à la Lune, à Mercure, à Vénus et à Mars, avec qui elle constitue une progression arithmétique de raison 1 dont elle est le quatrième terme. D'autre part, fait unique dans tout le système solaire, elle se situe en dehors de la suite de Fibonacci. Cette singularité renvoie sans doute au rôle très particulier qu'elle joue en tant que porteuse d'une certaine forme de vie. J'ajouterai qu'elle est aussi le point d'observation privilégié d'où le Soleil et la Lune sont vus sous le même angle.

4. La ceinture d'astéroïdes située entre Mars, dernière planète tellurique, et Jupiter, première des géantes, trouve sa place dans la série, avec pour nombre caractéristique 8. Les deux membres les plus importants sont Cérès et Pallas, qui ont pour diamètre respectif 1000 km et 610 km. Tous deux ont une période de révolution de 4,6 années et se trouvent à une distance moyenne du Soleil de 2,767 UA. Actuellement, plus de 3500 astéroïdes sont répertoriés, et on estime à 400 000 le nombre d'objets dont le diamètre est supérieur à 1 km qui transitent dans cette zone. Ils sont ou bien le résultat de l'éclatement d'une planète, ou bien des fragments qui errent sans avoir jamais réussi à s'agglomérer en une planète. Pour fixer les idées, j'appellerai Vulcain cette planète hypothétique.

5. La suite de Fibonacci se prolonge jusqu'à l'extrémité du système solaire, à condition de considérer que Neptune et Pluton constituent un seul et même objet. Plusieurs arguments viennent appuyer cette hypothèse :

Suite de Fibonacci et distances

Astre	F	Distance calculée(1)	Distance mesurée	Écart(2)
Soleil	1	sans objet	0	sans objet
Lune	1	sans objet(3)	sans objet	sans objet
Mercure	2	0,4158	0,387	–7,4 %
Vénus	3	0,714	0,723	1,2 %
Terre	« 4 »	1,048	1	–4,8 %
Mars	5	1,411	1,524	7,4 %
Cérès	8	2,64	2,767	4,6 %
Jupiter	13	5,044	5,203	3 %
Saturne	21	9,56	9,539	–0,2 %
Uranus	34	18,17	19,18	5,3 %
Neptune et Pluton	55	34,5	34,8(4)	0,9 %

1. La formule qui donne la distance en UA est $F^{4/3} \times 0{,}165$. La puissance 4/3 provient de la formule de Kepler D^3/T^2 = constante. Le coefficient 0,165 normalise en minimisant les écarts.
2. (Valeur mesurée – valeur calculée)/valeur mesurée.
3. La formule D^3/T^2 = constante est valable par rapport au Soleil et n'a donc pas de sens pour calculer la distance de la Lune par rapport à la Terre.
4. Il s'agit de la moyenne de la distance de Neptune, soit 30,06 UA, et de celle de Pluton, 39,53 UA.

Ces différentes approches ont un point de convergence : Pythagore et la musique des sphères. Après la mort du maître de Crotone, le pythagorisme s'est progressivement éteint pour laisser place à l'aristotélisme. Aristote, en voulant ridiculiser les pythagoriciens, a du même coup participé à la diffusion de leur conception du monde. Ainsi, du temps de Boèce (470-525 après J.-C.), la musique des sphères est devenue l'harmonie des sphères. Et jusqu'à une époque tardive (XVIe siècle), l'enseignement de la musique, considérée comme une science, a été intégré à d'autres, telles que l'astronomie, l'arithmétique et la géométrie[181]. Le pythagorisme s'est ainsi transmis par ses opposants.

181. Tel qu'évoqué dans une précédente note, ces quatre sciences étaient appelées *quadrivium* (les quatre voies). Même si Boèce est considéré comme aristotélicien, il fut imprégné du platonisme et du pythagorisme. C'est à lui qu'on doit la création du *quadrivium*. Son *Traité de la musique (De Institutione Musica)*, reposant sur le pythagorisme et rédigé vers 510, a été une référence dans l'enseignement de la musique jusqu'au XVIe siècle.

L'approche scientifique des sons en rapport avec leur résonance cosmique, décrite dans ce chapitre, repose sur une conception harmonique de l'Univers : d'après le maître antique, les objets célestes se répartissent dans l'espace selon des intervalles musicaux, des ratios mathématiques et des conjonctions de résonance maintenant reconnus par la science grâce aux mathématiques et à des moyens de mesures inexistants dans l'Antiquité. Nous venons d'évoquer le renouveau pythagoricien qui a surgi à partir du XVIe siècle, avec Copernic, de Cues, Bruno, Kepler et d'autres. Nous verrons dans les chapitres suivants quelles formes variées peut emprunter cette musique cosmique pythagoricienne si singulière.

12

Musiques de ciel (2) : le son du système solaire

Comme nous venons de le voir, pour Johannes Kepler, le système solaire est un orchestre dont les sons principaux sont générés par le mouvement des objets célestes qui le composent. La variation de leurs danses orbitales génère des mouvements cycliques, et l'ensemble de ces orbes créent des musiques célestes qu'il n'a pas entendues mais pressenties.

Comment cette musique céleste est-elle interprétée aujourd'hui ? Par quels moyens les scientifiques ou les chercheurs actuels l'apprivoisent-ils ?

Grâce à des antennes terrestres ou à d'autres, installées sur des sondes spatiales ou des satellites, les astrophysiciens sont à l'écoute de la Terre et du système solaire. Aujourd'hui, la science arrive à prouver qu'il y a bel et bien des « sons » dans le cosmos. En décryptant les données reçues et en les transférant à un niveau audible, les chercheurs de la NASA ou de l'ESA sont ainsi arrivés à écouter le « son » de la Terre[182], du Soleil[183], de Jupiter et des anneaux de Saturne. Nous aborderons plus en détail les sons terrestres dans les chapitres suivants.

182. http://www.spaceweather.com/glossary/inspire.html.

183. http://soi.stanford.edu/results/sounds.html.

Précisons naturellement que les sons cosmiques reproduits par nos savants ne proviennent pas de sons acoustiques tels que nous les concevons sous notre atmosphère terrestre, car ces derniers ont pour support la propagation de l'air que nous respirons. Les sons du cosmos sont le plus souvent des vibrations électriques ou électromagnétiques mesurées en Hertz, qui sont transcodées dans une échelle audible par transfert d'octaves et décryptées ensuite en ondes sonores correspondantes.

Par exemple, si l'on considère une vibration de 2 000 000 Hz[184] pouvant correspondre à une onde électromagnétique quelconque et que l'on divise cette fréquence par 2, douze fois de suite, on obtient la fréquence de 488,28 Hz. Donc, par transfert d'octaves (division par 2 dans ce cas-ci), on obtient une vibration qui est la même « note », mais 12 octaves plus bas.

C'est comme si l'on jouait la note la plus aiguë d'un piano dont le clavier serait deux fois plus large qu'un clavier normal et que l'on recherchait la même note, 12 octaves plus bas, c'est-à-dire en comptant 96 touches blanches. Notons au passage qu'un tel instrument dépasserait la plage de l'audition humaine, limitée à 11 octaves. Il suffit ensuite de transcoder cette fréquence de 488,28 Hz en la transformant en son acoustique audible, soit une note, proche du la actuel à 440 Hz. Voilà le procédé très simple qui permet de pouvoir écouter toutes sortes de vibrations *a priori* inaudibles.

---

184. 2 millions de hertz = 2 mégahertz ou MHz.

L'héliosismologie et les sons du soleil[185]

Des astrophysiciens européens[186] ont observé le soleil de façon continue pendant plus de dix ans, grâce à un instrument de mesure, le GOLF [187], embarqué à bord de la sonde SOHO[188].

GOLF : un « macrophone » pour enregistrer le soleil

Les savants ont embarqué un microphone géant pour enregistrer les vibrations du soleil, un « macrophone »[189] !

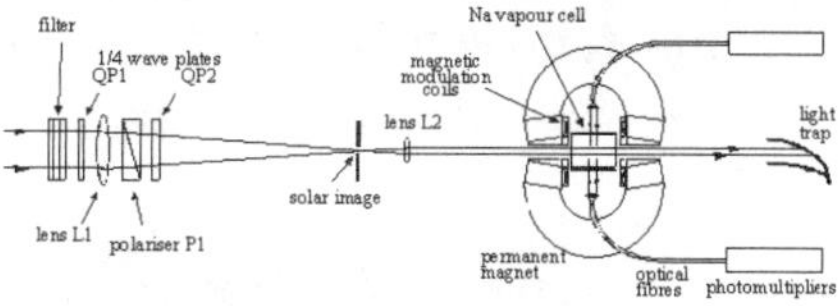

Schéma du GOLF.

En réalité, le GOLF est une sonde lumineuse destinée à enregistrer les vibrations émises par le soleil.

---

185. Laurent Sacco, « SOHO ausculte le cœur du soleil », *Futura-Sciences*, 25 mai 2007. http://www.futura-sciences.com/fr/sinformer/actualites/news/t/astronomie/d/soho-ausculte-le-coeur-du-soleil_11872/.
186. Chercheurs du Service d'astrophysique (SAP), du CEA/DSM/DAPNIA, de l'Instituto de Astrofísica de Canarias (IAC, Espagne) et de l'Observatoire de la Côte d'Azur (Département Cassiopée OCA-CNRS).
187. Global Oscillations at Low Frequencies (oscillations globales en basses fréquences).
188. SOHO (Solar and Heliospheric Observatory, soit observatoire solaire et héliosphérique) est une sonde spatiale placée en orbite autour du soleil avec pour objectif principal de l'étudier. Il est le fruit d'une collaboration entre l'Agence spatiale européenne (ESA) et la NASA. « Lancé en 1996, l'observatoire spatial européen SOHO permet aux spécialistes de disposer d'une vue ininterrompue et complète du soleil. Ils peuvent ainsi l'analyser sous plusieurs angles : oscillations, rayonnement électromagnétique, plasma et vent solaire. Les découvertes effectuées par SOHO sont déjà nombreuses : la localisation de l'origine du vent solaire, la première cartographie de la répartition de l'hydrogène dans l'héliosphère et la découverte de plus de 1500 comètes, bien plus que ce qui avait été répertorié jusqu'alors. Le satellite collecte chaque jour des milliers d'images et de données permettant aux scientifiques de mieux comprendre les phénomènes climatiques à l'échelle planétaire. » http://www.cnes.fr/web/CNES-fr/849-soho.php.
189. http://golfwww.medoc-ias.u-psud.fr/instru.html.

La lumière est captée et polarisée par un système composé de filtres et de lentilles, puis passe à travers des cellules à vapeur de sodium, équipées d'aimants permanents et des bobines de modulation magnétique.

Cette installation vise à mesurer les changements de vibrations magnétiques du soleil. Les scientifiques présument que le soleil vibre comme un instrument de musique et que les sons produits prennent naissance à l'intérieur de l'astre, au sein des zones de convection et de radiation, et qu'ils se propagent de la surface jusqu'au cœur de l'étoile. Ces vibrations modifient la surface solaire et grâce à l'effet Doppler, on est capable de mesurer les décalages spectraux, de la même manière que l'analyse spectrale du son d'un instrument peut renseigner sur les matériaux dans lesquels il résonne et sur sa forme.

Les savants ont trouvé un signal de faible intensité qu'ils ont subtilement isolé du bruit de fond produit par les autres vibrations de l'étoile.

En juin 2000, l'émission *Découverte* (Radio-Canada) a diffusé une entrevue de l'astrophysicien Douglas Gough, de l'université de Cambridge, qui permet de comprendre vraiment ce qu'est la musique des sphères décrite par Pythagore. Il explique comment, en 1975, lorsqu'il apprit que le soleil ondulait comme la surface d'un étang grâce à la sonde SOHO, il a entrevu une façon d'en ausculter le noyau[190].

> J'ai réalisé que c'était un moyen de voir l'intérieur du soleil. On ne peut pas voir l'intérieur du soleil parce qu'il est opaque... Il s'agit en fait du son. On peut entendre l'intérieur du soleil et en auscultant le soleil on peut connaître la composition de l'intérieur du noyau. J'ai trouvé cela fascinant de pouvoir pénétrer à l'intérieur d'une étoile.

L'animateur de l'émission, Charles Tisseyre, ajoute :

> La surface du soleil est en mouvement. Toutes les six minutes, l'étoile entière inspire et expire et son océan de gaz se gonfle et s'abaisse, et un ensemble complexe d'ondulations font miroiter sa surface.

---

190. Pr Douglas Gough, Institut d'astronomie, université de Cambridge (Grande-Bretagne), émission *Découverte*, Radio-Canada, 11 juin 2000.

Le Pr Gough poursuit son explication :

> Le soleil est un genre d'instrument. Les ondes vont et viennent à l'intérieur du soleil et émettent des notes comme un instrument musical[191].

Les astrophysiciens peuvent donc écouter la « musique » du soleil et ils ont enregistré aussi celle de Jupiter et de Saturne grâce à la sonde Cassini-Huygens[192].

> Les boucles coronales éjectées depuis l'atmosphère externe du soleil sont déformées par des ondes sonores provenant d'explosions qui se produisent plus en profondeur, selon une nouvelle étude qui permet aux scientifiques de mieux comprendre la dynamique encore mystérieuse de la couronne de notre étoile.
>
> Ces ondes sont visibles sous forme de vibrations le long des arcs de matière éjectée et qui forment des boucles alignées sur le champ magnétique du soleil, nommées boucles coronales, et qui s'étendent largement au-delà de l'atmosphère. Ces vibrations ont été observées pour la première fois en 2002 par le satellite TRACE (Transition Region and Coronal Explorer) de la NASA, mais leur origine n'était pas clairement établie, et les astrophysiciens ignoraient s'il s'agissait de fluctuations magnétiques ou de propagation d'ondes sonores.
>
> Les nouvelles observations effectuées récemment au moyen du satellite SOHO (Solar and Heliospheric Observatory) confirment qu'elles sont associées aux fluctuations de pression dans les boucles, engendrées par des ondes sonores. Elles révèlent aussi que ces ondes sont déclenchées par des événements nommés « microflares », ou explosions, se produisant dans la basse atmosphère. « Nous pouvons maintenant affirmer qu'il s'agit de la conséquence de puissantes ondes acoustiques se produisant au pied de ces boucles coronales », déclare Youra Taroyan de l'université de Sheffield en Grande-Bretagne.

---

191. Émission *Découverte*, à Radio-Canada, le 11 juin 2000. www.radio-canada.ca/actualite/v2/decouverte/.

192. http://hearingvoices.com/news/2007/11/saturn-sings-nasa/.
http://www-pw.physics.uiowa.edu/space-audio/.
http://www-pw.physics.uiowa.edu/space-audio/Iowa10-2002.html.

L'étude de ces émissions acoustiques et de leurs conséquences sur la dynamique solaire pourrait aider à comprendre pourquoi la température de ces arcs de matière atteint plusieurs millions de degrés, alors que la surface de la chromosphère, à un niveau inférieur, n'arrive qu'à environ 6000 degrés.

Les scientifiques ont longtemps pensé que les émissions sonores détectées ne provenaient que de l'intérieur du soleil et les utilisaient déjà pour obtenir des renseignements sur le cœur de notre étoile. Cette nouvelle observation ouvre une nouvelle voie d'investigation, cette fois de l'atmosphère externe du soleil et des phénomènes qui s'y produisent[193].

Autres sons de la terre et théories de Hans Cousto[194]

En 1978, un mathématicien et musicien suisse, Hans Cousto, a formulé des modèles mathématiques fondés sur les découvertes de Johannes Kepler[195].

---

193. Jean Étienne, *Futura-Sciences*, 19 avril 2007. http://www.futura-sciences.com/news-ondes-sonores-deforment-atmosphere-externe-soleil_10695.php.

194. Hans Cousto est un mathématicien et musicologue suisse né en 1948. Il est notamment l'auteur du livre *The Cosmic Octave* publié originellement en allemand et édité par LifeRhythm, Medocino (Californie) en 1988 et révisé en 2000. En 1978, il a découvert la « loi naturelle des octaves cosmiques » en lien avec différents types de périodicités associées à des phénomènes naturels tels que l'orbite des planètes, la météorologie, les couleurs, les rythmes et les tons musicaux.

195. Kepler découvrit que l'Univers était soumis à des lois harmoniques, faisant un lien entre l'astronomie et la musique. Dans le *Harmonice Mundi*, publié en 1619, il attribue aux planètes un thème musical. Les variations des vitesses de ces planètes sont représentées par les différentes notes composant la musique. Ainsi, il était facile de distinguer les orbites les plus excentriques. Mais c'est aussi dans cet ouvrage en cinq volumes que Kepler énonce sa troisième loi fondamentale : « Le carré de la période est proportionnel au cube du demi-grand axe [de l'ellipse]. » Celle-ci découle de ses recherches sur un modèle d'Univers harmonique. (Wikipédia : http://fr.Wikipédia.org/wiki/Johannes_Kepler.)

Il s'est intéressé à différents paramètres caractérisant la Terre, le Soleil et les planètes du système solaire. Par de savants calculs et transferts d'octaves, il leur a ensuite attribué une fréquence[196] :

Terre	136,10 Hz
Mercure	141,27 Hz
Vénus	221,23 Hz
Mars	144,72 Hz
Jupiter	183,58 Hz
Saturne	147,85 Hz
Uranus	207,36 Hz
Neptune	211,44 Hz
Pluton	140,25 Hz

Exemple d'attribution de fréquence :

La Terre : rotation autour du soleil = 365,242 198 79 jours
= 31 556 925,9747 secondes = 1 année tropique
32e octave = 136,10 Hz[197]

Planète	**Temps de rotation sidérale**		**Nombre d'octaves**	**Fréquence en Hz**
	Année	**Jour**		
Mercure	0,24082	87,9690	30	141,27
Vénus	0,61521	224,7008	32	221,23
Terre	1,00004	365,2564	32	136,10
Mars	1,88089	686,9804	33	144,72
Jupiter	11,86223	4 332,558	36	183,58
Saturne	29,45774	10 759,21	37	147,85
Uranus	84,01529	30 685,93	39	207,36
Neptune	164,78830	60 187,64	40	211,44
Pluton	248,430 1	90 737,2	40	140,25

Correspondance rotation des planètes/fréquences
selon Hans Cousto[198]

Nous expliquerons plus loin que la Terre peut avoir plus qu'une seule fréquence. Elles dépendent en fait des paramètres que l'on considère

196. Hans Cousto, *Die Kosmische Oktave*, Éditions Synthesis, 1984, 224 pages (ISBN 3-922026-24-9).
197. Hans Cousto, *Die Kosmische Oktave, op. cit.*, p. 43-44.
198. Hans Cousto, *Die Kosmische Oktave*, *op. cit.*, p. 126.

pour l'établir, car beaucoup de sons la caractérisent. Les autres planètes du système solaire ont aussi plus qu'une fréquence. Imaginons simplement que les planètes sont des sortes de gongs sphériques en ondulation et que leurs mouvements sont en rapport avec leur masse. Le raisonnement de Hans Cousto est que le mouvement (la rotation) des planètes étant proportionnel à leur masse, il est possible de déterminer ainsi leur fréquence. Les longueurs d'ondes dont il question ici concernent la rotation de la Terre et des planètes, c'est-à-dire leur fréquence de révolution. Nous nous intéressons à ces recherches car ces fréquences, qu'elles soient «planétaires» ou non, ont de réelles qualités thérapeutiques démontrées par l'expérience. Peu nous importe la manière dont elles ont été obtenues, l'usage montre qu'elles sont très efficaces.

Nous utilisons les fréquences planétaires avec des bols tibétains ou les diapasons. Ces bols ont été sélectionnés par Marcel Koçaman, à la suite des recherches qu'il a entreprises en collaboration avec Hans Cousto.

L'auteur recevant une séance de massage sonore avec des bols tibétains planétaires par Marcel Koçaman (Davos, Suisse, 28 mai 2009).

Enfin, il existe aussi des gongs planétaires. Ils émanent des recherches entreprises par Jens Zygar, qui, inspiré par les travaux de Hans Cousto, a collaboré avec la firme suisse Paiste qui les a fabriqués. Ainsi, on trouve dix-sept gongs[199] accordés, entre autres, aux fréquences ci-dessus. Cette gamme est utilisée par des artistes lors de concerts et dans un but thérapeutique. Nous ne les employons pas du fait du grand encombrement et de la manutention importante qu'ils imposent. Le son de ces gongs est d'une très grande richesse harmonique. Ils mesurent entre 0,60 cm et 0,95 cm. Cette firme fabrique en outre des gongs symphoniques ayant un diamètre de 2 m.

Les sons du système solaire sont donc très variés, et Pythagore avait raison de parler de musique des sphères. Nous les avons passés en revue afin de pouvoir concrètement illustrer cette musique dans divers systèmes d'interprétation, avec des mesures scientifiques et des calculs mathématiques. Nous allons maintenant évoquer dans les deux chapitres suivants d'autres musiques pythagoriciennes très variées émises par notre planète, la Terre.

---

199. http://paiste.com/e/products_any_overv.php?menuid = 4.

13

Musiques de terre

Le chant de la mer (1) : l'océan donne le la

Entre 1991 et 1993, des sismologues français travaillant au sein du CEA[200] ont enregistré une onde acoustique monochromatique, c'est-à-dire ayant une note unique, se propageant dans l'océan Pacifique sur une distance de 10 000 km. L'origine de cette note, comprise entre 2 et 80 Hz, a été localisée proche de l'Antarctique : il a été découvert qu'un volcan sous-marin étiré comme une muraille sur 30 km, à une profondeur de 130 m, aurait créé un lac de lave à l'origine de cette vibration.

> Lorsque la lave y a afflué, l'eau est restée piégée [...] [puis] s'est transformée en bulles de vapeur. Celles-ci ont réussi à faire une percée vers la surface créant une colonne de vapeur qui entre en résonance avec l'océan [...]. Ainsi isolée acoustiquement, celle-ci se comporte alors comme une cavité résonante, à la manière d'un tuyau d'orgue[201].

---

200. Commissariat à l'Énergie atomique : http://www.cea.fr/.

201. « Actualités : Le Pacifique donne le la », *Sciences et Avenir*, novembre 1997, p. 38.

Le chant de la mer (2) : les tremblements et les trémolos de l'iceberg[202]

L'institut Alfred Wegener pour les recherches polaires et marines (Allemagne)[203] a publié en 2005 dans *Science Magazine*[204] la relation d'expériences acoustiques inédites sur la banquise de l'Antarctique où des signaux de tremblements telluriques, appelés *tremors*[205] en anglais, ont été enregistrés par les sismographes de la base allemande Neumayer.

La source des signaux a été située à plus de 820 km de la base. Ces sons étranges avaient leur fondamentale qui oscillait entre les fréquences infrasoniques inaudibles de 0,5 et 6 Hz, avec plus de trente harmoniques, et évoquaient les tremblements d'un volcan.

> Comprendre ces enregistrements qui sont très comparables aux *tremors* volcaniques peut aussi aider les volcanologues à expliquer leurs causes, comme ils le sont pour les volcans. [...] Par rapport à ces derniers, les icebergs ont des structures très simples[206].

L'analyse des fréquences suggérait une source sonore en mouvement. Et là, les scientifiques ont découvert leur provenance grâce à l'imagerie satellite : un iceberg d'une grande superficie et profondeur voyageant le long de la côte de l'Antarctique, s'appuyant sur le fond de la mer.

> Une fois l'iceberg bien assis sur le plancher océanique, il est devenu comme une roche dans une rivière. [...] L'eau se précipitait par les crevasses et les tunnels de l'amas de glace sous l'effet de l'intense

---

202. Écouter : http://blogfiles.wfmu.org/KF/0511/Singing_Iceberg.mp3, ou : http://www.sciencemag.org/content/vol310/issue5752/images/data/1299/DC1/Muller.AudioS1.wav.
203. Alfred Wegener Institute for Polar and Marine Research, Columbusstraße, 27568 Bremerhaven, Germany. http://www.awi-bremerhaven.de/de/.
204. Singing Icebergs. Christian Müller, Vera Schlindwein, Alfons Eckstaller, Heinrich Miller, *Science*, 25 November 2005 : Vol. 310, n° 5752, p. 1299. http://www.sciencemag.org/cgi/content/abstract/310/5752/1299.
205. Les *tremors* (tremblements en anglais) sont des vibrations provoquées par les chocs du magma, des bulles de gaz volcanique et des blocs solides contre les parois d'une cheminée volcanique ou d'une fissure. Les secousses, imperceptibles pour l'oreille humaine, produisent une vibration généralement continue et dont la fréquence varie entre un et cinq hertz.
206. Christian Müller de la firme Fielax GmbH, cité par sciencdaily.com.

pression, et l'iceberg s'est ainsi mis à chanter. [...] Le son modulait même vers le haut et le bas, comme une vraie chanson[207].

Ils ont donc pensé que les sons semblables à ceux d'un orgue gigantesque venaient peut-être des flux des rivières internes à l'intérieur des crevasses et des tunnels de glace de l'iceberg, qui formaient les tuyaux de l'« instrument ». Les volcanologues présents au sein de l'équipe ont reconnu des sons comparables à ceux d'un volcan, mais cette « musique » révélait une structure plus simple.

Les sons les plus spectaculaires ont été enregistrés pendant une durée de seize heures, le 22 juin 2000. Les scientifiques ont émis aussi l'hypothèse que les sons pouvaient avoir pour origine le frottement de la base de l'iceberg avec la plaque continentale océanique, créant des collisions continues, à l'origine des sons, comme le ferait l'archet d'un violon sur une corde géante[208].

Bernard Chouet écoute le chant des volcans

Lors d'une éruption volcanique, nous sommes souvent subjugués par la beauté des images rapportées par les documentaires diffusés par Discovery Channel, National Geographic ou autres. Cette beauté peut être néanmoins redoutable. Les projections de roches, de cendres ou de gaz, les lahars[209], les coulées de boue ou de matières en fusion peuvent avoir des conséquences périlleuses et graves sur les populations vivant au pied ou à proximité d'un volcan qui se réveille soudainement, si elles ne sont pas évacuées à temps. Durant de longues années, la prévention des éruptions volcaniques s'est limitée à l'analyse chimique des gaz s'échappant des cratères menaçants, ce qui n'a pas empêché de nombreuses tragédies de se produire, même pour des monstres dormant sous surveillance. C'est

---

207. Vera Schlindwein, géophysicienne à l'institut Alfred Wegener. Source : Canoë, d'après Reuters, 25 décembre 2005. http://www2.canoe.com/techno/nouvelles/archives/2005/11/20051125-223158.html.

208. Source : http://www.sciencedaily.com/releases/2005/11/051128080318.htm. *ScienceDaily*, 28 novembre 2005 et 24 février 2008.

209. Les lahars sont des coulées boueuses d'origine volcanique qui se forment généralement après que des pluies intenses s'abattent sur des dépôts volcaniques non consolidés. Ces coulées, très denses et très lourdes, emportent tout ce qui se trouve sur leur passage. Le front avant d'un lahar peut se présenter comme un mur de plusieurs mètres qui avance comme une vague de terre, semblable à un tsunami.

comme si, au chevet d'une personne cardiaque, on se contentait de l'analyse de ses gaz de respiration ou de digestion au lieu de poser un holter[210] pour enregistrer les battements de son cœur.

Aujourd'hui, un volcanologue d'origine suisse complète la théorie de surveillance actuelle par analyse chimique par l'analyse « physique » : plutôt que de « sentir » le cratère du volcan, il préfère « écouter » en complément les pulsations de son cœur et les borborygmes de sa digestion. Ses recherches et l'application de ses hypothèses permettent de mieux comprendre le fonctionnement des volcans.

Grâce à l'écoute des vibrations, Bernard Chouet décèle des ondes dites de « longues périodes », prédictives d'un regain d'activité, dont l'amplitude peut révéler l'imminence d'une éruption. En 1991, lors d'une expédition scientifique au volcan Galeras en Colombie, la confrontation des deux théories chimique-physique au sein des membres a eu pour conséquence qu'un accident mortel s'est produit, emportant neuf personnes dont plusieurs explorateurs[211]. Seul était considéré l'indice de l'analyse des gaz, et non celui des vibrations. L'indice des gaz montrait que tout était « normal », tandis que celui des vibrations indiquait des ondes de longues périodes, traduisant l'imminence d'une éruption.

Ce géophysicien œuvrant au sein du Centre américain d'études géologiques[212] a repéré systématiquement sur les graphiques représentant les ECG (électrocardiogrammes) de volcans, appelés sismogrammes, que juste avant une éruption il existe immanquablement des signaux d'ondes caractéristiques formant la signature vibratoire qui annonce une éruption imminente. Même si ses recherches ne permettent pas encore de déterminer à l'avance la force et l'amplitude d'une éruption volcanique, elles sont d'une grande utilité et leur application a déjà été déterminante et salvatrice pour de nombreuses vies humaines.

---

210. Le holter est un dispositif portable permettant l'enregistrement en continu de l'électrocardiogramme pendant au moins 24 heures. Son nom provient du nom de Norman Holter, biophysicien américain qui créa cette technique en 1949 (source : Wikipédia).

211. Émission *Découverte*, Radio-Canada, 10 novembre 2002 et 17 octobre 2004. Voir à l'adresse : http://www.radio-canada.ca/audio-video/pop.shtml#urlMedia %3D/Medianet/CBFT/Decouverte200410171830_1.asx.

212. http://www.usgs.gov/.

Les géologues et les volcanologues connaissent bien la signature des vibrations telluriques associées aux tremblements de terre. Ce sont des signaux brutaux, de forte amplitude, qui disparaissent rapidement. Bernard Chouet a découvert un autre type de signal avec des ondes plus longues, qui apparaissent et disparaissent plus lentement que d'autres types d'ondes telluriques associées aux tremblements de terre et aux fractures souterraines brutales et soudaines. Ces ondes dites de «longue période» sont associées aux vibrations occasionnées par l'évacuation de gaz ou de liquides sous pression qui tentent de s'échapper des conduits volcaniques, qui résonnent alors comme des tuyaux d'orgue[213].

> Le volcan parle un langage qui est un peu comme une chanson, [...] il suffit de comprendre les paroles de la chanson pour interpréter ce qui se passe à l'intérieur. [...] C'est une série de notes, une petite symphonie[214].

La prévision peut être rigoureusement précise. L'application de la théorie de Bernard Chouet a pu sauver la vie de 50 000 personnes qui ont été évacuées à temps, juste avant l'éruption du volcan mexicain Popocatépetl le 19 décembre 2000. Bernard Chouet en avait prédit exactement le jour et l'heure et il n'y a eu aucune victime.

Ses prédictions sont le résultat d'une écoute fine de l'activité sismique. Certains types de volcans comportent un dôme volcanique[215], avec des galeries et des chambres magmatiques au sein desquelles circulent

---

213. Les volcans et les orgues... l'analogie concernant les volcans et les orgues est connue aussi pour décrire un autre phénomène volcanique appelé orgues basaltiques qui sont des coulées de lave ressemblant à des tuyaux d'orgue. Ces spectaculaires paysages sont caractéristiques de la ville de Bort-les-Orgues, des communes de La Tour-d'Auvergne, de Laqueuille ou de Verlac (France), mais on en trouve aussi en Islande (Aldeyjarfoss, Kirkjugolf), aux États-Unis (Sheepeater Cliff, Devils Tower), aux îles Canaries (Los Organos) ou aux îles Shetland (cathédrale de Neptune). La roche qui constitue la coulée de Bort-les-Orgues est appelée également phonolitique, qui est une roche volcanique créant un son clair quand on la frappe, car la roche s'extrait sous forme de dalles formant des sortes de gongs de pierre. Cette propriété a donné le nom à cette roche volcanique qui veut dire «roche sonore».

214. Bernard Chouet, entrevue à Radio-Canada en 2004.

215. Il existe plusieurs types de volcans. Dans le cas qui nous occupe, si nous comparions un volcan à une bouteille de champagne, le dôme volcanique représenterait le bouchon de la bouteille. Il est constitué de lave solidifiée et couronne la cheminée du volcan.

divers flux avec des roches en fusion, de l'eau et des gaz. L'augmentation de pression dans ces structures à faible profondeur témoigne de l'imminence de risques d'explosions soudaines. Et ces flux d'eau, de magma, de gaz, de poussières et de différentes mixtures, dont l'intensité, et donc le son, augmente avec la pression sont détectables à l'aide d'antennes et d'appareils scientifiques d'écoute des vibrations. Cela permet l'analyse en temps réel de la signature vibratoire des oscillations acoustiques caractérisant les ondes circulant dans les tuyaux bouchés par la fermeture du dôme volcanique, appelés conduits magmatiques. Ces vibrations créent des résonances spécifiques, qui ont été vues sur des centaines de sismogrammes analysés par Bernard Chouet, en particulier parmi ceux issus des archives de la catastrophe du mont St. Helens (État de Washington, États-Unis) le 18 mai 1980 et du Nevada del Ruiz (Colombie) le 13 novembre 1985 et qui a fait plus de 20 000 victimes.

Ces vibrations sont nommées « séismes monochromatiques de longue période ou de type B ». Voici l'explication scientifique de Bernard Chouet :

> [...] Les vibrations induites par ces perturbations de pression sont en quelque sorte les bruits de tuyauterie des volcans. De par leur nature, ces signaux contiennent des informations sur l'état des systèmes magmatiques et hydrothermaux et sur les phénomènes physiques qui s'y produisent. Parmi ces événements, on distingue les séismes de courte durée (quelques secondes à quelques dizaines de secondes) et des vibrations qui peuvent durer de plusieurs minutes à plusieurs heures, plusieurs jours, voire semaines ou mois. Les événements discrets sont appelés « séismes de longue période » (LP) et ceux de longue durée sont appelés « *tremors* volcaniques ». Les principales caractéristiques des séismes et *tremors* volcaniques sont des premières arrivées souvent émergentes, l'absence de phase S visible[216], une amplitude augmentant progressivement au début du sismogramme et un spectre de fréquences limite (0,5-5 Hz) contenant un petit nombre de pics étroits de grande amplitude. Ces caractéristiques spectrales proviennent de phénomènes de résonance à la source. Les cavités remplies de fluide présentent en effet un fort contraste d'impédance acoustique entre le fluide et l'encaissant solide, de telle sorte que ces cavités agis-

---

216. Phase S : « Événements qui se produisent dans la roche solide dus à des glissements de faille à l'intérieur de l'édifice volcanique » (contre l'autre type d'« événements associés à l'activité des fluides dans la structure »).

sent comme des résonateurs qui peuvent être excités par des perturbations de pression dans le fluide. L'étude de ces événements apporte des informations sur les fréquences de résonance et les facteurs de qualité associés et donc sur les propriétés géométriques des cavités et propriétés acoustiques des fluides les remplissant[217] [...].

Ainsi, les volcans résonnent et l'écoute de leurs « chants » peut révéler leur activité. Cette résonance peut-elle être élargie à la planète tout entière ?

La Terre résonne-t-elle aussi ?

L'étude et l'analyse des ondes sismiques permettent aux scientifiques de constater que la Terre peut résonner comme un gong lors de gros séismes. Les ondes peuvent en faire plusieurs fois le tour avant d'être amorties, ce qui explique qu'un séisme dont l'épicentre est au Japon peut être ressenti à Stockholm, en Suède. Les périodes de ces vibrations sont de 3 à 54 minutes. Mieux encore, Naoki Suda et son équipe de chercheurs japonais ont écouté les vibrations de la terre grâce à des gravimètres[218] ultrasensibles, sur une période de dix ans. Ils se sont aperçus qu'elle vibrait en permanence avec des oscillations de faible amplitude[219]. Les scientifiques s'interrogent sur l'origine du processus qui fait vibrer notre planète en

217. Dans Document du ministère de l'Écologie et du Développement durable (France), *La gestion du risque volcanique aux États-Unis*, Mission CSERV, édité par le CIFEG (Centre international pour la formation et les échanges en géosciences), chap. 6, p. 56 : « Nouvelles méthodes de surveillance géophysique : activité sismique des volcans et nouvelles technologies basées sur les signaux de longues et très longues périodes » par Bernard Chouet. http://www.prim.net/professionnel/documentation/CSERVusa.pdf.
Autre référence : B. Chouet, « Long-Period Volcano Seismicity : Its Source and Use in Eruption Forecasting », *Nature*, 380, 1996, p. 309-316.

218. Les gravimètres sont des appareils servant à mesurer l'intensité du champ de pesanteur. Il en existe de différents types. Certains sont composés, par exemple, de ressorts ou de cordes vibrantes. Ils permettent l'étude des variations du champ de pesanteur, de la répartition des masses dans la croûte terrestre, du rebond post-glaciaire, etc. (source : Wikipédia). La gravité change constamment à cause de l'action d'un certain nombre de phénomènes sur l'ensemble de la planète, entre autres, les marées, l'oscillation de la Terre sur son axe et les variations de la densité atmosphérique (source : Commission géologique du Canada).

219. N. Suda, *et al.*, *Science*, 279, 1998, p. 2089.

permanence et suggèrent que l'origine de ce bruit de fond serait une résonance terrestre provoquée par les turbulences atmosphériques. D'autres hypothèses attribuent ces vibrations aux courants marins provoquant des variations de pression dans le plancher océanique, ou encore à la résultante des pulsations du cœur de la Terre.

Les ondes terrestres engendrées par les séismes sont aussi détectées et mesurées par des sismographes dont le premier réseau mondial a été créé dans les années 1960 afin de pouvoir détecter les explosions atomiques[220]. Dès 1965, 128 stations d'écoute ont été réparties à la surface du globe, dotées chacune de trois capteurs permettant d'enregistrer les vibrations dans toutes les directions. Ce dispositif a permis de pouvoir détecter, localiser et analyser les séismes de manière plus précise et de constater comment ils se propagent à la surface du globe, à la façon d'un acousticien qui analyserait comment les ondes sonores se propagent dans la structure d'un violon par exemple, comme l'a fait Félix Savart à son époque.

Ces analyses sont des sortes d'échographies permettant également de mieux comprendre la structure interne de la Terre, car l'étude de la propagation des ondes telluriques permet de mieux connaître sa structure.

Malgré l'augmentation des performances et la multiplication des sites d'analyse tellurique, il reste très difficile de prévoir les séismes car le mécanisme exact de leur déclenchement précédant la rupture destructrice reste encore inconnu[221].

Les courants telluriques

Les courants dits telluriques (du latin *tellus* : la terre) ou courants terrestres sont des courants électriques souterrains et sous-marins, caractérisés par des basses fréquences extrêmes (ELF : *Extremely Low Frequencies*), voyageant à des profondeurs variables et en général parallèlement à la surface de la Terre. Ils ont été mis en évidence pour la première fois en septembre 1862, grâce à une expérience menée en Bavière[222].

220. WorldWide Standard Seismograph Network.
221. *La Recherche*, juin 1998, 310, p. 90-94 et 18.
222. J. V. Lamont, *Der Erdstrom und der Zusammen desselben mit dem Erdmagnetismus,* Leopold-Voss-Verlag, Leipzig und Muenchen, 1862 (*Les courants telluriques et leurs relations avec le géomagnétisme*).

Ces phénomènes ont été observés au sein de la croûte terrestre et du manteau, et représentent une composante de plus pour comprendre que la Terre vibre et résonne comme un instrument de musique. Mais il en existe d'autres...

La musique de Schumann

La première observation concernant l'existence d'une résonance électromagnétique globale avec des basses fréquences extrêmes dans l'atmosphère terrestre fut publiée par Nikola Tesla[223] en 1905[224]. Dès 1899, il a fait l'observation d'une résonance électromagnétique globale à Colorado Springs. Ses observations lui ont permis de concevoir la possibilité de transmission d'énergie sans fil. Il a breveté des systèmes de transmission sans fil basés sur les ondes qu'il a pu identifier, grâce à des calculs mathématiques basés sur son expérience, et les a évaluées à une fréquence de 8 Hz[225].

En décrivant la Terre et son atmosphère comme une cavité résonante, il ignorait qu'un demi-siècle plus tard, en 1952, le physicien allemand Winfried Otto Schumann[226] allait avoir la même intuition que lui et que ce dernier allait pouvoir démontrer la présence de ces ondes. Avant cela, il a fallu attendre 1918 pour que le mathématicien anglais George Neville Watson[227] élabore des modèles mathématiques permettant d'analyser les guides d'ondes sphériques, caractéristiques de l'atmosphère terrestre[228]. Puis, Winfried Otto Schumann a étudié les aspects théoriques de la résonance globale du système de guide d'ondes de l'ionosphère appelés aujourd'hui résonances de Schumann (RS). Entre 1952 et 1954, il

---

223. 1856-1943.

224. N. Tesla (1905), « The Transmission of Electrical Energy Without Wires as a Means of Furthering World Peace », *Electrical World and Engineer*, January 7, p. 21-24.

225. K. L. Corum et J. F. Corum, « *Nikola Tesla, Lightning Observations, and Stationary Waves* », 1994. Cité par Wikipédia : http://en.Wikipédia.org/wiki/Nikola_Tesla.

226. 1888-1974.

227. 1886-1965.

228. G. N. Watson (1918), « The Diffraction of Electric Waves by the Earth », *Proceedings of the Royal Society of London.* Series A, Containing Papers of a Mathematical and Physical Character, vol. 95, Issue 666, p. 83-99.

est arrivé à mesurer ces ondes avec König[229], mais c'est seulement Balser et Wagner qui ont pu réaliser des mesures adéquates avec des techniques permettant d'extraire clairement les ondes de Schumann du bruit de fond électromagnétique ambiant[230].

L'atmosphère terrestre engendre donc une pulsation qui porte maintenant le nom du physicien Schumann, à ne pas confondre avec le célèbre compositeur ! On appelle cette vibration « onde de Schumann » ou « résonance de Schumann ». Ce scientifique enseignait à l'université de Munich (Allemagne) quand il est parvenu à faire ses premières mesures en 1960 ; il a alors découvert la fréquence de 7,8 Hz, avec des variations de + /– 0,8 Hz entre le jour et la nuit.

En 1960, il a donc fait la démonstration de l'existence d'ondes stationnaires dans l'atmosphère terrestre. Il a démontré que la Terre agissait comme un énorme circuit électrique. L'atmosphère est faiblement conductrice et s'il n'existait aucune source de charge, l'accumulation électrique se disperserait en moins de 10 minutes. Le couple ionosphère (très électrisée) et croûte terrestre (très conductrice) agit comme un gigantesque condensateur : la région atmosphérique intermédiaire se charge, car elle est sans cesse parcourue par un train d'ondes électromagnétiques pulsant. Il existe donc une cavité entre la surface de la Terre et la limite intérieure de l'ionosphère qui mesure quelque 55 km de haut, représentée par l'atmosphère. À tout moment, cette cavité se caractérise par une charge électrique, alimentée en permanence par cette source atmosphérique.

Il existe un courant vertical de décharge permanente entre le sol et l'ionosphère, facilement observable avec les éclairs et la foudre. Ces ondes

---

229. W. O. Schumann et H. L. König, « Uber die Beobachtung von Atmospherics bei Geringsten Frequenzen », *Naturwissenschaften*, n° 41, 1954, p. 183.

230. M. Balser et C. Wagner (1960), « Measurement of the Spectrum of Radio Noise from 50 to 100 c/s », *Journal of Research NBS* 64D, p. 415-418. M. Balser et C. Wagner (1960), « Observations of Earth-Ionosphere Cavity Resonances », *Nature* 188, p. 638-641. M. Balser et C. Wagner (1962), « Diurnal Power Variations of the Earth-Ionosphere Cavity Modes and Their Relationship to Worldwide Thunderstorm Activity », *Journal of Geophysic Research* 67, p. 619-625. M. Balser et C. Wagner (1962), « On Frequency Variations of the Earth-Ionosphere Cavity Modes », *Journal of Geographic Research* 67, p. 4081-4083. M. Balser et C. Wagner (1963), « Effect of a High-Altitude Nuclear Detonation on the Earth-Ionosphere Cavity », *Journal of Geophysic Research* 68, p. 4115-4118.

stationnaires, appelées « ondes de Schumann », semblent reliées à l'activité électrique dans l'atmosphère, particulièrement pendant des conditions d'intenses activités de foudre. Elles se produisent à plusieurs fréquence entre 6 et 50 Hertz, plus particulièrement 7,83, 14, 20, 26, 33, 39 et 45 Hertz, avec des variations journalières d'environ 1 Hz tel que mentionné précédemment. Aussi longtemps que les particularités de la cavité électromagnétique de la Terre restent les mêmes, ces fréquences restent stables. On peut penser qu'il se produit des changements liés aux cycles de taches solaires qui se produisent tous les 11 ans [231].

La résistance de l'atmosphère est de 200 ohms[232]. Le voltage potentiel des décharges électriques dans l'atmosphère terrestre est de 200 000 volts[233]. À chaque seconde, il se produit simultanément plus de mille éclairs dans le monde. Un seul éclair produit de 0,5 à 1 ampère[234] et la somme additionnée de l'ensemble de ces décharges électriques contribue à la mesure de ce courant dans la cavité électromagnétique de la Terre, représentée par la haute atmosphère, l'ionosphère.

Ce qu'on appelle donc résonance de la Terre est un phénomène d'ondes électromagnétiques stationnaires quasi immobiles, qui existent

231. Voir Hans Volland : *Handbook of Atmospheric Electrodynamics,* vol.1, CRC Press, chap. 11. Ce chapitre, écrit par David Campbell de l'Institut de géophysique de l'université d'Alaska, est entièrement consacré à la résonance de Schumann, avec l'historique, accompagné d'une bibliographie très complète. Voir aussi Wikipédia (en anglais) : http://en.Wikipédia.org/wiki/Schumann_resonance.

232. L'ohm (du nom du physicien allemand Georg Simon Ohm, 1779-1854) est une unité de résistance électrique dans le système international (SI). En utilisant du matériel de sa propre invention, Ohm détermine qu'il y a une relation de proportionnalité directe entre la différence de potentiel appliquée aux bornes d'un conducteur et le courant électrique qui le traverse, ce qu'on appelle maintenant la loi d'Ohm. Utilisant ces résultats expérimentaux, il détermine les relations fondamentales entre le courant, la tension et la résistance électrique, ce qui constitue le départ de l'analyse des circuits électriques (source : Wikipédia).

233. Le volt est l'unité du système international (SI) de force électromotrice et de différence de potentiel (ou tension). On doit ce nom à Alessandro Volta (1745-1829), inventeur italien de la pile électrique en 1800, appelée pile voltaïque (source : Wikipédia).

234. L'ampère est l'unité SI d'intensité d'un courant électrique. Cette unité doit son nom à André-Marie Ampère (1775-1836), une figure marquante qui, avec Maxwell, a contribué de façon significative à l'électromagnétisme (source : Wikipédia).

au sein de cette cavité. Comme des ondes sur la corde d'un instrument, elles ne sont pas toujours présentes et ont besoin d'être activées pour être observées. Les scientifiques pensent qu'elles ne sont pas causées par quelque élément interne de la Terre, sa croûte ou son noyau, tel qu'expliqué précédemment à propos des ondes sismiques et d'autres types de vibrations terrestres.

Aujourd'hui, les ondes de Schumann qui se propagent dans la cavité de résonance électromagnétique formée par la Terre et l'ionosphère sont enregistrées par différentes stations dans le monde. C'est le cas de l'observatoire géophysique de Modra en Slovaquie[235], qui mesure en temps réel depuis 2001 la résonance de Schumann (une mesure toutes les 15 minutes).

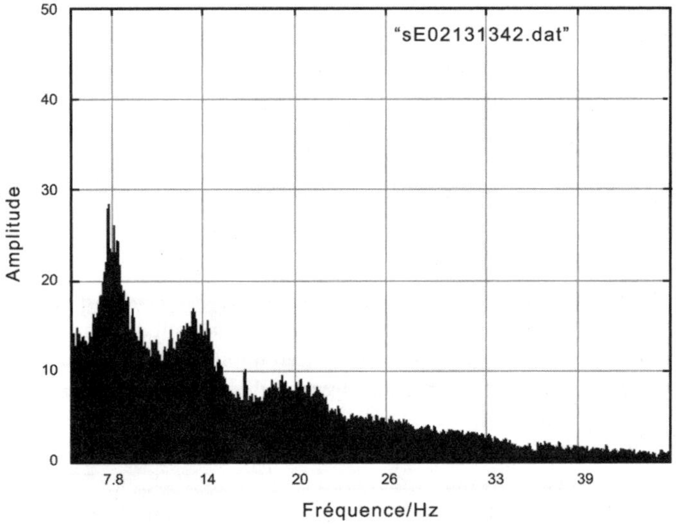

Mesure des ondes de Schumann (à Modra) avec pic à 7,8 Hz.

Un autre laboratoire fait aussi ce genre de mesures, à Oulu, en Finlande[236].

Et, croyez-le ou non, les ondes alpha de notre cerveau, découvertes en 1929 par le Dr Hans Berger, le père de l'électroencéphalogramme, ainsi que les ondes thêta vibrent pour certaines d'entre elles au même rythme

235. http://147.175.143.11/.
http://www.agu.org/pubs/crossref/2007/2006RS003478.shtml.

236. http://spaceweb.oulu.fi/projects/schumann/.

que l'onde de Schumann la plus importante : de 7,83 à 8 Hz. Cette fréquence de 8 Hz constitue la « note » la plus basse des ondes alpha et la plus haute des ondes thêta. Notons en outre que les ondes delta (4 Hz et moins) vibrent à une octave plus grave et correspondrait aussi à la « note » de notre Univers, un do du piano... Nous en parlerons plus loin.

Dunes et vibrations

Depuis mon enfance où, à l'âge de quatre ans, j'ai visité les dunes d'Ostende proches du fort Napoléon, en Belgique, je suis fasciné par les dunes et par leurs ondulations qui ne pouvaient qu'émouvoir le musicien en herbe que j'étais.

Or, si les dunes sont proprement musicales pour certaines d'entre elles, comme on va le voir plus loin, leur structure ondulatoire est par essence vibratoire. Leur étude est prise très au sérieux par la science et des physiciens les scrutent afin d'en connaître les lois. C'est un des objets d'étude de la physique dite granulaire, domaine de recherche du Laboratoire matière et systèmes complexes du CNRS.

Les dunes ont pour origine le vent mettant en mouvement les lits sableux reposant sur la roche mère. Il module la formation des cordons dits dunaires et sculpte cette matière granuleuse, comme le ferait la vibration produite par un archet sur une plaque métallique ayant du sable aléatoirement réparti à sa surface.

La longueur d'onde des dunes est la distance séparant deux dunes successives, comme si le désert était une mer dont les vagues seraient les dunes. Elles sont souvent elles-mêmes composées de petites ondulations en forme de dune, dans une dimension presque fractale, et on pourrait comparer ces dunettes-là aux harmoniques des plus grandes.

Bruno Andreotti, du Laboratoire de physique mécanique des milieux hétérogènes (CNRS), explique ce qui détermine la taille des dunes :

> La longueur d'onde [...] est proportionnelle à la taille du grain et au rapport entre la densité du grain et la densité du fluide environnant. À partir de cette loi, on peut comprendre que les dunes qui se forment sous l'eau sont 800 fois plus petites que les dunes éoliennes, car l'eau est 800 fois plus lourde que l'air. Les dunes qui se forment sur Titan

sont 20 fois plus petites que sur Terre, mais celles qui se forment sur Mars sont 80 fois plus grandes[237].

Les dunes chantent aussi[238]

Quand de la matière, quelle qu'elle soit, se déplace ou chute, cela fait du bruit. Ces bruits sont souvent aléatoires et provoqués par l'entrechoc des matériaux qui ont des dimensions et des gabarits différents. Ils entrent en mouvement les uns contre les autres et leurs frottement, leurs cisaillements et leur chute sur le sol sont à l'origine de sons très variés et désordonnés, sans hauteur, note définie ou résonance, car mélangées anarchiquement dans un brouhaha indescriptible. C'est ce qui différencie un bruit d'un son dit musical, pour lequel il est aisé d'identifier la note fondamentale et les composantes harmoniques.

Il existe dans la nature certaines chutes de matières dites musicales, car elles créent un véritable chant. Ce n'est plus un son aléatoire, mais une véritable « musique » calibrée sur une fréquence monodique particulière avec quelques harmoniques et caractérisée par une puissance d'amplitude variable selon les cas observés. Par exemple, les chutes d'eau ou bien les bruits délicats d'un ruisseau avec le flux musical des micro-cascades produites par les roches au sein desquelles l'eau serpente, bondit ou se glisse et où il est aisé de percevoir des fondamentales et des harmoniques ainsi que toutes sortes de sons parfois enchanteurs. Le vent peut créer de belles notes, comme en témoignent les magnifiques harpes éoliennes que certains artistes construisent. Il existe aussi des harpes éoliennes naturelles, par exemple lorsque le vent s'infiltre dans certaines structures rocheuses ou à travers une forêt et module des notes musicales. C'est le cas également des dunes dans les déserts qui, dans certaines conditions, chantent...

Au IXe siècle, un manuscrit chinois évoque les sons du sable des steppes et ceux ressemblant à des roulements de tambour en provenance des

237. CNRS : http://www.cnrs.fr/manifestations/grainsdescience/endetail/physique/dunes.htm et http://www.cnrs.fr/manifestations/grainsdescience/endetail/physique/chant_dunes.htm.

238. Pour écouter : www.lps.ens.fr/ ~ douady/songofdunesindex.html.

dunes de Mingsha-shan[239], situées au nord-ouest de la Chine, dans la province de Gansu, dans un étroit corridor situé entre les chaînes montagneuses du Qilian, au sud de la Mongolie intérieure et du désert de Gobi. Marco Polo qui, apparemment, est passé par là, relate ces sons étranges au XIIIe siècle. Il les décrit dans un des chapitres de son *Livre des merveilles*, relatant les récits de ses prétendus voyages en Extrême-Orient:

> Les sables qui chantent parfois remplissent l'air avec les sons de toutes sortes d'instruments de musique, et aussi le bruit des tambours et du choc des armes[240].
>
> La cité de Lop est ample et spacieuse, située à l'entrée d'un grand désert entre Orient et Septentrion. [...] Ce désert est fort montueux, et quand on vient à entrer en la plaine, on ne trouve que fablons, il est entièrement stérile et déplaisant [...]. C'est chose admirable qu'en ce désert on voit et ouït de jour, et le plus souvent de nuit diverses illusions et fantômes de malins esprits [...]. On ouït aussi quelquefois en l'air des sons et accords d'instruments de musique, et le plus souvent de bedons et tabourins. Et pour cette cause ce désert est fort dangereux et périlleux à passer [...][241].

Ces sons graves et mystérieux, perceptibles parfois à plus de 10 km à la ronde, ont été pris par les touaregs du Sahara ou les autochtones de Hawaï pour la «voix du diable». Ils sont comparés au tonnerre, à des gémissements, à des hurlements, à des plaintes, à des bourdonnements, à des sons d'orgue, à des cornes de brume, à des grondements de tambours,

239. «When you ride a horse, or go on a walking tour, the sound of stepping on the sand will reach some dozens miles or so. On the boy's festival day, as was the custom long ago, towns folk within the castle wall used to climb Mt.Mingsha-shan and slide down on the sand in union. The sliding sound was almost like the rolling of thunder.» Traduction: Lorsque vous montez à cheval ou faites une promenade à pied, le son de la marche sur le sable atteindra quelques dizaines de milles ou plus. Le jour de la fête des enfants, comme c'était la coutume depuis longtemps, les habitants du village utilisaient le mur du château pour gravir le mont Mingsha-shan et glisser ensemble sur le sable. Le son du mouvement produit était presque comme un roulement de tonnerre. Manuscrit chinois (880 après J.-C.). Source: Thèse «Morphogenèse et dynamique des Barchanes», soutenue le 22 juin 2004 au Laboratoire de physique statistique de l'École normale supérieure de Paris.

240. *Les voyages de Marco Polo*, 1295, dans *Le livre des merveilles*, 1298 (Éditions Hatier, 2002).

241. *De la cité de Lop et du grand désert*, livre premier, chapitre 43.

au didjeridu australien ou au bruit d'un avion bimoteur à basse altitude ou même d'un Boeing au décollage. Ces vibrations étranges ont ému plusieurs autres explorateurs dont Charles Darwin :

> [...] J'ai entendu un compte rendu de plusieurs habitants d'une colline située dans la région appelée El Bramador, le grondeur ou le souffleur. [...] la colline était couverte de sable et le bruit était produit seulement quand les gens, en la remontant, mettaient le sable en mouvement[242].

De plus, elles ont été mentionnées en Europe pour la première fois dans les contes arabes des *Mille et une nuits*[243]. On en trouve aussi trace dans les carnets de voyages de Lord Curzon[244].

La musique des sables a été évoquée dans des œuvres de fiction par des écrivains tels que Guy de Maupassant[245] où, dans *Les contes de la bécasse*, un recueil de nouvelles publié en 1883, il décrit ces sons d'épouvante dans le cinquième conte appelé « La peur » :

> [...] « Eh bien ! Voici ce qui m'est arrivé sur cette terre d'Afrique : Je traversais les grandes dunes au sud d'Ouargla. C'est là un des plus étranges pays du monde. Vous connaissez le sable uni, le sable droit des interminables plages de l'océan. Eh bien ! Figurez-vous l'océan lui-même devenu sable au milieu d'un ouragan : imaginez une tempête silencieuse de vagues immobiles en poussière jaune. Elles sont hautes comme des montagnes, ces vagues inégales, différentes, soulevées tout à fait comme des flots déchaînés, mais plus grandes encore, et striées comme de la moire. Sur cette mer furieuse, muette et

---

242. *Voyages of the Beagle*, 1889, chapter 16 « Northern Chile and Peru », 29th June « [...] I heard an account from several of the inhabitants, of a hill in the neighborhood which they called El Bramador, the roarer or bellower. (...) the hill was covered by sand, and the noise was produced only when people, by ascending it, put the sand in motion. » http://www.infidels.org/library/historical/charles_darwin/voyage_of_beagle/.

243. Les contes des *Mille et une nuits* (*Arabian Nights* en anglais) ont été introduits en Europe et traduits par Antoine Galland (1646-1715) à partir de 1704 (Garnier-Flammarion, 1993, trois tomes).

244. George Nathaniel Curzon (1859-1925), homme d'État britannique, fut vice-roi des Indes entre 1899 et 1905. Il est l'auteur de *Tales of Travel* (Contes de voyages) publiés en 1923 par Hodder & Stoughton.

245. 1850-1893.

sans mouvement, le dévorant soleil du sud verse sa flamme implacable et directe. [...]

Nous étions deux amis suivis de huit spahis et de quatre chameaux avec leurs chameliers. Nous ne parlions plus, accablés de chaleur, de fatigue, et desséchés de soif comme ce désert ardent. Soudain, un de ces hommes poussa une sorte de cri ; tous s'arrêtèrent, et nous demeurâmes immobiles, surpris par un inexplicable phénomène connu des voyageurs en ces contrées perdues.

Quelque part, près de nous, dans une direction indéterminée, un tambour battait, le mystérieux tambour des dunes ; il battait distinctement, tantôt plus vibrant, tantôt affaibli, arrêtant, puis reprenant son roulement fantastique.

Les Arabes, épouvantés, se regardaient ; et l'un dit, en sa langue : « La mort est sur nous. » Et voilà que, tout à coup, mon compagnon, mon ami, presque mon frère, tomba de cheval, la tête en avant, foudroyé par une insolation.

Et pendant deux heures, pendant que j'essayais en vain de le sauver, toujours ce tambour insaisissable m'emplissait l'oreille de son bruit monotone, intermittent et incompréhensible ; et je sentais se glisser dans mes os la peur, la vraie peur, la hideuse peur, en face de ce cadavre aimé, dans ce trou incendié par le soleil entre quatre monts de sable, tandis que l'écho inconnu nous jetait, à deux cents lieues de tout village français, le battement rapide du tambour.

Ce jour-là, je compris ce que c'était que d'avoir peur ; je l'ai su mieux encore une autre fois... »

Le commandant interrompit le conteur :

« Pardon, monsieur, mais ce tambour ? Qu'était-ce ? »

Le voyageur répondit :

« Je n'en sais rien. Personne ne sait. Les officiers, surpris souvent par ce bruit singulier, l'attribuent généralement à l'écho grossi, multiplié, démesurément enflé par les vallonnements des dunes, d'une grêle de grains de sable emportés dans le vent et heurtant une touffe d'herbes sèches ; car on a toujours remarqué que le phénomène se produit dans le voisinage de petites plantes brûlées par le soleil, et dures comme du parchemin.

« Ce tambour ne serait donc qu'une sorte de mirage du son. Voilà tout. Mais je n'appris cela que plus tard [...][246]. »

Jules Verne[247] évoque aussi ces sons mystérieux au chapitre douze de son roman *Robur le conquérant* (1886) :

> [...] L'*Albatros* entra alors dans la région équatoriale, au-delà du tropique du Cancer. À mille kilomètres de la frontière septentrionale du Sahara, il franchissait la route où le major Laing trouva la mort en 1846 ; il coupait le chemin des caravanes du Maroc au Soudan, et, sur cette portion du désert qu'écument les Touaregs, il entendait ce qu'on appelle le « chant des sables », murmure doux et plaintif qui semble s'échapper du sol [...][248].

Frank Herbert (1920-1986) relate ce « murmure de sable » dans le cycle de *Dune*[249] :

> [...] Et cela vint du sud-est. Un sifflement lointain, un murmure de sable, un chuchotement. Puis il vit la dune qui courait dans la clarté de l'aube et songea qu'il n'avait encore jamais rencontré de Faiseur aussi énorme, qu'il n'en avait même entendu parler. La créature devait mesurer plus d'une demi-lieue et la vague de sable soulevée par sa tête était comme une montagne en marche [...][250].

---

246. http://www.inlibroveritas.net/lire/oeuvre6471.html.

247. 1828-1905.

248. http://ebooks.adelaide.edu.au/v/verne/jules/v52ro/chapter12.html.

249. Avant d'écrire le cycle de *Dune*, Frank Herbert a étudié les sables pendant une durée de six ans. En 1959, il fut envoyé en Oregon pour écrire un reportage sur les sables de Florence (projet gouvernemental pour la lutte contre les dunes de sable qui ravageaient l'agriculture) et fut captivé par ce sujet pour lequel il rassembla une documentation dont l'abondance dépassait de loin les besoins pour écrire un simple article qui ne fut finalement jamais écrit et qui fit place à la saga de *Dune*. 1965 : *Dune*. 1969 : *Le messie de Dune* (*Dune Messiah*). 1976 : Les enfants de Dune (*The Children of Dune*). 1981 : *L'empereur-dieu de Dune* (*God Emperor of Dune*). 1984 : *Les hérétiques de Dune* (*Heretics of Dune*). 1985 : *La maison des mères* (*Chapterhouse, Dune*). Film *Dune* de David Lynch (1984).

250. *Le ver de sable, description de l'Initiation Fremen* de Paul Muad'Dib. http://pavillonlivres.canalblog.com/.
Thèse « Morphogenèse et dynamique des Barchanes », soutenue le 22 juin 2004 au Laboratoire de physique statistique de l'École normale supérieure de Paris.

Pascal Hersen[251] a choisi le thème de la musique des dunes comme sujet de sa thèse de doctorat. C'est dire que ce sujet intrigue et passionne les scientifiques depuis plusieurs décennies. La cinquantaine de dunes chantantes répertoriées sur la planète sont réparties sur divers continents, en Chine (désert de Gobi)[252], en Arabie Saoudite, en Afrique (Maroc, Libye, Afrique du Sud), en Amérique (Californie, Nevada, Hawaï)[253], au Chili[254] ou en Russie[255]. Elles ont des caractéristiques particulières et le son produit, qui peut atteindre une intensité de 100 à 110 décibels, n'est pas généré par le vent ou par de quelconques séismes. La dune ne forme pas de caisse de résonance non plus, car sa forme importe peu sur la qualité du son. Diverses hypothèses ont été formulées par différentes équipes de scientifiques dans le monde pour en expliquer le fonctionnement, jusqu'à ce que des chercheurs du CNRS (France) en percent récemment la plupart des mystères.

Le son produit par une avalanche de sable est très différent de celui fait par une avalanche de neige ou un glissement de terrain, car la structure et les liens de ces différents matériaux granulaires sont très dissemblables. Ces avalanches de sable se produisent soit spontanément, soit de manière provoquée (les plus souvent analysées). Pour ce faire, il suffit de marcher en haut de la dune de son côté le plus abrupt pour activer une avalanche. C'est toujours ce côté-là de la dune qui est le bon. Il doit avoir une pente d'au moins 35 degrés. Lorsqu'une avalanche naturelle se produit, cela est dû au fait que le point d'équilibre est soudain rompu et que le sable ne peut plus s'accumuler davantage. Ainsi, la loi de la pesanteur rétablit ce déséquilibre en faisant glisser une partie de la dune afin d'en corriger la pente qui revient alors à un niveau d'homéostasie se situant aux alentours de 32 degrés.

---

251. http://www.lps.ens.fr/ ~ hersen/data_html_french/perso/these_hersen.pdf.

252. Dunes du désert du Takla-Makan, Duut Mankhan, Khongoryn Els, au pied des monts Altaï. Mingsha-shan (Dunhuang, Gansu).

253. Californie : Eureka Dunes, au nord de la Vallée de la Mort, Panamint Dunes, dans le nord de la vallée de la Panamint. Nevada : Kelso, désert de Mojave (Mojave National Reserve au sud de Las Vegas), Sand Mountain, à l'est de Fallon, Crescent Dunes, au nord de Tonopah, Big Dune (désert de l'Amargosa).

254. El Medanoso.

255. Sibérie, Cape Turaly, côte est du lac Baïkal.

C'est la reproduction du chant des sables en laboratoire qui a permis d'en comprendre le mécanisme et d'émettre des hypothèses sur le mode de création sonore.

Voici l'explication de Stéphane Douady, directeur de recherches au CNRS, travaillant au Laboratoire matière et systèmes complexes de l'université Paris 7:

> En fait les dernières mesures indiquent que la couche de sable serait seulement épaisse de 1 à 2 cm. Cette épaisseur peut cependant produire une onde sonore très puissante dans l'air, même avec un déplacement faible. Exactement comme un haut-parleur, qui peut produire un son intense sans déplacer beaucoup sa membrane [...].
>
> Il semble que ce sable chante parce que la vitesse du son y est particulièrement basse. Ces ondes sonores sont complexes, car elles doivent passer dans un mélange de grains de sable et d'air. Le contact entre les grains semble aussi important, entraînant notamment des chocs entre les grains.
>
> On pense actuellement qu'il existe une couche spéciale qui entoure les grains. C'est ce qui fait qu'à force la surface s'use et que leur propriété sonore disparaît à l'usage. Ces grains se situent d'une manière générale juste à l'équilibre entre l'effet du vent (qui les entraîne) et celui de la gravité (qui les redépose). Les grains les plus gros ne sont pas entraînés, et les grains les plus fins ne se redéposent pas... C'est pour cela qu'ils sont très bien triés par le vent et possèdent à peu près tous la même taille.
>
> L'effet de l'air joue en tout cas probablement dans la synchronisation de ces grains, en étant assez fort pour les pousser[256].

Son équipe et lui ont construit un anneau en plexiglas dans lequel ils ont placé du sable extrait d'une dune chantante et, à l'aide d'un bras manipulateur, ils animent le sable de mouvements circulaires en faisant varier la vitesse du bras.

---

256. Stéphane Douady, Ph.D., Laboratoire matière et systèmes complexes, CNRS. S. Douady, *et al.*, *The Song of the Dunes as a Self-Synchronized Instrument*, http://arxiv.org/abs/nlin.AO/0412047 et http://www.lps.ens.fr/ ~ hersen/data_html_french/chants.html.

Ils se sont aperçus que les fréquences émises par le chant des dunes entre 65 et 105 Hz sont proportionnelles à la taille des grains de sable et étaient comparables à celles trouvées *in situ*. Ce détail explique pourquoi des dunes situées à différents coins du monde ont des fréquences de chant qui varient vers le grave ou vers l'aigu.

Les grains de sable d'une même dune sont d'une proportion similaire et créent un phénomène de résonance rendant le son aussi amplifié. Car ces grains, en chutant de concert, entrent en cohérence les uns avec les autres dans un processus qui a été comparé au laser[257]. En effet, dans un laser, tous les grains de lumière, appelés photons, entrent en phase, ce qui donne à ce rayon autant de puissance.

Dans le cas du sable, les chercheurs parlent de laser acoustique, car les grains de sable entrent en phase les uns avec les autres et se mettent à vibrer à la même fréquence. Ce processus se passe dans l'écoulement de l'avalanche qui frotte sur la couche de sable inférieure et qui, surtout, se frictionne elle-même de l'intérieur, grâce à l'air qui entre dans le processus. L'air est le support de l'onde sonore. Le phénomène se produit sur une épaisseur de quelques centimètres, correspondant à l'épaisseur de l'avalanche.

> Le mouvement synchrone des grains de sable produirait donc des vibrations de l'air qui, s'ajoutant les unes aux autres, produirait le son du chant. La couche de sable en mouvement se conduirait donc comme une membrane de haut-parleur qui transmet ses vibrations à l'air pour faire naître les sons.
>
> Les travaux les plus récents de l'équipe française[258] ont montré qu'une vitesse minimale de 0,45 m par seconde était nécessaire à l'émission du son. Et que la nature et l'état du sable conditionnaient la possibilité d'émettre des sons. Ainsi, le sable d'une des dunes étudiées, située à Tarfaya au sud-ouest du Maroc, possède des grains de sable particuliers. Chaque grain est recouvert d'une espèce de « vernis », fait d'argile et de calcite, que les archéologues connaissent sous

257. Laser est l'acronyme anglais de « *Light Amplification by Stimulated Emission of Radiation* » (en français, « amplification de la lumière par émission stimulée de rayonnement »).

258. *Physical Review Letters,* 14 juillet 2006.

le nom de «glasure du désert». Sans ce «vernis», point de chant. L'humidité du sable est également un facteur déterminant. Ainsi, le sable mouillé refuse de chanter[259,260].

La mer et les océans chantent, les volcans chantent, le sous-sol tellurique chante, les dunes chantent, l'atmosphère chante... Il devient difficile, après ce constat détaillé, d'affirmer que notre planète est silencieuse. Ces «chœurs» que nous venons d'évoquer feraient plutôt penser à une sorte d'orchestre très varié jouant une partition se déployant au gré des pulsations terrestres. Portons maintenant attention à l'acoustique de la faune accompagnant ce chœur planétaire.

---

259. *Le Figaro*, 15 octobre 2007, page science, «Pourquoi les dunes chantent-elles?», chronique de Jean-Luc Nothias, http://www.lefigaro.fr/sciences/2006/07/26/01008-20060726ARTFIG90001-pourquoi_les_dunes_chantent_elles_.php.

260. Autres références: *Sound-Producing Sand Avalanches*, Paul Sholtz, Michael Bretz et Franco Nori, Department of physics, University of Michigan, http://www-personal.umich.edu/ ~ nori/boom/RMP.html. The Mophodynamic Lab (Paris): http://www.pmmh.espci.fr/fr/morphodynamique/songofdunes.html. Recherche plus ancienne: «*Sound-Producing Sand Avalanches*», Paul Scholz, Michael Bretz, Franco Nori, *in Contemporary Physics*, 1997, vol. 38, n° 5, p. 329-342, http://www-personal.umich.edu/ ~ nori/boom/Review-Booming-Sand.pdf. B. Andreotti, «*The Song of Dunes as a Wave-Particle Mode Locking*», *in Physical Review Letters*, vol. 93, n° 238001(4), 2004. (Etc.)

14

Musiques de création : la nature et son acoustique secrète

La Terre a un chant, elle porte les sons de l'Univers.
Chaque créature a un chant.
Chaque plante a un chant.

Proverbe sioux

Depuis de nombreuses années nous sommes fascinés par la dimension acoustique de la nature et de l'Univers en commençant par les sons produits par le Soleil, la Terre, le vent, la pluie, les eaux, etc.

Lorsque nous avons pris connaissance en 1977 de la philosophie sonore du compositeur américain John Cage[261], qui a écrit que « Tout est musique », notre oreille s'est ouverte à la dimension acoustique et musicale du monde, non seulement de la nature, mais aussi de la ville, de l'univers infini des bruits de tous ordres et de toutes sortes (machines, industries, etc.).

D'ailleurs, le compositeur canadien Raymond Murray Shafer s'est intéressé à partir de 1961 à la notion de paysage sonore[262] et plutôt que de filmer ou photographier des lieux ou des paysages, il les a enregistrés,

---

261. John Cage (1912-1992), *Pour les oiseaux, op. cit.*

262. Raymond Murray Schafer (1933-) s'est intéressé à la pollution sonore et à la musique de l'environnement. Il a publié *The Tuning of the World* (1977), *Le paysage sonore* (Éditions JC Lattès, 1979), *The Soundscape : Our Sonic Environment and the Tuning of the World* (1993).

souvent à titre d'archives sonores. Il est cofondateur du projet mondial de paysage sonore[263] créé au sein de l'université Simon Fraser[264] (Colombie-Britannique, Canada), où il enseigna entre 1965 et 1975. Durant ces années-là, il a publié un essai : *The Music of the Environment*[265], dans lequel il s'intéresse à la notion d'*acoustic design* (design acoustique). Il a collaboré notamment avec le compositeur canadien Barry Truax[266] qui, lui, a publié en 1978 un manuel d'écologie acoustique[267] puis un ouvrage intitulé *Communication acoustique* en 1984[268]. En 1993, Raymond Murray Schafer a fondé conjointement avec des experts et des universitaires le Forum mondial pour l'écologie acoustique[269].

Dans une démarche plus récente et proche dans son esprit de celle de Raymond Murray Schafer, l'artiste franco-danois Viktor Knud a créé une œuvre d'écoute de la nature en se définissant comme « peintre sonore » voulant « conserver ce qu'on n'écouterait peut-être plus jamais ». C'est ainsi qu'il composa la *Symphonie du Lubéron*. Sa démarche consiste à pointer un « zoom acoustique » sur la nature musicale des fourmis, des escargots et des souris et d'enregistrer des paysages sonores inédits comme le fait aussi l'ornithologue Jean C. Roché avec qui nous avons collaboré en 1987, dans le mixage de notre première composition, *Occidentale sagesse*.

Sur un plan plus scientifique qu'artistique, dans le domaine de l'écoute du monde, il existe aussi la bioacoustique. Cette science a pour objet de recherche la dimension acoustique de la création. Elle se consacre à l'étude des sons dans la communication du monde animal.

Il existe des espèces d'oiseaux qui, par leurs chants, aident les plantes à pousser[270]. D'autres chantent en polyphonie. Les baleines communiquent à des milliers de kilomètres, les chenilles crient, les souris chantent,

---

263. WSP (World Soundscape Project) : http://www.sfu.ca/ ~ truax/wsp.html.
264. http://www.sfu.ca/.
265. Traduction : *La musique de l'environnement,* 1973.
266. http://www.sfu.ca/ ~ truax/index.html.
267. *Handbook for Acoustic Ecology*, Éditions Barry Truax, 1978, http://www.sfu.ca/ ~ truax/handbook2.html.
268. *Acoustic Communication*, Ablex Publishing Corporation, 1984. Réédité en 2001 (Greenwood Press), incluant la version CD de *Handbook for Acoustic Ecology*.
269. Le WFAE (World Forum for Acoustic Ecology) : http://interact.uoregon.edu/MediaLit/WFAE/home/.
270. Voir le chapitre 18.

telle est la symphonie de la nature... La partie audible de la bioacoustique est riche et variée. Elle comprend l'étude des sons produits par les animaux et les insectes. Il est question de cette science dans de nombreux ouvrages et il existe même des collections d'enregistrements de bruits émis par toutes sortes d'animaux, qui sont très complets. Le compositeur Olivier Messiaen a d'ailleurs consacré une partie de sa vie à retranscrire le chant des oiseaux sur du papier à musique. Nous allons donc nous intéresser ici à un autre aspect de la dimension acoustique de la création, plus secret celui-là. Il concerne l'étude des capacités d'émission et de réception caractéristiques de certaines espèces animales ou même végétales. La plupart d'entre elles échappent à l'audition humaine du fait de leurs fréquences d'émission, trop aiguës ou trop graves, ou encore sont moins connues.

Les scientifiques connaissent depuis longtemps la sensibilité séismique et infrasonique de petits animaux comme les araignées, les scorpions et autres insectes. Les capacités sensitives des petits mammifères tels que le lièvre, le rat kangourou, la taupe sont documentées également, ainsi que celles des mammifères marins ou terrestres comme les okapis, les girafes, les rhinocéros, les hippopotames ou les alligators. Ces espèces animales se servent de cette sensibilité aiguisée pour trouver des partenaires, repérer des proies ou délimiter leur territoire. Dans le spectre des ultrasons, le chien peut percevoir des sons jusqu'à 40 kHz[271], la chauve-souris, 120 kHz et le dauphin, 200 kHz. Les éléphants, quant à eux, perçoivent les infrasons : ils entendent les fréquences inférieures à 10 Hz.

Le rythme arachnoïde

Un des insectes les plus mal aimés, l'araignée, forme avec sa toile une sorte d'oreille très perfectionnée : l'araignée elle-même est une « oreille » et la toile constitue un détecteur de vibrations ultra-sensible. L'araignée connectée avec elle forme une sorte de microphone biologique très dynamique. L'« organe » auditif de l'araignée est un vaste réseau qui englobe la toile et parfois la caisse de résonance formée par des végétaux autour, ainsi que le corps de l'insecte lui-même. Ce dernier, très velu, est tapissé de poils et de fentes qui joueraient le même rôle que les cils vibratiles présents dans notre oreille interne : ils sont des détecteurs de vibrations, en particulier les poils les plus fins appelés tricobothries, sensibles au moindre

---

271. 40 kHz équivalent à 40 000 Hz.

courant d'air. Les fentes, quant à elles, sont minuscules (quelques micromètres) et majoritairement situées sur les pattes et l'abdomen de l'insecte. Elles génèrent un courant électrique lorsqu'elles sont déformées par leur mise en vibration. Ces fentes sont parfois concentrées en zones distinctes appelées organes lyriformes et peuvent détecter des fréquences situées entre 0,01 Hz et 1 000 Hz.

L'écoute de l'araignée, polarisée sur le piégeage, sur la nourriture et sur la reproduction, est très sélective. Elle ne réagit pas à la vibration d'une proie non consommable ni à celle produite, par exemple, par un diapason. Certaines espèces d'araignées produisent même des vibrations en jouant du tambour avec leurs pattes sur les végétaux qui les transmettent. Ainsi, après avoir repéré une femelle grâce à la soie que cette dernière laisse comme un fil d'Ariane dans ses déplacements, le mâle de l'espèce équatoriale *Cupiennius salei* tambourine la feuille d'un végétal avec ses pattes et son abdomen. La femelle dans les parages y répond et un dialogue s'installe... La même chose se passe aussi chez d'autres espèces arachnoïdes, dans l'espace de la toile cette fois. Chaque espèce a son type de fréquences et de vibrations. Elles se différencient par les cellules rythmiques générées par leur tambourinage.

Certaines espèces d'araignées sont même capables d'imiter la vibration produite par une petite proie consommable et se servent de cette capacité pour conquérir des toiles étrangères afin d'en dévorer leurs propriétaires, puis de squatter leur habitat. Un mâle qui souhaite conquérir sa belle va initier une panoplie de « grattouillages » aussi variés qu'ingénieux : il pince, frappe, étire ou tambourine le fil de la toile de sa promise avec toutes sortes de secousses, de pincements et de grattages. L'ange créateur de l'araignée était-il luthiste ou guitariste... ? Chose certaine, il connaissait, semble-t-il, l'art et la physique des cordes pincées... et des tambours ! L'étude des rythmes arachnoïdes ou « chants » d'araignées recèle une si grande variété que les spécialistes la comparent à celle des chants d'oiseaux.

Le cri de la chenille

La petite chenille *Drepana arcuata* a été observée par des chercheurs canadiens. Pour défendre son territoire, elle produit des bruits de martèlement et de tambourinage tout à fait audibles et assez efficaces pour faire déguerpir un intrus comme une congénère qui vient partager son repas sans y être invitée. C'est Jayne Yack, de l'université Carleton à Ottawa, au Canada, qui a fait cette découverte surprenante. Comme les araignées, les chenilles communiquent par vibrations. Les sons de la chenille sont produits par frottage et par martelage de leurs mâchoires sur les rainures et la surface des feuilles qui leur servent de déjeuner et résonnent comme la peau d'un tambour[272].

Le hareng qui « pète »

Des recherches menées au sein du Bamfield Marine Sciences Centre de Vancouver[273] ont conduit à des observations surprenantes concernant des sons étranges et nocturnes émis par des harengs à partir de leur anus. Ces sortes de pets, sans rapport avec l'évacuation de gaz issus de la digestion, ressemblent à des bruits de percussion au rythme rapide. Les chercheurs ne comprennent pas encore exactement l'utilité de ces sons. Ils émettent l'hypothèse que les harengs produiraient ces vibrations afin de repérer d'autres congénères invisibles dans l'obscurité. Ils ont prouvé que la plupart des autres espèces de poissons ne peuvent percevoir ces fréquences-là. Ces sons pourraient permettre à cette espèce de communiquer sans alerter leurs prédateurs. Ces émissions anales peuvent aussi servir à suivre ou à enregistrer ces espèces de la même manière qu'on le fait déjà pour les mammifères marins[274].

Les autres poissons

Des hypothèses sont émises au sujet des saumons qui peuvent percevoir des fréquences de 0,1 Hz. Pour Olav Sand de l'université d'Oslo en Norvège, les saumons pourraient reconnaître non seulement le goût de l'eau de la rivière qui les a vus naître, mais aussi le son. Chaque rivière a un son qui est caractéristique. Cette hypothèse pourrait être aussi formulée pour les anguilles qui, comme chacun sait, se reproduisent dans la mer des

---

272. http://www.radio-canada.ca/nouvelles/santeeducation/nouvelles/200109/18/002-chenille.asp. Recherche publiée dans la revue *PNAS : Proceedings of the National Academy of Sciences* : « Caterpillar Talk : Acoustically Mediated Territoriality in Larval Lepidoptera ». Pour lire un extrait de l'article http://www.pnas.org/cgi/content/abstract/191378898v1. Vidéos : *Caterpillar Talk : Supporting Movies* (http://www.pnas.org/cgi/content/full/191378898/DC1). La revue *PNAS* présente trois vidéos où on peut entendre aussi le son que font les chenilles : http://www.pnas.org/.

273. En Colombie-Britannique, Canada.

274. *New Scientist* : http://www.newscientist.com/news/news.jsp?id = ns99994343 et http://www.zoology.ubc.ca/ ~ bwilson/herring.html.

Sargasses, après avoir grandi de longues années dans les rivières et les lacs. On utilise d'ailleurs la sensibilité acoustique de ces espèces pour créer des barrages d'ondes sonores dans les ouvrages hydroélectriques afin qu'elles évitent de s'introduire dans les turbines et qu'elles passent par les canaux de dérivation spécialement aménagés.

L'acoustique baleinière

En 1950, pendant la guerre froide, la marine américaine a mis au point un système d'écoute secrète de l'océan très perfectionné appelé SOSUS (*SOund SUrveillance System:* système de surveillance sonore). Le but de ce réseau d'écoute était de disposer des hydrophones (microphones aquatiques) à différents endroits stratégiques afin de détecter les sous-marins et les vaisseaux de surface soviétiques, grâce à leur signature acoustique : chaque engin génère des sons caractéristiques dans des plages de fréquences inférieures à 1 000 Hz.

Ce programme, qui a coûté 15 milliards de dollars américains en 40 ans, a été stoppé en 1991. Depuis 1993, des scientifiques du programme de recherche bioacoustique de l'université Cornell à Ithaca, dans l'État de New York, aux États-Unis[275], ont pu accéder au réseau afin d'étudier les baleines. Leur repérage acoustique obéit aux mêmes critères que celui des sous-marins et la technologie mise à la disposition des scientifiques a permis d'étudier et de reconnaître leur signature. Le système d'écoute de l'armée a permis de repérer en outre les chants des baleines caractérisés, eux aussi, par les basses fréquences. Avec l'aide d'experts de la marine, les scientifiques ont pu écouter en un après-midi un grand nombre de baleines bleues, de baleines à bosses et autres cétacés. Le chant de la baleine bleue peut être perçu grâce à SOSUS à une distance de 3000 km, les baleines à bosses à une distance de 400 km et d'autres animaux, à une distance de 200 km.

Plus les sons sont émis en profondeur, plus ils voyagent loin. Proche de la source, leur intensité peut atteindre 160 décibels, ce qui correspond à un son aérien de 100 dB, comparable au meuglement d'une vache par exemple. Les fréquences utilisées par ces animaux marins sont extrêmement graves ; d'ailleurs, plus un son l'est, moins il est atténué par le milieu. L'utilité de ce type de sons : la communication et le repérage, l'orienta-

275. *Cornell Bioacoustics Research Program* – BRP.

tion (par système de sonar[276]) et la chasse. Les baleines utilisent une plage de fréquences située entre 16 et 40 Hz. Le registre des dauphins est plus aigu : il se situe entre 40 Hz et 170 000 Hz, car ils émettent des ultrasons (chez l'être humain, la plage vocale est située entre 80 et 1550 Hz). Ils utilisent les ultrasons comme le font les chauves-souris, et leur système d'écholocation est dix fois plus sensible que celui utilisé en imagerie médicale.

Cet appareillage est depuis lors un outil essentiel du National Marine Mammals Laboratory (Laboratoire national des mammifères marins). Il est employé aussi pour l'écoute séismique sous-marine, et combiné à des générateurs sonores, le système permet d'étudier la température des océans en cartographiant leur température en trois dimensions à l'aide des sons, car ils voyagent plus vite si l'eau est plus chaude. Ce projet appelé ATOC (*Acoustic Thermometry of Ocean Climate*, ou thermométrie acoustique du climat océanique) peut mesurer des variations de températures allant jusqu'à 0,01 degré Celsius. Le son émis par une machine appelée *bathythermographone* est diffusé à partir de puissants haut-parleurs sous-marins, à une intensité de 209 dB. Les chercheurs mesurent la vitesse de propagation et l'amortissement du son grâce au système SOSUS. Ainsi, un son émis à 209 dB a été perçu 1 000 km plus loin à une intensité de 109 dB, ce qui correspond à une intensité aérienne de 60 décibels environ, soit le bruit d'une conversation normale.

D'autres scientifiques s'interrogent sur la pertinence de tels tests et redoutent l'influence négative qu'aurait cette pollution acoustique sur la vie sous-marine. Ils connaissent déjà les effets néfastes des manœuvres militaires sur la vie des cétacés. Les sons et les vibrations générés à ces occasions à l'aide des puissants émetteurs sonars, ainsi que les explosions sous-marines, peuvent perturber les repères acoustiques des baleines, dauphins et autres marsouins, ce qui pourrait expliquer leurs échouages mystérieux, appelés communément « suicides de baleines », le plus souvent synchronisés avec des manœuvres navales.

276. Un sonar (acronyme de *SOund NAvigation and Ranging*) est un appareil utilisant les propriétés particulières de la propagation du son dans l'eau pour détecter et situer les objets sous l'eau (source : Wikipédia).

Par exemple, en 2002, une équipe de chercheurs anglo-espagnole[277] a autopsié des baleines retrouvées mortes sur une plage des îles Canaries. Selon eux, elles ont été victimes de la « maladie des caissons ». Cet échouage aurait été synchronisé avec des manœuvres militaires utilisant des sonars dans cette zone de l'océan Atlantique.

Une autopsie de dix des baleines à bec parmi la douzaine échouées démontre que ces mammifères avaient tous des symptômes d'accident de décompression, notamment de vastes congestions vasculaires et des hémorragies dans les organes vitaux. La brusque décompression provoquée par des remontées trop rapides occasionnent des bulles de gaz mortelles qui sont observées aussi chez les plongeurs qui ne respectent pas les règles de remontée progressive par paliers. Parce que tout ce qui est lié aux militaires est un sujet sensible, les chercheurs n'ont pas le pouvoir d'empêcher les manœuvres d'entraînement même si, pour eux, il est hors de tout doute que les émissions d'ondes en provenance des sonars militaires sont à l'origine de barotraumatismes cétacés[278].

Notons en outre que la vie sous-marine est soumise en permanence à différents événements acoustiques d'origine géologique ou météorologique dont l'intensité est comparable à la pollution acoustique d'origine humaine et n'affectent pas la vie sous-marine. La marine américaine a enregistré, à l'aide de son système de surveillance sous-marine, de nombreux exemples de baleines continuant leurs activités vocales sans aucun changement, malgré des séismes sous-marins ou des éruptions volcaniques qui produisent des sons beaucoup plus puissants que ceux ayant une source humaine. Il existe sûrement une différence expliquant ces morts subites et il serait aussi possible d'émettre d'autres hypothèses pour les expliquer.

Les éléphants sismographes

Vénéré par les bouddhistes, l'éléphant est un animal qui recèle une très grande sensibilité aux vibrations et il a une grande capacité à en générer. Étonnant de la part d'un animal qui a l'air si pataud ! En fait, pas si pataud

277. Source : Radio-Canada, le 10 octobre 2003 : http://www.radio-canada.ca/nouvelles/Santeeducation/nouvelles/200310/10/001-cetace-sonar.shtml.

278. Les résultats de cette étude sont publiés dans la revue *Nature :* « Scientists Split Over Regulations on Sonar Use : Fresh Evidence Suggests Man-Made Noise Can Harm Marine Mammals », par Rex Dalton, le 9 octobre 2003.

que cela... car cet animal est plein de raffinement. De récentes recherches ont permis aux scientifiques de mieux comprendre les modes de communication si particuliers de cette espèce. D'ailleurs, les expériences faites auprès de ces animaux montrent des capacités acoustiques évoquant celles des baleines.

Si les baleines peuvent émettre en milieu marin des infrasons d'une intensité de 180 décibels, la production infrasonique des éléphants a déjà été enregistrée à une intensité de 117 décibels, ce qui correspond à peu près à la même intensité en données corrigées, puisque les sons se comportent différemment dans l'air et dans l'eau. Des chercheurs ont enregistré des infrasons de 15 Hz à cette amplitude, à 1 m de la trompe[279].

Dans son livre *Silent Thunder* paru en 1998, la chercheure Cathy Payne[280] fait état de ses recherches sur les éléphants, qui ont commencé en 1984. Cette année-là, elle a découvert qu'ils utilisaient les infrasons pour communiquer jusqu'à une distance de plus de 3 km. Ses premières recherches ont été entreprises au zoo de Portland dans l'État d'Oregon, aux États-Unis, en compagnie d'autres chercheurs dont William Langbauer. Puis, elle est partie au Kenya, en Namibie et au Zimbabwe et a mené d'autres études, entourée de plusieurs collègues. Les observations faites sur le terrain lui ont permis de conclure que les éléphants communiquent à plus grande distance encore grâce à leur capacité d'émettre et de percevoir des sons très graves, inaudibles pour les humains.

De son côté, William Langbauer, chercheur et spécialiste des éléphants au zoo de Pittsburgh, aux États-Unis, a réalisé lui aussi des expériences en Afrique. À l'aide d'un système adéquat, il a reproduit les infrasons préalablement enregistrés auprès d'une femelle en œstrus et a assisté à un rassemblement de tous les mâles présents dans un rayon de 6 km. Cette capacité à générer de tels sons a permis enfin d'expliquer comment les femelles pouvaient être fécondées, même isolées dans la savane africaine, ce qui est souvent le cas[281]... Avant ces expériences, la reproduction de l'éléphant restait mystérieuse et l'on n'expliquait pas non plus

279. Une intensité égale à celle d'un marteau-piqueur à 1m, à la différence qu'un son de 15 Hz est silencieux car il échappe à notre spectre auditif.

280. Laboratoire de bioacoustique de l'université Cornell à Ithaca, dans l'État de New York.

281. L'ovulation de l'éléphante ne dure qu'environ quatre jours, une fois tous les deux ou trois ans.

comment des hordes dispersées sur un grand territoire parvenaient à se rejoindre de manière synchronisée près d'une source de nourriture.

La chercheure O'Connell-Rodwell a, quant à elle, déterminé que les appels aériens caractéristiques de la femelle pouvaient être accompagnés simultanément de signaux telluriques longue distance, c'est-à-dire transmis sur le mode sismique. Les éléphants communiquent entre eux en martelant le sol avec les pieds, provoquant des vibrations perceptibles à plus de 30 km de distance (selon la nature du sol), pour avertir apparemment leurs congénères d'un éventuel danger. Ils utilisent tout autant la voie aérienne pour transmettre les sons et il est maintenant prouvé que leurs appels s'intensifient une heure avant le coucher du soleil, lorsque l'air chaud concentré à basse altitude réfléchit les basses fréquences émises par les pachydermes. Un autre casse-tête pour ceux qui croient encore à la théorie de l'évolution !

Des études ont été menées à la fois dans des zoos américains et sur le terrain en Afrique, en particulier en Namibie, dans le parc national d'Etosha. L'expertise mise au point a permis aux chercheurs de contrôler aussi le nombre et la variété d'animaux fréquentant, par exemple, des points d'eau. Chaque animal est caractérisé par une signature acoustique due à son pas, ce qui différencie aisément un éléphant d'un rhinocéros ou d'une girafe, uniquement par la vibration transmise au sol et enregistrée à l'aide de géophones[282] que l'on enterre dans le sol. Ces techniques d'écoute ont été d'abord créées par les militaires pour détecter de manière sismique la présence de tanks ou autres véhicules lourds. Elles sont maintenant utilisées pour détecter les braconniers chasseurs d'éléphants par exemple. Ces recherches adaptées aux éléphants sont à la frontière de la géophysique, de la neurophysiologie et de l'écologie.

La sensibilité de l'éléphant aux infrasons s'explique par son audition qui inclut certains appendices externes très vibratiles. Il s'agit de sa trompe qui lui sert à faire beaucoup de choses et à ressentir les vibrations. Cet organe est équipé de deux sortes de nerfs dont les terminaisons sont sensibles à la pression : les corpuscules de Meissner pour les vibrations in-

282. Équivalent terrestre de l'hydrophone, le géophone est un petit micro bon marché permettant de mesurer les mouvements du sol. Cet instrument est utilisé ordinairement pour l'exploration minière ou pétrolière, ou pour écouter les tremblements de terre.

frasoniques et les corpuscules de Pacinian pour les sons légèrement plus aigus.

Des terminaisons nerveuses semblables (corpuscules de Pacinian) ont été découvertes en grand nombre aux extrémités des pattes, ce qui constitue une bonne source d'explication de la sensibilité tellurique des éléphants qui peuvent ainsi détecter des signaux sismiques par simple contact avec le sol.

Lorsqu'un éléphant perçoit une vibration ou un son inhabituel, il se fige et se concentre sur l'écoute, comme le font d'ailleurs la plupart des espèces animales. Il suffit d'observer un chat ou un chien pour s'en convaincre. L'éléphant, lui, ne dresse pas les oreilles, mais il reste figé en contact avec le sol et il écoute... avec ses pieds.

Cette sensibilité particulière a été très médiatisée en décembre 2004, lors du tsunami qui a ravagé les rives de l'océan Indien. Plusieurs éléphants de Thaïlande ou du Sri Lanka ont ressenti les vibrations, signes avant-coureurs de la catastrophe, et leurs cornacs ne pouvaient plus se faire obéir. Ils ont réussi à sauver aussi des touristes par leur comportement, en changeant la direction de leur promenade. Dans le cas d'animaux sauvages, ils ont fui dans les hauteurs avant l'arrivée de la vague. D'autres ont brisé leurs chaînes et se sont enfuis également...

Le vent, les tornades, les fleuves et les rivières, les chutes d'eau, les éruptions volcaniques, le tonnerre, les tremblements de terre et les raz de marée génèrent des ondes de basse fréquence. Un tsunami est précédé d'une onde, sorte de signature vibratoire qui parcourt le sol avant l'arrivée de la vague elle-même. Le son se propage environ à 340 m par seconde dans l'air (à une température d'environ 20 degrés Celsius), à environ 1 500 m par seconde dans l'eau et le double dans la terre. En fait, plus le milieu est dense, plus il est conducteur de l'onde sonore. En décembre 2004, la secousse sismique a eu une amplitude de plus de 9 sur l'échelle de Richter. Cette secousse, à l'origine de la vague, a généré des infrasons. De simples calculs permettent de voir que ce genre d'onde sismique voyage à une vitesse comprise entre 5000 et 10 000 km/h ; la vague, elle, a voyagé à 800 km/h. Donc, le son a voyagé dans le plancher océanique environ huit à dix fois plus vite... On parle bien de signes avant-coureurs et des animaux sensibles aux infrasons qui sont capables de les détecter.

Après la catastrophe, Hervé Fritz, chercheur en écologie et comportement animal au CNRS[283] (France), a expliqué aux journalistes que :

> Dans tout ce qui est vibratoire, secousses telluriques ou ondes sonores, les animaux ont des aptitudes que nous n'avons pas [...].

Non seulement les animaux ont des capacités de détection ultra-fines, mais ils ont aussi des codes d'avertissement de danger immédiat et l'information passe vite.

Les éléphants vrombisseurs et gazouilleurs

D'autres recherches récentes faites par des scientifiques de l'université de Vienne en Autriche ont mis en évidence un autre talent pachydermique : celui de savoir reproduire des sons, en imitant d'autres bruits, comme le font par exemple certaines espèces d'oiseaux ou de baleines. Ils ont observé qu'une éléphante adolescente émettait des cris ressemblant aux bruits des camions qui passaient le long de la route longeant la réserve kenyane où elle séjournait. Le cas d'un autre imitateur a été répertorié : celui d'un éléphant d'Afrique qui a appris à parler la langue des éléphants d'Asie, un gazouillement caractéristique, à la suite d'un « séjour linguistique » de 18 ans dans le zoo de Bâle en Suisse où il avait pour compagnes des éléphantes extrême-orientales. Or, les éléphants d'Afrique barrissent et ceux d'Asie gazouillent[284]...

Ce voyage terrestre nous a permis de faire un petit inventaire des différentes sources musicales caractérisant notre planète, en particulier des qualités acoustiques de certaines espèces terrestres ou aquatiques. Après avoir évoqué ces différentes « musiques de terre » englobant l'atmosphère,

---

283. CNRS : Centre national de recherche scientifique, équivalant à l'INRS québécois (Institut national de recherche scientifique).

284. Source : http://www.radio-canada.ca/nouvelles/santeeducation/nouvelles/200503/23/003-elephants-sons.shtml. Autres références :
- *The Elephants of Africa* : http://www.pbs.org/wnet/nature/elephants/.
- *Nature* 434, 455-456 (24 mars 2005).
- *Animal Behaviour : Elephants Are Capable of Vocal Learning*, Joyce H. Polle, Peter L. Tyack, Angela S. Stoeger-Horwath et Stephanie Watwood, *Elephant Voices*, Amboseli Trust for Elephants, P.O. Box 15135, Langata 00509, Nairobi, Kenya, Biology Department, Woods Hole Oceanographic Institution, Woods Hole, Massachusetts 02543, USA, Institute of Zoology, University of Vienna, 1090 Vienna, austriaptyack@whoi.edu.

les océans et les continents, tournons maintenant nos oreilles vers le cosmos et partons vers les étoiles afin d'« écouter l'Univers[285] ».

285. Titre du dernier livre écrit par le Dr Alfred Tomatis (Robert Laffont, Paris, 1999).

15

Musiques d'infini : la sonorité des mondes

Ce sourd entendait l'infini.

Victor Hugo (au sujet de Beethoven)

Pythagore disait que les lois qui régissent les sons sont les mêmes que celles qui gouvernent les mondes. À la lumière de ce que nous venons d'évoquer dans les chapitres précédents, voyons maintenant comment la loi pythagoricienne peut s'appliquer à notre environnement cosmique et quelles peuvent être ces musiques des mondes.

Le « grand-boumisme »

En sous-titre de son dernier livre, *Écouter l'Univers*, le Dr Alfred Tomatis écrit : « Du Big Bang à Mozart. » L'éditeur ajoute :

> Et si l'Univers n'était qu'un son ? Au commencement du monde, il y aurait eu un Big Bang, une formidable explosion sonore. La métaphore du son unique, créateur de toutes choses, n'est pas nouvelle. Ce qui est original, dans la démarche d'Alfred Tomatis, c'est qu'il en explore toutes les conséquences sur l'évolution de l'Univers. Non seulement le son est à l'origine du cosmos, mais il anime tout ce qui est. L'homme lui-même devient, dans cette perspective, l'écho de

l'Univers. C'est ainsi qu'Alfred Tomatis nous invite à comprendre la structure du vivant comme on écoute une symphonie fantastique[286].

Ces affirmations sont intéressantes par le fait qu'elles représentent un courant très répandu au sujet de croyances concernant les sons et l'Univers. L'Univers n'est-il un « qu'un son » ? Nous allons prendre soin de répondre soigneusement à cette question dans les lignes qui suivent.

Que l'« être humain soit l'écho du cosmos », nous le concevons aisément. Quant au « son à l'origine du cosmos » et du « son créateur », nous avons déjà répondu à ce mythe. Comme nous l'avons dit dans le chapitre 7, nous redisons ici que le son n'est pas à l'origine de l'Univers car, selon nous, ce dernier n'en a aucun. Nous disons que l'Univers est à l'origine du son. Donc, « Univers » et « son » sont corrélés de toute éternité et on ne peut les séparer. Nous considérons que le cosmos *est* son, sans début ni fin[287], et que le son *est* Univers. Nous allons évoquer dans ce chapitre la sonorité *des* mondes, car pour nous, les Univers sont multiples et infinis. Ils se répètent sans cesse, formant une symphonie cosmique incommensurable.

L'Univers stationnaire de Fred Hoyle[288]

À la fin des années 1940, Fred Hoyle statuait avec deux autres collègues que l'Univers était éternel et en état de création continue : c'est la théorie de l'Univers stationnaire. C'est lui qui lâcha l'expression « Big Bang » pour ridiculiser les théories expansionnistes de l'Univers (toujours en vogue aujourd'hui), lors d'une émission radio faite à la BBC en 1950[289]. Même si la théorie de l'Univers stationnaire a été « abandonnée » (peut-être provisoirement[290]), elle nous intéresse. Notons au passage que pour Arno Allan Penzias et Robert Woodrow Wilson, qui ont reçu le prix Nobel de physique en 1978 pour leur découverte du fond diffus cosmologique, apportant soi-disant ainsi la « preuve décisive » du Grand Boum,

---

286. Dr Alfred Tomatis, *Écouter l'univers, op. cit.*

287. Voir le chapitre 7.

288. Cosmologiste britannique (1915-2001), principal détracteur de la théorie du Big Bang.

289. BBC, *The Nature of Things* (1950) était le titre d'une série d'émissions diffusées à la radio londonienne.

290. Pensons, par exemple, à la théorie de la dérive des continents de Wegener, qui a été longtemps ridiculisée avant d'être finalement adoptée.

la théorie de l'état stationnaire reste valable. Robert Woodrow Wilson a déclaré notamment ne pas avoir de certitude de la pertinence de l'interprétation cosmologique de leur découverte[291].

La théorie de l'état stationnaire de l'Univers en perpétuelle régénération va dans le sens d'une musique éternelle, en création continue, conforme à la vision pythagoricienne. Nous verrons dans le chapitre suivant comment certains compositeurs ont appliqué cela à leur art.

David Bohm[292] : l'Univers est vivant

Pour David Bohm, astrophysicien et philosophe aux théories cosmiques non conformistes, donc controversées, l'Univers est une structure holographique illusoire, traversée par une infinité d'ondes, où tout est relié dans un flux permanent de transformations en perpétuel mouvement.

Il rejetait la notion de particule élémentaire et de fragmentation de l'Univers, dont il avait une vision unifiée. David Bohm disait :

> Tout est dans tout. Quand nous percevons un son, [...] nos organes sensoriels sont confrontés à tout l'Univers...

... qu'il qualifiait d'indéfinissable et d'immesurable[293]. Pythagore ne le contredirait pas.

D'une certaine façon, l'apparent désordre cosmique est organisé à tous les niveaux. Il semble composé de structures analogues à différentes échelles, successivement emboîtées les unes dans les autres comme des poupées russes : amas galactiques, superamas, nuages galactiques, etc.

L'Univers sans fin de Neil Turok[294]

L'Univers sans fin, au-delà du Grand Boum est le titre du livre de Neil Turok, physicien et mathématicien de l'université de Cambridge, paru en mai 2007, dans lequel il expose ses conceptions au sujet de l'Univers[295].

---

291. Robert Woodrow Wilson, « *Discovery of the Cosmic Microwave Background* », dans *Modern Cosmology in Retrospect*, B. Bertotti, *et al.*, Cambridge University Press, 1990, p. 291-307.
292. 1917-1992.
293. David Bohm, *La plénitude de l'Univers*, Éditions Le Rocher, 1987.
294. http://www.wired.com/science/discoveries/news/2008/02/qa_turok.
295. Neil Turok, *Endless Universe Beyond the Big Bang*, Doubleday Publishing, 2007.

Il conteste l'idée d'un Grand Boum unique, tel que théorisé par la plupart des scientifiques aujourd'hui. Rappelons que le Big Bang est une théorie, non un fait. Il n'a jamais été prouvé.

Neil Turok a émis l'hypothèse que l'Univers serait plutôt soumis à un cycle éternel d'expansion et de contraction. Pour lui, le Big Bang a existé. Il était *big*, mais pas unique et loin s'en faut. Il y a eu beaucoup d'autres *bangs*, des grands, des moyens et des petits, et il y en aura d'autres encore. Ses théories sont prises très au sérieux par ses pairs. Pour lui, l'Univers n'a pas eu de commencement et n'aura pas de fin. L'Église catholique n'aime pas cette théorie, est-ce là une surprise? Heureusement, ils ne peuvent pas condamner Neil Turok au bûcher, comme ils l'ont fait il y a 410 ans pour Giordano Bruno.

L'Univers fractal et l'Univers électrique

Les chercheurs les plus avancés théorisent que l'Univers apparaît comme fractal, cyclique et autorégénéré, impliquant qu'il soit éternel et infini[296]. D'autres théoriciens de l'astrophysique nous présenteront peut-être un jour une conception d'un Univers sans début ni fin, infini dans le temps et l'espace; c'est le cas du Pr Shu.

En juillet 2010, le *Technology Review* du MIT publie un article: *Big Bang Abandoned in New Model of the Universe* (Le Big Bang abandonné au profit d'un nouveau modèle d'Univers).

La nouvelle cosmogonie de Wun-Yi Shu (université de Taiwan, National Tsing Hua University, Institut des statistiques), qualifiée de «fascinante», explique avec succès l'expansion accélérée de l'Univers, sans énergie sombre, cette forme d'énergie «inventée» par les astrophysiciens qui constituerait 70 % de l'énergie totale de l'Univers, dont personne ne sait ce qu'elle est exactement ni si elle existe vraiment. Selon le Pr Shu, il n'y aurait seulement qu'un Univers sans commencement ni fin, sans Big Bang (ni «écho du Big Bang» que les astrophysiciens appellent abusivement «rayonnement fossile») ni *Big Crunch* (phénomène inverse du Big Bang impliquant la disparition de l'Univers), mais simplement un uni-

---

296. *The Universe Appears To Be Fractal, Cyclic and Self-Regenerating. Implied Is That It Is Eternal and Infinite*: http://www.fractaluniverse.org/ et http://www.fractaluniverse.eclipse.co.uk/electrofractaluniversewebversion.pdf.

vers animé par des phases d'accélération et de décélération, une sorte de respiration à l'échelle de l'infiniment grand[297].

Nous sommes composés de cellules, de molécules et d'atomes qui sont autant d'objets vibrants. Ces atomes sont composés de particules. Ces dernières sont-elles des Univers ? La science s'interroge. Y a-t-il de la vie intelligente dans cet infiniment petit qui nous compose, lui-même composé d'infiniment petit ? Cette réflexion permet de nous poser la question de la pertinence des super collisionneurs de particules qui peuvent potentiellement détruire les structures infiniment petites des protons afin de les comprendre, alors que de la vie intelligente y serait présente. Le *Large Hadron Collider*[298] au CERN de Genève, en Suisse, a les capacités techniques de descendre à de dangereuses profondeurs.

Si nous partons vers l'infiniment grand, un peu comme le très beau montage des puissances de dix[299] le montre, où le spectateur voyage entre l'infiniment grand et l'infiniment petit, nous pouvons visualiser la Terre et le système solaire vibrer au sein d'une galaxie qui tourne sur elle-même. L'infinité de l'espace nous amène à une autre réflexion au sujet de l'infinité du temps.

De l'infinité du temps et de sa nature cyclique

Qu'est-ce que le temps ? Pour nous, le temps n'existe pas ou s'il existe, il est l'expression du mouvement, de la vibration cyclique, permanente et multidimensionnelle de l'Univers. Ce n'est pas le temps qui passe, c'est juste nous qui passons dans le temps. Et au passage justement, des astrophysiciens ont aussi revu tout récemment notre vitesse de rotation par rapport au centre de la Voie lactée : Mark Reid et ses confrères scientifiques du centre d'astrophysique du Harvard Smithsonian[300] ont pu, grâce à des mesures de haute précision, corriger les anciennes données de vitesse de rotation galactique en les relevant à la hausse. Nous tournons donc à 965 600 km/h ! Ça, c'est sans compter la vitesse de rotation de la Terre sur elle-même et autour du Soleil ainsi que la rotation du système solaire sur lui-même, en sachant que toutes ces vitesses de rotation s'ajoutent les unes aux autres. Notre galaxie tourne aussi autour d'un autre

297. http://www.technologyreview.com/blog/arxiv/25492/.
298. http://public.web.cern.ch/public/fr/LHC/LHC-fr.html.
299. http://www.puissance-de-dix-power-of-ten sur YouTube.
300. http://www.ledevoir.com/2009/01/07/226093.html.

objet céleste, accompagnée de ses sœurs cosmiques... En résumé, nous tournons à une vitesse infinie, dans un Univers infini ou supposé tel par les adeptes de l'Univers fractal. Combien de temps dure la moitié de l'éternité ?...

Notre galaxie est composante d'un amas de galaxies avec ses voisines, puis un super amas, et après ? Cela continue-t-il pour former « finalement » un univers-particule composant un atome ? Tout vibre en nous et tout vibre autour de nous. Pythagore avait raison : nous composons une musique des sphères éternelle et infinie.

L'Univers a-t-il « un » son ?

Le compositeur et guitariste franco-canadien Jean-Philippe Fontanille, passionné de mathématique et de science, s'est intéressé aux données en provenance de l'ESA concernant le bruit de fond de l'Univers, appelé abusivement « rayonnement fossile ». Ces dernières indiqueraient que l'Univers aurait un bruit et qu'on le mesure avec un pic significatif à la fréquence de 280 GHz. En divisant cette fréquence 26 fois par 2 et descendant d'autant d'octaves, Jean-Philippe Fontanille est arrivé à la valeur de 4 186 Hz, soit la 88ᵉ et dernière note du piano, un do aigu[301].

Nous ajoutons qu'il est intéressant d'écouter l'Univers, mais que nous émettons l'hypothèse contradictoire que l'Univers étant selon nous infini, il ne peut pas avoir de note particulière, primordiale, mais une infinité, et que si l'ESA en mesure une, avec un pic spécifique, ce n'est qu'illusoire puisque l'Univers aurait alors une infinité d'autres pics, à des fréquences d'une infinie variation. Il serait alors plus juste de dire que cette note, do, serait la note de « notre coin » d'Univers ou de notre niveau d'Univers et que d'autres notes caractériseraient d'autres « coins » ou d'autres niveaux. Ajoutons également que la fréquence détectée ou théorisée de 280 milliards de Hertz est approximative et pourrait correspondre à d'autres notes, une fois rendus à des octaves plus basses[302].

---

301. *Science & Vie*, nᵒ 980, mai 1999, p. 24.

302. L'attribution de fréquences pour des notes spécifiques est une pure convention. De plus, la variation de quelques unités de milliards de Hertz au niveau de la mesure de cette fréquence théorisée peut, à cette échelle, faire changer la note obtenue 26 octaves plus bas.

En effet, d'autres mesures donnent un pic fréquentiel à 160,4 GHz, ou encore situé entre 0,3 GHz et 630 GHz. D'autres encore parlent de 100 GHz. C'est dire si ces mesures peuvent être contradictoires elles aussi et variables au gré des mesures qui sont faites par nos astrophysiciens. Elles peuvent être aussi la résultante d'oscillations naturelles de l'Univers.

Dans le ciel, les cartes du rayonnement thermique universel montrent des fluctuations, tantôt fortes et tantôt faibles, un peu comme les harmoniques fortes et faibles d'un battement de tambour. Les ampleurs des fluctuations répondent en majorité à ce qu'on attend. Toutefois, aux plus grandes échelles, comme le bruit sourd des basses d'un chant, elles sont plus faibles que les prédictions. De prime abord, cette basse cosmologique contredit les théories prédominantes sur l'Univers primordial[303].

Le WMAP : le nouveau rap cosmique

Le fond diffus cosmologique est un bruit de fond en provenance de l'Univers, dont on perçoit le rayonnement électromagnétique grâce à des satellites[304] propulsés dans l'espace ou des sondes[305] envoyées dans la

303. *Futura-Sciences*, 30 novembre 2004, « La grande musique de l'Univers : rayonnement fossile et Big Bang », CERN http://www.futura-sciences.com/fr/sinformer/actualites/news/t/astronomie/d/la-grande-musique-de-lunivers-rayonnement-fossile-et-big-bang_4857/.

304. Après COBE (Cosmic Background Explorer, NASA, 1989), le satellite WMAP (Wilkinson Microwave Anisotropy Probe, NASA) a été lancé en 2001. Puis est venu le satellite Planck (ESA) lancé en mai 2009, avec un télescope conçu pour étudier les infimes variations de température (ou d'intensité) du fond diffus cosmologique qui rayonne dans le domaine micro-ondes.

305. Le BOOMERanG (acronyme de *Balloon Observations of Millimetric Extragalactic Radiation and Geophysics*) est un ballon stratosphérique d'observation américain transportant un télescope de 1,2 m de diamètre qui a observé en 1998, dans la haute atmosphère, le fond diffus cosmologique. Après un vol de test réalisé sur le territoire américain, des vols scientifiques ont été effectués depuis l'Antarctique (source : Wikipédia).

haute atmosphère. Ce rayonnement frappe la Terre de façon presque uniformément dans toutes les directions. Les scientifiques pensent que ce rayonnement serait la note résultante (la résonance) du Grand Boum qui, selon eux, aurait eu lieu il y a environ 13 ou 15 milliards d'années.

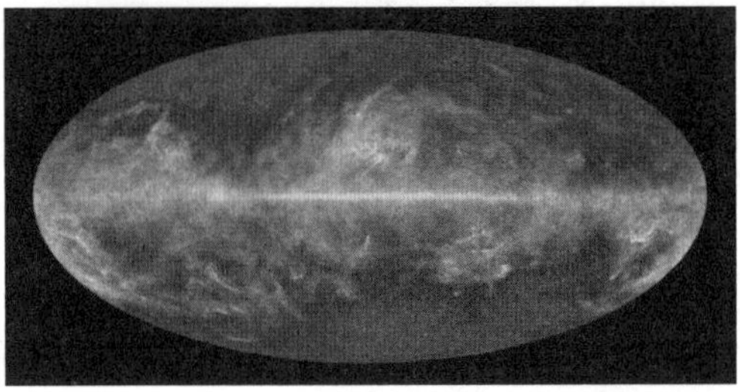

Image du fond diffus cosmologique (ESA).

Nous émettons plutôt une hypothèse sensiblement différente, comme nous l'avons exprimée précédemment, en proposant l'option d'un Univers infini en perpétuel changement, avec un son ou un bruit de fond résultant de la somme de toutes les vibrations que nous percevons à ce niveau d'Univers, en sachant qu'il y a une infinité d'autres niveaux, dans l'infiniment petit et dans l'infiniment grand, et donc une infinité d'autres bruits de fond. Des notions qui peuvent faire écho aux théories de David Bohm.

Sonde Wilkinson Microwave Anisotropy Probe (WMAP).
Cette sonde spatiale est une mission américaine lancée le 30 juin 2001. Elle est destinée à l'étude de l'anisotropie (le contraire de l'isotropie) du fond diffus cosmologique.

Les images obtenues grâce à la sonde cosmique WMAP[306] permettent aux astrophysiciens de cartographier les « vibrations de l'Univers » appelées fond diffus cosmologique, expression que nous préférons à celle de rayonnement fossile. Plusieurs articles ont été publiés depuis quelques années exposant ces découvertes, et les astrophysiciens deviennent des musicologues de l'Univers et s'expriment comme tels. Nous sommes toujours dans la musique des sphères de Pythagore...

Ainsi, un article « *Births Cry of the Cosmos Heard* » (Le cri de naissance de l'Univers a été entendu) publié en 2004 par la BBC[307] parle vraiment de la « musique du cosmos » même si, pour nous, l'Univers ne peut avoir eu de cri de naissance, expression renvoyant à l'idée du Grand Boum.

Dans cet article, il est question de Mark Whittle de l'Université de Virginie qui a analysé le fond diffus cosmologique. Il en a pris les données les plus récentes et a observé des ondulations montrant des variations subtiles dans la densité de la matière qui peuvent, selon lui, être considérées comme des ondes sonores.

Ces vibrations cosmiques ont une longueur d'onde de 30 000 années-lumière et sont 55 octaves au-dessous des sons que les humains peuvent entendre. Mark Whittle décrit ces ondulations dans le rayonnement comme des ondes sonores qui rebondissent dans le cosmos. Il conclut en disant : « L'Univers est un instrument de musique [...][308]. » (Des sphères ?)

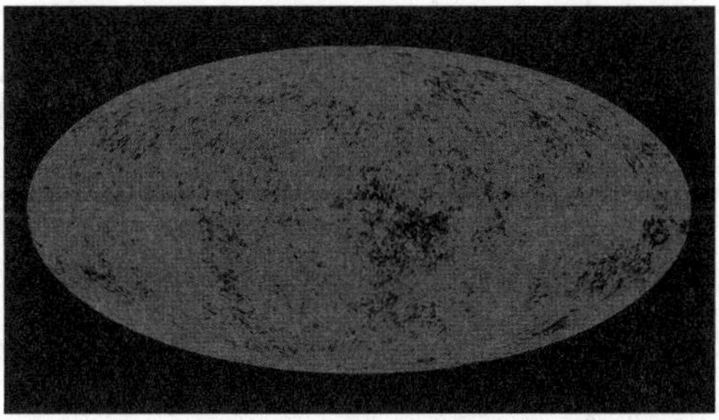

Carte de la sphère céleste montrant les fluctuations (ou anisotropies) du fond diffus cosmologique observées par le satellite WMAP (juin 2003)[309].

306. Wilkinson Microwave Anisotropy Probe : http://fr.Wikipédia.org/wiki/Wilkinson_Microwave_Anisotropy_Probe.

307. http://news.bbc.co.uk/2/hi/science/nature/3832711.stm.

308. http://news.bbc.co.uk/2/hi/science/nature/3832711.stm Traduction libre MedSon.

309. http://fr.Wikipédia.org/wiki/Fond_diffus_cosmologique.

L'effet BOOMERanG

Décidément la science se passionne pour la musique de l'Univers. En 1998 et en 2003, une équipe de scientifiques a eu l'idée du projet BOOMErang (Balloon Observations of Millimetric Extragalatic Radiation and Geophysics/Ballon d'observation pour les radiations extragalactiques millimétriques et pour la géophysique), qui a consisté à embarquer un télescope sur un ballon-sonde stratosphérique grâce auquel on a pu recueillir de précieuses données. Le télescope qui se trouve sur ces ballons-sondes stratosphériques permet de recueillir aussi de précieuses données. Après les avoir analysées, d'autres astrophysiciens déclarent [310]:

> [...] L'Univers est rempli d'ondes sonores [...], compressées comme à l'intérieur d'une flûte ou d'une trompette. [...] Pour la première fois, de nouvelles données montrent clairement les harmoniques de ces ondes.
>
> Paolo de Bernardis,
> professeur à l'Université de Rome, Italie[311].

> Tout comme la différence de spectre harmonique nous permet de différencier une flûte ou une trompette jouant sur la même note, la teneur du spectre harmonique imprimée dans le CMB[312] nous permet de comprendre la nature détaillée de la trompette de l'Univers.
>
> Barth Netterfield,
> Université de Toronto, Canada.

> Avec ces résultats de mesures scientifiques, nous savons avec certitude que la musique est là et que nous pouvons l'interpréter.
>
> John Ruhl,
> Université de Californie à Santa Barbara.

---

310. Astronomers Hear Music of Creation: http://news.bbc.co.uk/2/hi/science/nature/1304666.stm.

311. Paolo de Bernardis a été le responsable de la mission BOOMERanG, un ballon stratosphérique lancé depuis la base américaine de Mac Murdo, en Antarctique, qui a été le premier à offrir une cartographie à haute résolution des anisotropies du fond diffus cosmologique à la fin des années 1990. Cette mission est considérée comme la première à permettre une estimation précise de différents paramètres cosmologiques à l'aide du fond diffus cosmologique (source: Wikipédia).

312. CMB, ou *Cosmic Microwave Background* (en français, fond diffus cosmologique), le plus lointain rayonnement émanant de l'Univers observable (source: Wikipédia).

En utilisant une analogie avec la musique, nous pouvons dire quelle note est jouée, s'il s'agit d'un do ou d'un fa bémol. Maintenant, nous ne voyons pas juste une note, mais trois dans ces pics harmoniques et nous pouvons dire quel instrument les joue.

Andrew Lange,
California Institute of Technology, Pasadena.

Ce ne peut être plus clair : de par ces réflexions astrophysiques, nous pouvons constater que cette science devient « pythagoricienne ». Les astrophysiciens cités précédemment décrivent de manière troublante leurs découvertes et observations, en employant un vocabulaire largement emprunté au langage musical. Dire que le maître de Crotone décrivait le même concept il y a 2600 ans ! Découvrons maintenant comment, dans l'art et la musique en particulier, nous pourrions trouver matière à illustrer une démarche similaire.

16

Mathématique cosmique et musiques des sphères

Aimez-vous Bach? Peut-être sans le savoir, lorsque vous écoutez préludes, fugues ou cantates, vous écoutez en fait des morceaux d'Univers... Le principe de la *Fugue* est caractéristique d'une structure musicale dite en canon, avec un thème qui se répète et s'entremêle dans différentes tonalités, dans un style très particulier que le cantor de Leipzig a développé jusqu'à la quintessence. Ce style musical très ancien révèle une pensée universelle et peut se comparer généreusement à la géométrie fractale et donc lui attribuer une filiation pythagoricienne.

Ce type de géométrie se résumerait éventuellement par l'expression: «retrouver le petit dans le grand, grâce au fractionnement» (d'où fractale). Par exemple, prenez un chou-fleur et détachez-en branches, rameaux et bourgeons et vous constaterez facilement qu'à chaque étape de fractionnement, la même famille de formes se répète depuis la forme générale du légume jusqu'au bouton floral le plus petit, comme un thème, comme un leitmotiv: c'est comme une fugue de Bach légumineuse... Le compositeur révèle musicalement dans l'audible ce que vous constatez «légumineusement» dans le visible.

Sources, ruisseaux, rivières, fleuves et mers

La musique fractale de «Jean-Sébastien Rivière[313]» est une invitation à contempler la structure pythagoricienne et cyclique de l'Univers. Les thèmes et les volutes répétitives de ses fugues et canons nous transportent dans

313. Jean-Sébastien Bach («rivière» en allemand), 1685-1750.

quelque chose de grand, d'immensément grand et de cyclique à l'instar du cycle de l'eau observé sur notre planète : cette musique inspirée, s'il en est, nous paraît sans commencement ni fin. Bach révèle la sonorité et le rythme des mondes, et rend simplement audible pour un court instant, correspondant à la durée d'une œuvre, l'éternité cyclique du temps et des vibrations cosmiques de ce grand instrument infini, dont la Terre n'est qu'une particule. En fait, ses œuvres musicales ne commencent pas ni ne se terminent : elles sont infinies.

L'Univers sans commencement, ni né ni créé, comme le suggèrent les bouddhistes ou les anciens Grecs, est vibration éternelle et infinie. (Du moins, nous en exprimons l'hypothèse qui a l'avantage d'être beaucoup plus rassurante que celle d'un Grand Boum qui serait à l'origine de tout.) Le brouhaha éternel et cosmique serait organisé selon des lois d'harmonies que Pythagore a révélées comme la musique des sphères. Comme nous l'avons vu précédemment, ce concept a été repris plus tard par Johannes Kepler, surnommé le musicien du ciel. Il mérite d'être connu, ressenti et vécu.

Notre système solaire vibre par chacune de ses composantes, avec des mouvements intrinsèques, des dimensions, des vitesses de rotation du soleil et de toutes les planètes qui l'environnent. Les vitesses de rotation ralentissent à mesure que l'échelle de grandeur progresse : plus les structures sont gigantesques, plus elles paraissent immobiles. Cette musique céleste est perceptible également et peut se vérifier par l'étude des intervalles et des distances cosmiques qui répondent à des ratios mathématiques tels que nous les avons évoqués. Ces rapports d'harmonie qui suivent la loi de Fibonacci se trouvent dans la dynamique de forme de toutes les galaxies connues, et il se pourrait fort qu'ils caractérisent aussi les autres systèmes solaires inconnus. Cette hypothèse non vérifiable à l'échelle de l'infini pourrait être néanmoins étayée dans le futur, au moyen de l'étude statistique de l'Univers observable.

En sonologie (recherche et enseignement) et en sonothérapie ou Toucher par les sons® (application thérapeutique), nous abordons largement l'étude du pythagorisme avec, entre autres, la division harmonique de la corde vibrante et la pratique du chant des voyelles et du chant harmonique. Ressentir les sons, c'est aussi s'harmoniser avec l'Univers qui nous compose et que nous composons. Le ressenti de ces vibrations est également facilité par l'écoute méditative des bols tibétains et des diapasons qui sont autant d'outils faciles d'emploi et puissants dans leurs effets. Nous ajoutons à ces instruments ancestraux la senteur des arômes et la plus récente technologie lumineuse qui permet d'adjoindre de la couleur-lumière aux sons cosmiques.

La musique est un médium vibratoire qui nous permet de nous ouvrir à la notion d'infini, de nous en imprégner, de le ressentir et de prendre conscience de notre propre infinitude. La plupart des traditions spirituelles utilisent les sons musicaux pour se connecter à une forme de transcendance, et les neurosciences s'intéressent de près au pouvoir des sons et de la musique dans leur capacité à modeler le cerveau (neuroplasticité) et même de le réparer. Grâce à la musique, il est possible de transmettre dans l'humanité des vibrations positives et d'élever son niveau de conscience à des plans supérieurs, car la musique peut être une onde porteuse de la vibration d'amour.

Les artistes, s'ils sont inspirés, permettent à l'infini de s'exprimer à travers eux par les sons et par les vibrations. Un artiste inspiré a des qualités lui permettant d'être un messager de l'infini et de répandre sur Terre une spiritualité venue des étoiles :

Ma musique vient du ciel. Elle passe à travers mon corps et sort de mes doigts lorsque je compose.

Kitaro

La musique représente symboliquement l'essence de tout ce qui vibre, exprimé par la notion de « sphères » de Pythagore. Elle est une représentation de l'infini et elle entre en résonance avec la structure fractale de l'Univers. Elle est éternelle, sans début ni fin. On a l'illusion que la musique commence quand le morceau débute et qu'elle s'arrête quand la composition finit, alors que le compositeur rend simplement audible par son œuvre une partie de l'infini. La musique ne commence nulle part ni ne finit. Son début et sa fin apparentes ne sont que des illusions. Elle est l'expression de la sonorité des mondes.

Si vous écoutez la musique de Jean-Sébastien Bach, elle « commence » bien avant la première note et continue de vibrer bien après la dernière, car elle n'a ni commencement ni fin. Ce qu'on appelle « Premier mouvement » dans un concerto, une sonate ou une fugue n'est qu'un raccourci sémantique signifiant de façon ultime que l'œuvre a commencé bien avant et, en fait, n'a jamais commencé et ne finira jamais, car l'Univers et les sons sont ainsi.

Rappelons que les théories de Neil Turok réfutent le Big Bang et s'orientent vers une conception fractale de l'Univers, cyclique, en création permanente et autorégénérée.

La musique n'est qu'un rayon d'infini et ne représente de façon perceptible qu'un infime fragment d'Univers, que le compositeur rend audible la plupart du temps pour quelques minutes, le temps d'un concerto, d'un mouvement ou d'une symphonie. Nous allons voir comment certains d'entre eux ont entrevu d'autres possibilités d'expression, en créant une musique « philosophique » par des clins d'œil pythagoriciens.

Parmi les compositeurs, les artistes, les écrivains du passé et du présent, certains ont délibérément cherché à créer des jeux sonores ou intellectuels, parfois humoristiques, parfois philosophiques, rendant hommage à l'essence universelle de la musique et du son avec des jeux mathématiques, des palindromes et même des musiques silencieuses ou à interpréter de longues heures, voire des centaines d'années ou même éternellement...

Citons en premier lieu l'utilisation des structures en forme de palindromes. Ce mot vient du grec et signifie « nouvelle course » ou « course à l'envers ». C'est une forme de style que l'on trouve dans le monde biologique, littéraire et musical, caractérisée par un axe de symétrie ou une structure miroir, permettant la lecture dans les deux sens : par exemple les mots « ici » et « kayak » sont des palindromes que l'on peut lire indifféremment de gauche à droite et de droite à gauche.

Pour souligner combien cette forme est inscrite au plus profond de nous, on trouve cette structure dans le génie artistique de la génétique avec des séquences d'ADN[314] pouvant se lire de la même façon dans les deux sens par rapport à un point central sur le même brin comme ATTGCCGTTA, soit sur deux brins : AACGTT et TTGCAA, où chaque lettre correspond à une base de l'ADN : A pour adénine, T pour thymine, C pour cytosine et G pour guanine.

Ces particularités ont une fonction précise connue ou inconnue à mettre en relation avec les enzymes de restriction qui jouent un rôle dans la défense d'un organisme vivant contre les infections et dont la fonction est de cliver l'ADN en deux bouts au niveau des palindromes.

314. ADN : acide désoxyribonucléique, support de notre principe de vie.

En littérature, les phrases «*Madam, I'm Adam*», «Ésope reste ici et se repose», «Un art luxueux ultra-nu», «Élu par cette crapule», «Une Slave valse nue» «Tu l'as trop écrasé, César, ce Port-salut» sont aussi des palindromes. Toutes ces expressions peuvent se lire dans les deux sens et leur signification ne change pas. Georges Perec est l'auteur d'un long palindrome, publié en 1969, qui compte pas moins de 1247 mots. Le texte se déroule normalement et à un point central, l'histoire repart dans l'autre sens avec une nouvelle histoire qui est la première lue à rebours. Les mots et la sémantique diffèrent, mais les sons restent! De tels textes sont des curiosités littéraires et des jeux cosmiques, un peu à la manière des vers holorimes, des anagrammes, des carrés magiques et autres contrepets ainsi que de toutes sortes de jeux de mots chers à Victor Hugo, Louise de Vilmorin, Alphonse Allais, Charles Cros ou Luc Étienne...

Dans les arts visuels, les palindromes graphiques de Maurits Cornelis Escher sont souvent des constructions impossibles, qui explorent l'infini avec des combinaisons de motifs qui se transforment en créant des espaces paradoxaux défiant la logique de nos codes habituels.

Tout cela n'est rien comparé à ce que je vois dans ma tête!

M. C. Escher[315]

Les palindromes musicaux

À l'époque du haut Moyen Âge, Guillaume de Machaut (1300-1377) a composé un rondeau, un jeu sonore palindromique, intitulé *Ma fin est mon commencement et mon commencent ma fin.* Cette composition est jouée tout d'abord normalement, puis une fois arrivés à la fin de la partition, les musiciens repartent à l'envers en lisant les notes à rebours, de la fin vers le début. Le résultat est beau. Ce compositeur nous fait surtout voyager[316].

Dans l'*Offrande musicale*, Jean-Sébastien Bach a créé une pièce intitulée *Canon à deux cancrizans* (ou *Crab Canon*) construite sur le principe du palindrome où, à partir d'un point central, la partition se déroule à l'envers comme si elle se reflétait dans un miroir. Dans d'autres œuvres, il permute des voix et crée des symétries, comme dans la *Fugue à quatre voix n° 16* (*L'Art de la Fugue BWV 1080*). Le voyage continue...

---

315. Voyez: http://mcescher.frloup.com/.

316. Écoutez: http://www.medson.net/liens/liens3.html.

Joseph Haydn[317] a utilisé cette forme dans sa *Symphonie 47* écrite en 1772, sous-titrée *Le palindrome*. Dans le troisième mouvement intitulé *Menuet*, les dix premières mesures sont à l'inverse des dix dernières, dans une parfaite forme palindromique [318]. La vie est un jeu.

Wolfgang Amadeus Mozart[319] a écrit une *Musique de table pour deux violons*, qui se présente comme une partition qui se lit à plat sur une table. Les deux musiciens qui l'interprètent se font face, lisant leur musique sur la même feuille. La partie du premier correspond à celle du second lue à l'envers.

Musiques éternelles

Certains compositeurs ont bien compris que la musique est éternelle. L'hommage qu'ils ont rendu à cette notion prend plusieurs formes qui selon nous rappellent le lien qui unit intrinsèquement la musique et l'Univers, dans le prolongement de la musique des sphères de Pythagore et de Johannes Kepler.

La musique de Satie

Érik Satie[320], qui a déclaré «Je suis venu au monde très jeune dans un temps très vieux», a écrit de nombreuses partitions sans barres de mesures, donc sans mesures de temps. On lui doit, entre autres, les *Gnossiennes*, les *Morceaux en forme de poire*. En 1893, il a composé *Vexations* pour piano[321]. Cette partition, qui tient trois lignes sur une feuille A4, est composée d'un thème très simple et de deux variations. Satie a inscrit l'annotation:

> À jouer dans la séquence suivante: Thème-Variation 1-Thème-Variation 2, 840 fois de suite. Tempo: très lent.
>
> Il ajoute:
>
> Pour jouer 840 fois de suite ce motif, il sera bon de se préparer au préalable, et dans le plus grand silence, par des immobilités sérieuses.

---

317. 1732-1809.

318. Écoutez: http://www.mp3tube.net/musics/Joseph-Haydn-Symphony-47-III-Menuetto-e-Trio/231479/.

319. 1756-1791.

320. 1866-1925.

321. *Vexations* (1893) sont extraites de l'œuvre *Pages mystiques*, composée de *Prière*, *Vexations* puis *Harmonie*.

En d'autres mots, l'interprète doit méditer avant de procéder.

Les *Vexations*, jouées sans reprise, s'écoulent dans le temps sur une minute et demie ; jouées 840 fois de suite, sans arrêt, leur interprétation peut durer entre 14 et 28 heures, selon la lenteur du tempo choisie par le ou les musiciens. Des études scientifiques ont été menées pour déterminer comment l'interprète d'une telle œuvre pouvait vivre cet événement en enregistrant son activité électrocorticale : il entre en état de méditation, comme s'il récitait un mantra pendant de longues heures[322].

John Cage

Les *Vexations* n'ont pas été publiées par Érik Satie, c'est le compositeur John Cage[323] qui a redécouvert la partition en 1949. Il a organisé en 1963 pour la première fois l'interprétation intégrale des *Vexations* à New York. L'œuvre a duré 17 heures et 10 pianistes se sont relayés. L'interprétation a débuté le 9 septembre 1963 à 18 h jusqu'au lendemain à 12 h 40. Plus

322. *Psychology of Music*, vol. 31(2), 2003, p. 173-186. Écoutez : http://www.youtube.com/watch?v = 9cbxzIW6MNw&feature = related.

323. 1908-1992.

récemment, plusieurs artistes dans le monde ont réalisé cette performance seuls, ce qui s'apparente à une expérience spirituelle.

John Cage est aussi connu pour avoir composé en 1952 *4'33"*, une œuvre silencieuse dont la partition est une pause d'une durée de 4 minutes et 33 secondes. Sur la page de chacun des mouvements (il y en a trois), il est écrit: «Tacet», ce qui veut dire silence en langage musical. Dix ans plus tard, il composa *0'00"*, œuvre ayant une durée indéterminée. John Cage voulait «faire une musique qui ne dépend[e] pas du temps» et pour lui, «le silence n'existe pas». Il prenait ainsi le contre-pied des compositeurs avant-gardistes modernes qui considéraient que la complexité d'une musique lui donnait son intérêt. Il estimait que tout était musique et il incluait le silence dans cette conception[324].

> Le titre de cette œuvre figure la durée totale de son exécution en minutes et en secondes. À Woodstock, dans l'État de New York, le 29 août 1952, le titre était *4'33"* et les trois parties *33", 2'40"* et *1'20"*. Elle fut exécutée par David Tudor, pianiste, qui signala les débuts des parties en fermant le couvercle du clavier, et leurs fins en ouvrant le couvercle. L'œuvre peut cependant être exécutée par n'importe quel instrumentiste ou combinaison d'instrumentistes et sur n'importe quelle durée.

John Cage était intéressé de pouvoir enfin écouter le silence. Pour ce faire, il est allé visiter le laboratoire acoustique de l'université d'Harvard à la fin des années 1940:

> J'entendis deux bruits, un aigu et un grave. Quand j'en ai discuté avec l'ingénieur responsable, il m'informa que le son aigu était celui de l'activité de mon système nerveux et que le grave était le sang qui circulait dans mon corps.
>
> Il conclut:
>
> Jusqu'à ma mort, il y aura toujours des bruits et ils continueront à me suivre même après.

Il a alors réalisé que le silence n'existait pas, même dans un laboratoire ayant un niveau acoustique mesuré à 0 dBA. Dans ce cas, le silence est tellement présent que les bruits de fond internes de la respiration, du

324. Écoutez *4'33"* pour orchestre: http://www.youtube.com/watch?v=hUJagb7hL0E.

flux sanguin et de l'influx nerveux deviennent audibles, alors qu'ils sont couverts en temps normal par le bruit de fond ambiant. Après cette expérience, il a décidé de composer son œuvre la plus célèbre *4'33"*, qui était pour lui « une prière silencieuse » :

> Elle s'ouvrira avec une idée simple que j'essayerai de rendre aussi séduisante que la couleur, la forme et le parfum d'une fleur. La fin s'approchera de l'imperceptibilité[325].

En 1985, il a composé *Organ 2/ASLSP* (abréviation de *As SLow aS Possible*, ou le plus lentement possible). Au départ, cette œuvre a été écrite pour piano et durait 20 minutes, puis elle a été retranscrite pour orgue en 1987 afin d'être jouée sur une durée de... 639 ans !

En 2000, la John Cage Organ Foundation a décidé de réaliser cette œuvre de façon posthume. Une église désaffectée a été acquise à Halberstadt en Allemagne et l'interprétation de l'œuvre a débuté sur un orgue Blockwerk, datant du Moyen Âge, le 5 septembre 2001. Les premières notes ont été un long silence qui a duré 17 mois. Cet orgue a justement été construit en 1361, 639 ans avant que se décide le projet. Cette œuvre de John Cage qui doit se terminer en 2640[326] en est une philosophique.

D'autres artistes ont développé cet aspect philosophique du son et de la musique. C'est le cas du compositeur La Monte Young.

La Monte Young

La Monte Young[327] conçoit dans ses *Dream Houses* (ou maisons de rêve) une musique constituée de notes tenues pouvant être prolongées très longtemps, voire indéfiniment. Ses maisons de rêve, comme il les appelle, sont des espaces aménagés et structurés avec des sons et des lumières, dans lesquels ses compositions sont diffusées. Elles sont caractérisées par des notes continues se poursuivant à l'infini. Il a composé une musique qui a été jouée pendant six ans sans interruption au Dia Art Center de New York, entre 1979 et 1985. Plus récemment (2000), une autre œuvre a été jouée pendant quatre mois à l'église Saint-Joseph à Avignon, en France. Ses œuvres, qui ont une durée comprise entre plusieurs jours et plusieurs années, sont présentées en divers lieux dans le monde. Une *Dream*

---

325. http://fr.Wikipédia.org/wiki/4 % E2 % 80 % B233 % E2 % 80 % B3.
326. Voyez : http://www.john-cage.halberstadt.de.
327. 1935-.

House joue en permanence à la MELA Foundation à New York depuis 1993 où les notes tenues se poursuivent à l'infini.

> Les Dream Houses sont avant tout des lieux d'expérience spirituelle. Ce sont des œuvres qui interrogent simultanément le temps et l'espace. [...] Ma rencontre avec le maître indien Pandit Prân Nath m'a permis de comprendre véritablement ce que signifiait la transformation progressive d'une note continue.

Il utilise des générateurs d'ondes sinusoïdales afin de produire des environnements émettant des fréquences musicales continues, dans lesquels il recherche une sorte de pureté sonore. Il ajoute :

> La résonance ne fonctionne bien que si les rapports des notes des accords successifs (et à l'intérieur d'un accord, bien sûr) sont des rapports simples et entiers. Pour ce faire, un système d'intonation juste est utilisé, où certains accords sont quasiment exclus car sonnant très mal, mais où d'autres sonnent particulièrement bien. Dans ce cas, le son est souvent gardé longtemps (comme dans les musiques indiennes et autres où justement des systèmes d'intonations justes sont utilisés), contrairement au système tempéré égal. Celui-ci est utilisé dans l'Occident depuis déjà plusieurs siècles de manière quasiment exclusive grâce à, ou à cause de, ses combinaisons bien plus nombreuses mais toujours imparfaites au niveau de la sonorité[328].

Musiques de nombres : 3,14 en musique

Harmonisation de Pi est le titre enchanteur d'une œuvre composée par Jean-Philippe Fontanille[329].

> *L'harmonie n'est rien d'autre que la suite des nombres premiers, avec les intervalles 3, 5, 7, 11, 13...*
>
> Jean-Philippe Fontanille

Cette composition est l'application littérale de la démarche pythagoricienne : « Un son, c'est un nombre qui chante[330]. » Ce morceau a la particularité d'être composé de notes dont la mélodie est tirée des décimales de Pi. Pour arriver à réaliser une telle prouesse, le compositeur a transcodé le nombre Pi en base 7, car la gamme diatonique que nous utilisons l'est : 0 = do ; 1 = ré ; 2 = mi ; 3 = fa ; 4 = sol ; 5 = la ; et 6 = si.

---

328. Voyez : http://www.melafoundation.org/dream02.htm.
329. http://www.leadguitar.ca/.
330. Écoutez : http://www.leadguitar.ca/download_section.htm.

Ainsi, Pi en base 10: 3,1416 devient Pi en base 7: 3,066365143203.

Ensuite, il a aussi codé une série d'accords: 0 = do majeur (do-mi-sol-do) ; 1 = ré mineur (ré-fa-la-ré) ; 2 = mi mineur (mi-sol-si-mi) ; 3 = fa majeur (fa-la-do-fa) ; 4 = sol majeur (sol-si-ré-sol) ; 5 = la mineur (la-do-mi-la) ; et 6 = si mineur quinte diminuée (si-ré-fa-si).

De cette règle du jeu, le compositeur a ensuite harmonisé à partir des chiffres arbitraires donnés par les décimales de Pi.

> Afin de donner au chiffre [3] situé avant [la] virgule l'importance toute particulière qu'il mérite, la note qui lui est associée (un fa) détermine non seulement le premier accord de ce morceau, mais également la tonalité dans laquelle sont écrites ses 18 premières mesures, toutes en tonalité de fa majeur. Ainsi, bien que les décimales continuent ensuite d'égrener les accords qui leur sont associés, elles restent néanmoins sous la «tutelle» de ce 3 dominateur qui, mystérieusement d'ailleurs, semble vouloir confirmer par lui-même son autorité en réapparaissant plus fréquemment que toute autre décimale tout au long de l'introduction.

Le résultat est une composition pour guitare intitulée *Harmonisation de Pi* dont il existe deux versions. Le résultat est beau, et voici ce que ce compositeur nous écrivait à l'occasion d'une correspondance:

> [Ce qui est] à la fois étrange et fascinant, c'est que l'harmonisation (ou même la simple «mélodisation») de certains nombres donne de bien meilleurs résultats que d'autres. Et de ce point de vue, je dois avouer que Pi n'est pas fantastique, du moins dans ses premières dizaines de décimales. J'ai trouvé d'autres nombres, et en particulier un autre qui donne une mélodie absolument fascinante. C'est à croire que les nombres ont été faits pour être harmonisés et pour que les humains puissent découvrir leurs formidables propriétés. Hélas! J'ai fait ce travail beaucoup trop tôt, et il m'aurait fallu m'associer avec d'autres pour vraiment lancer le sujet! Ce n'était pas encore le moment, mais ça reviendra... Je suis totalement convaincu que certains de ces nombres ont des propriétés que nous n'imaginons même pas, comme j'ai pu en avoir un petit aperçu[331].

---

331. Jean-Philippe Fontanille, communication par courriel avec l'auteur, 19 février 2008.

Les musiques mathématiques de Daniel Cummerow

Daniel Cummerow est un compositeur dont nous ne savons que peu de choses. Il a créé un site Internet en 1998, *The Sound of Mathematics* (ou le son des mathématiques), consacré à l'illustration sonore de nombres, de fonctions, de constantes, etc., qu'il a transcodés en musique MIDI avec des algorithmes. Nous avons apprécié en particulier *La musique de Pi, Les fonctions trigonométriques, Fibonacci, Les nombres premiers*, etc. Il explique sa méthode sur une des pages du site[332]. Il a transcodé ses équations en base 7 lorsque c'est nécessaire. Les hauteurs, les structures et les durées ont été codifiées. Il s'est servi aussi de la technique utilisée par le compositeur Olivier Messiaen.

Le langage communicable d'Olivier Messiaen

Pour les Grecs anciens, chaque note correspondait à une lettre. Cette technique a été conservée chez les Anglo-Saxons, où les notes do-ré-mi-fa-sol-la-si s'écrivent C-D-E-F-G-A-B.

Jean-Sébastien Bach a composé sa dernière œuvre, *La fugue inachevée*, autour d'un thème musical créé par les notes qui correspondaient à son nom : B = si, A = la, C = do et H = si bémol. Il avait un nom « musical ». Olivier Messiaen[333], ayant un nom dépourvu des mêmes possibilités musicales, a élargi le système employé par le cantor de Leipzig pour l'appliquer à toutes les lettres de l'alphabet. Cette technique fait correspondre des sons à des lettres et des leitmotivs à certains verbes et noms. C'est un alphabet musical dans lequel une hauteur (note) et un rythme (blanche, noire, noire pointée, croche, croche pointée, double croche) sont assignés pour chaque lettre de l'alphabet. Il a transcodé des mots, des citations et des paragraphes de textes. Il a inauguré cette technique pour son œuvre *Méditation sur le mystère de la sainte Trinité pour orgue*[334]. Il a baptisé cette technique « le langage communicable ».

Il a utilisé ce langage dans deux autres œuvres : *Des canyons aux étoiles*[335] et sa dernière, *Le livre du Saint-Sacrement* (1984)[336].

---

332. http://www.geocities.com/Vienna/9349/summary.html.

333. 1908-1992.

334. 1969.

335. 1971-1974.

336. Andrew Shenton, *Olivier Messiaen's System of Signs: Notes Towards Understanding his Music*, Ashgate Publishing, 2008, p. 13.

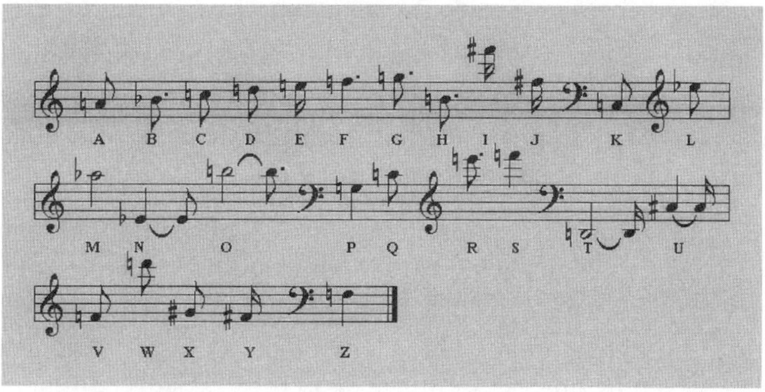

Correspondance des notes et des lettres par Olivier Messiaen, le « Langage communicable ».

Les fractales

D'autres compositeurs, mathématiciens, informaticiens ont composé des musiques à partir d'équations fractales[337]. Le résultat est le plus souvent étonnant et beaucoup plus réussi que bon nombre de musiques contemporaines[338].

Les quelques exemples que nous avons cités pour illustrer le thème du pythagorisme musical sont loin d'être exhaustifs. Nous aurions pu citer Terry Riley, Philip Glass, Brian Eno, la musique soufie, les chants Qawwalî (Nusrat Fateh Ali Khan), les ragas de l'Inde, les chants de mantras, les chants tibétains, certains chants grégoriens et d'autres encore. Ils sont caractérisés avant tout par leurs qualités philosophiques et par leur capacité à ouvrir notre conscience sur l'infini. Ils sont parfois de vrais clins d'œil pleins d'humour. Mais le rire n'est-il pas aussi un son et un moyen d'ouvrir notre conscience ? Nous avons donc mentionné ces différentes expériences sonores, musicales ou artistiques au sens large, car elles ont en commun la possibilité de nous guider vers le cosmos.

Par des moyens parfois incongrus ou hors normes, certains compositeurs ont exprimé des formes artistiques que nous qualifierons de cosmiques ou même comiques (!), car elles ont une grande résonance avec une conception de l'Univers sans limites ni dans le temps ni dans l'espace.

337. http://classes.yale.edu/fractals/.

338. http://www.brotherstechnology.com/yale/FractalMusic/FractalMusicLab.html.

Ils ont créé de la musique philosophique, amenant à une réflexion sur notre relation avec le temps et l'espace. L'humanité a grand besoin de cette ouverture, car sa survie dépend de sa capacité à entrevoir d'autres réalités et à découvrir des spiritualités différentes de celles qui engluent le monde dans des conflits de toute nature.

Il est donc temps de se relier à nouveau à la mission fondamentale de la musique qui, rappelons-le, est un mot qui signifie la science ou l'art des muses, les neuf filles de Zeus qui, avec Apollon, enchantaient l'Olympe. Comme le disait Pythagore il y a bien longtemps : « Un son, c'est un nombre qui chante. » La musique est à l'image de l'Univers, sans commencement ni fin. Alors, chantons la science du ciel et des nombres de l'Univers infini et dansons l'amour par la musique des mondes !

Si tous ces jeux musicaux, artistiques, mathématiques deviennent le plus souvent philosophiques par l'implication d'une réflexion que ces démarchent amènent (Pythagore n'est-il pas aussi le père de la philosophie occidentale ?), ils nous ouvrent de grands horizons cosmiques. Voyons à présent comment un regard vers l'infiniment petit et la biologie moléculaire qui nous compose pourrait complémenter et conclure notre réflexion.

17

Musiques de vie

Imaginons que l'ARN-m (Acide ribonucléique – messager) soit comme un long morceau de bande magnétique et que le ribosome soit comme un magnétophone. Au fur et à mesure que la bande passe devant la tête de lecture du magnétophone, elle est « lue » et convertie en musique ou en d'autres sons. [...] De même, lorsqu'une « bande » d'ARN-m passe devant la « tête de lecture » d'un ribosome, les « notes » qui sont produites sont des aminoacides, tandis que les « morceaux de musique » qu'elles composent sont des protéines.

Douglas Hofstadter[339]

Après avoir évoqué tous ces jeux et ces multiples fantaisies musicales, nous ne pouvons passer sous silence les recherches sonores entreprises dans le domaine de la biologie et de la médecine[340]. Après la musique des sphères cosmiques, faisons à présent un petit voyage au pays de la musique des sphères... moléculaires ! Bien que ce soit Démocrite qui ait inventé le mot « atome », Pythagore a-t-il pressenti que sa théorie de la musique des sphères pourrait s'appliquer aussi à l'infiniment petit ? Nous allons maintenant appliquer sa perception des mondes à ce domaine.

---

339. Douglas Hofstadter, *Gödel, Escher, Bach : Les brins d'une guirlande éternelle*, Éd. Dunod, 2008, p. 583. Cité par Mary-Anne Clark : http://www.whozoo.org/mac/Music/Sources.htm.

340. La liste de chercheurs présentée ici n'est pas exhaustive. Pour une liste plus complète et régulièrement mise à jour, voir la page du site de Mary-Ann Clark : http://whozoo.org/mac/Music/Sources.htm. (Il est possible d'écouter des extraits sonores sur la plupart des sites Internet cités.)

À partir de 1981, à la suite des progrès de la génétique, des savants de plusieurs pays se sont interrogés de façon concomitante sur l'organisation des structures infiniment petites qui nous composent. Ils ont remarqué dans ce langage étrange toutes sortes de ressemblances avec la syntaxe musicale. La génétique est écrite dans une langue de programmation, sorte de code html de la biologie, utilisant un alphabet de quatre lettres : A, C, G et T[341]. Ils y ont vu matière à comparaison avec le langage des sons et de la musique. En approfondissant ce questionnement, la plupart ont ensuite collaboré avec des musiciens et des compositeurs, lorsqu'ils ne l'étaient pas eux-mêmes, afin de pouvoir exprimer acoustiquement leurs découvertes et entreprendre d'autres recherches. D'autres encore ont réalisé que les protéines étaient musicales et sont arrivés à amplifier leurs expressions en leur faisant « écouter » leur propre musique. Des chercheurs font donc écouter de la musique à des protéines et pas n'importe laquelle, puisqu'il s'agirait de la musique générée par ces mêmes protéines...

Dans ces deux derniers chapitres, nous vous présentons quelques exemples afin d'illustrer notre propos. Nous ne pouvons citer toutes les équipes. Le lecteur intéressé par l'approfondissement de ce sujet pourra facilement se reporter aux références abondantes que nous donnons dans les lignes qui suivent.

Les arts algorithmiques

À partir de 1981, John Dunn[342], compositeur et algorithmicien, s'est intéressé à visualiser les données de la molécule d'ADN avec une composition intitulée *Inflections*[343]. Il a mis au point par la suite le logiciel *Algorithmic Arts* et a composé de la musique protéique, c'est-à-dire créée à partir des séquences d'ADN[344] des protéines. À partir de 1996, il a collaboré avec la biologiste Mary-Ann Clark[345]. Ils ont élaboré une démarche novatrice en créant de la musique à partir de séquences protéiques : *Life Music* (ou musique de vie).

341. A pour adénine, C pour cytosine, G pour guanine, T pour thymine.

342. http://algoart.com/.

343. *Life Music. The Sonofication of Proteins*, Leonardo 2004. http://www.leonardo.info/isast/articles/lifemusic.html.

344. ADN pour acide désoxyribonucléique.

345. http://www.whozoo.org/mac/Music/.

L'ADN (acide désoxyribonucléique) est une longue molécule contenant le code numérique naturel de tout ce qui vit sur Terre. Quatre éléments de codage seulement la composent : A, C, T, G. Ces lettres composent les quatre sous-unités de l'ADN (adénine, cytosine, thymine, guanine). Ils forment des marches sur une échelle hélicoïdale et sont la base de données pour tous les organismes. Ces quatre éléments de codage sont combinés en groupes de trois, qui sont appelés codons. Il y a 64 combinaisons de codons possibles, dont 61 sont utilisés pour coder les 20 acides aminés, plus trois codons stop qui indiquent la fin d'une séquence de protéines, comme une période indiquant la fin d'une phrase[346].

Exemple de la gamme des acides aminés d'après Mary-Ann Clark.
A = alanine ; R = arginine ; N = asparagine ; D = acide aspartique ; C = cystéine ; E = acide glutamique ; Q = glutamine ; G = glycine ; H = histidine ; I = isoleucine ; L = leucine ; K = lysine ; M = méthionine ; F = phénylalanine ; P = proline ; S = sérine ; T = thréonine ; W = tryptophane ; Y = tyrosine ; V = Valine[347].

Il y a plus de dix ans, je [Mary-Ann Clark, l'auteure écrit en 1994] suis allée à un séminaire organisé par l'université pour entendre un collègue parler de composition musicale. Alors qu'il nous entretenait à propos de sélection, de modification et d'organisation de thèmes musicaux, j'ai été frappée par le parallélisme que je ressentais entre les structures musicales et la structure des protéines et les gènes qui les codent. En effet, les protéines semblent également être composées de phrases organisées en thèmes. Pendant des années, j'ai été hantée par cette image et j'ai parfois essayé d'intéresser des musiciens à transformer des séquences protéiques en les transcodant en séquences musicales[348].

---

346. *Life Music, The Sonification of Proteins*, Leonardo on line, 2004. Ref. : http://www.leonardo.info/isast/articles/lifemusic.html.

347. http://www.whozoo.org/mac/Music/Primer/Primer_index.htm.

348. *Life music, The Sonification of Proteins*, Leonardo on line, 2004 Réf. : http://www.leonardo.info/isast/articles/lifemusic.html.

> [...] J'étais convaincue que des séquences d'acides aminés auraient un bon équilibre entre la complexité et la répétition pour générer des combinaisons musicales qui sont à la fois esthétiques, intéressantes et instructives biologiquement. Il y a vingt acides aminés composant les protéines, assez pour composer environ trois octaves d'une échelle diatonique. Ils ne sont pas disposés au hasard, tout comme les notes ne sont pas disposées au hasard dans un morceau de musique. Les protéines et la musique sont significatives.
>
> [...] Alors qu'il a semblé évident que les protéines avaient une structure musicale par nature et il a fallu attendre 1996 pour que je puisse entendre la traduction musicale d'une protéine. Dans le processus de préparation d'un cours sur les similitudes structurelles entre les protéines et de la musique, j'ai fait une recherche sur Internet, afin de trouver d'autres personnes qui pourraient également être intéressées par ces parallèles. Il y en avait peu et je suis tombée sur le site de musique algorithmique de John Dunn, sur lequel j'ai trouvé deux musiques basées sur des séquences d'ADN et des protéines ainsi que les logiciels qui rendaient possible la traduction musicale. J'ai acheté un des programmes de logiciels afin de l'utiliser avec mes étudiants dans ma classe et j'ai découvert que les protéines étaient encore plus musicales que ce que j'avais prévu.
>
> Mary-Ann Clark, département de biologie,
> Texas Wesleyan University, Fort Worth, États-Unis

> Les séquences d'ADN/protéine se sont avérées avoir des structures hautement résonantes, qui sonnent de façon exotique ou familière, comme la musique d'une autre culture : agréablement inhabituelle, mais tout à fait audible.
>
> John Dunn

En 2008, John Dunn a créé *ArtWonk/MusicWonk*, avec lequel il a composé l'œuvre *Spidroin* basée sur la protéine majeure de production de la soie arachnéenne, caractérisée par une structure hautement répétitive[349].

349. http://whozoo.org/mac/Music/Spidroin.htm.

Do-mi-sol-la : la gamme « tétratonique »[350]

Dès 1983, le biologiste cellulaire David Deamer[351] de l'université de Santa Cruz (États-Unis) a été intrigué par les propriétés musicales de l'ADN. Musicien lui-même, lorsqu'il a vu pour la première fois une séquence issue du génome humain : C-T-G-G-G-C-G-T-G-G-T-G-G-C-T-C-A-C-A-C-C-T-G-T-A-A-T-C-C-C, il a immédiatement établi un lien avec la notation musicale, car trois des bases d'ADN (A, C, G pour adénine, cytosine, guanine) sont représentées par les mêmes sigles que les notes la, do et sol, dans la notation anglo-saxonne : A, C, G, correspondant à la, do et sol. Donc, la séquence précédente équivaut pour un anglophone (ou un germanophone) à : do-T-sol-sol-sol-do-sol-T-sol-sol-T-sol-sol-do-T-do-la-do-la-do-do-T-la-la-T-do-do-do. Il écrit :

> Lorsqu'un collègue m'a montré cette séquence (qui avait simplement été découverte dans son laboratoire), la première pensée qui m'est venue à l'esprit était qu'elle pourrait être proche de la notation musicale. Il y avait la note C (cytosine) [ou do], G (guanine) [ou sol] et A (adénine) [ou la], qui représentent trois des quatre bases trouvées dans l'ADN. Si T, symbole de la quatrième base (thymine), était transposée dans la note E [ou mi], nous aurions quatre notes de musique qui s'intègrent parfaitement à la gamme de do... Peut-être y a-t-il vraiment un message musical dans nos gènes[352] ?

Aussi, en assignant arbitrairement la thymine (T) pour la note mi (comme dans « Thy-Mi-ne »), la séquence donnerait la mélodie : do-mi-sol-sol-sol-do-sol-mi-sol-sol-mi-sol-sol-do-mi-do-la-do-la-do-do-mi-sol-mi-la-la-mi-do-do-do :

---

350. Gamme pentatonique = gamme à cinq tons. Gamme « tétratonique » = gamme à quatre tons.

351. David Deamer est professeur de génie biomoléculaire et professeur de recherche en chimie et biochimie à l'Université de Californie, à Santa Cruz, où il dirige un laboratoire s'intéressant à l'origine de la vie cellulaire. Le laboratoire a été soutenu depuis plus de 20 ans par le programme Exobiologie de la NASA. Il fait également partie de l'équipe de Carnegie Astrobiology affilié à l'institution Carnegie de Washington, au sein de laquelle il a participé au programme « La voie astrobiologique : depuis la matière interstellaire, à travers les systèmes planétaires, jusqu'à l'émergence et la détection de la vie ». Réf. : http://www.suzanmazur.com/?p = 14.

352. http://www.astrobio.net/exclusive/441/beaming-a-lifeform-musically.

Séquence avec transcodage de bases d'ADN en notes de musique selon David Deamer.

Utilisant cette configuration, il a collaboré avec le compositeur Riley McLaughlin pour *DNA Suite* et *DNA Meditations*:

> Lorsque nous avons de simples notes pour les quatre bases avec: C-ytosine pour C (do), G-uanine pour G (sol), A-dénine pour A (la) et respectivement Thy-Mi-ne pour E (Mi), nous avons déjà quatre notes de musique qui s'inscrivent parfaitement dans la gamme de do. En démarrant d'un accord de sixte à partir du do majeur [ou do-la] jusqu'à un accord de septième mineure avec le la [ou la-sol], nous avons suffisamment d'espace pour faire une improvisation facile. Les octaves peuvent être jouées librement, car elles ne comptent pas beaucoup pour les séquences. [...] Le tempo semble également ne pas influer sur la base des séquences. [...] Le plus important est que les séquences exactes de l'ADN soient toujours reconnaissables.
>
> David Deamer[353]

La spectrométrie infrarouge

Puis, entre 1988 et 1994, David Deamer a collaboré avec la compositrice Susan Alexjander[354], pour l'œuvre *Sequencia*:

> Si nous pouvions entendre notre corps, approfondir ses rythmes et des fréquences, à quoi cela pourrait-il ressembler? Est-ce que nous reconnaîtrions des motifs plaisants à l'oreille, pourrions-nous les considérer comme beaux ou musicaux? Est-ce que notre biologie est harmoniquement commandée et de quelle manière? Et dans l'affirmative, comment? Il existe de nombreuses façons d'explorer ces questions et une façon directe consiste à accéder à des séquences d'acide désoxyribonucléique (ADN), le transporteur principal de l'information génétique pour tous les organismes vivants. En 1988, l'auteure, une compositrice, a posé ces questions au Pr David Deamer, un biologiste cellulaire. Une des contraintes importantes avec ce projet était

353. http://psychevanhetfolk.homestead.com/dna.html.
354. http://www.oursounduniverse.com/music_samples.html.

de collecter directement les fréquences vibratoires à partir de la molécule, plutôt que de les cartographier ou de les assembler arbitrairement. Ces fréquences ont été ensuite organisées en gammes de tonalités, puis utilisées comme base pour la composition musicale. [...] *Sequencia* est entièrement basée sur un système d'accord dérivé de certaines fréquences qui se produisent naturellement dans l'ADN[355].

David et Susan ont donc mesuré les fréquences des bases de l'ADN et les ont traduites en musique. Pour ce faire, ils ont utilisé un spectromètre infrarouge afin de mesurer la longueur d'onde de la lumière absorbée par l'ADN. Ils ont ensuite converti ces longueurs d'ondes micrométriques en fréquences hertziennes ultrasoniques, qu'ils ont divisées par 236 afin de les rendre audibles par transfert d'octaves, selon le même principe que les sons cosmiques évoqués dans les chapitres précédents. Les quatre bases ACTG ont donné 60 fréquences réparties dans une gamme microtonale, c'est-à-dire composée avec des intervalles plus petits que le demi-ton, tels que nous les connaissons en Occident. Ce genre d'intervalle est utilisé couramment dans les musiques extra-européennes, comme les musiques du Moyen- ou Extrême-Orient (Arabie, Inde, etc.)[356].

---

355. S. Alexjander et D. Deamer, « *The Infrared Frequencies of DNA Bases: Science and Art Engineering* », *Medicine and Biology Magazine, IEEE*, March-April 1999, vol. 18, 2, p.74-79. Article sur BBC News le 26 novembre 1998 : *Listen to your DNA* http://news.bbc.co.uk/2/hi/science/nature/222591.stm.

356. Explication : Quand on regarde le clavier d'un piano, on voit des touches blanches et des touches noires. Entre la plupart des touches blanches, qui représentent les tons, il y a une touche noire qui représente les demi-tons. Cette configuration est très réductrice car, dans l'intervalle d'un ton (deux touches blanches consécutives), il y a beaucoup plus de divisions possibles que celle du demi-ton (une touche noire). Prenez l'exemple du violon : en agissant par *glissando* sur une corde activée par l'archet, on peut faire beaucoup mieux qu'avec un piano et aller chercher d'autres fréquences intermédiaires, inférieures au demi-ton. Même chose avec la voix : en modulant un *glissando* ascendant ou descendant entre deux notes consécutives, on obtient des sons inférieurs au demi-ton aussi. Les modulations microtonales sont en fait impossibles dans une conception pianistique et comme notre culture occidentale est basée sur cette dynamique, nous sommes le plus souvent déroutés à l'écoute d'autres gammes extra-européennes, incluant des modulations plus fines. Les gammes arabes et indiennes utilisent des intervalles entre les demi-tons, appelés micro-intervalles ou quart de tons. D'autant que dans la tradition pythagoricienne, le dièse (*apotome*) n'égale pas le bémol (*limma*). Le bémol est plus bas et le dièse plus haut et donc encore là, la touche noire est réductrice.

La musique moléculaire

En 1984, Kenshi Hayashi et Nobuo Munakata[357] du Natianal Research Cancer Institute de Tokyo, au Japon, ont découvert que plusieurs termes communs étaient employés dans le langage de la biologie et celui de la musique. En effet, dans ces deux domaines, il est question de « séquences » et de « motifs ». Partant de cette constatation, ils ont ensuite intégré les quatre bases de l'ADN dans une gamme « tétratonique » ré-mi-sol-la, où la guanine = ré, la cytosine = mi, la thymine = sol et l'adénine = la. Les briques élémentaires composant les protéines, représentées par les 20 acides aminés, ont reçu, quant à elles, une assignation de notes correspondantes dans une gamme pentatonique. Cela donne le tableau ci-dessous et l'on peut aussi écouter le résultat de ces transcodages sur le site Internet de ces deux chercheurs[358].

Exemple de gammes d'ADN et d'acides aminés
d'après Kenshi Hayashi et Nobuo Munakata.
Mesure 1 : les quatre premières notes – G, C, T, A – correspondent
aux quatre bases de l'ADN : guanine, cytosine, thymine et adénine.
Mesure 2 : les 20 notes suivantes
R, K, H, D, E, N, Q, S, T, G, P, A, C, Y, F, M, L, V, I
correspondent aux 20 acides aminés.
R = arginine ; K = lysine ; H = histidine ; D = acide aspartique ;
E = acide glutamique ; N = asparagine ; Q = glutamine ; S = sérine ; T = thréonine ;
G = glycine ; P = proline ; A = alanine ; C = cystéine ; Y = tyrosine ; W = tryptophane ;
F = phénylalanine ; M = méthionine ; L = leucine ; V = valine ; I = isoleucine.

---

357. Kenshi Hayashi and Nobuo Munakata. « Basically musical », *Nature* 310, 12 July 1984, p. 96.

358. Musique de gènes et studio Sangen – http://www.toshima.ne.jp/~edogiku/index.html.

Les partitions moléculaires

En 1986, Susumo Ohno[359] et Midori Ohno[360] ont transformé des séquences d'ADN en partitions musicales basées sur une échelle de huit notes, proportionnelle aux quatre bases de l'ADN : A, C, T, G. Pour eux, le langage musical permet d'illustrer les répétitions et les redondances que l'on trouve dans le langage de l'ADN, car la musique est elle-même caractérisée par ce type de schémas[361].

Chaque nucléotide est associé arbitrairement à deux notes ; la gamme démarre avec la note ré et mi pour l'adénine, fa et sol pour la guanine, la et si pour la thymine, do et ré (octave) pour la cytosine.

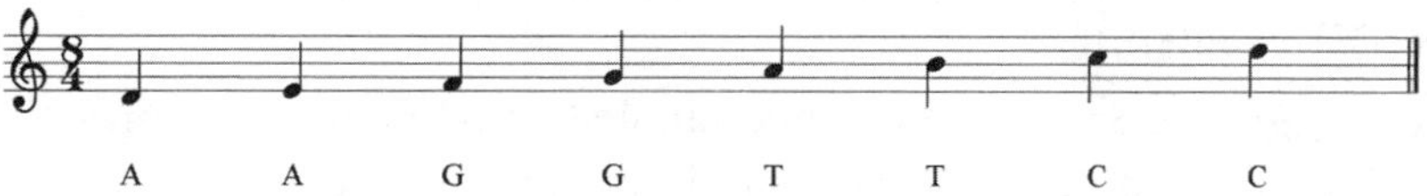

Gamme correspondant aux quatre bases d'ADN selon Susumo et Midori Ohno.

Avec ce principe, ils ont transcodé le *Nocturne, opus 55, nº 1* de Chopin en séquence d'ADN, qu'ils ont pu comparer à la grande sous-unité de la polymérase II de l'ADN de la souris : CAACCTCTC. Cette séquence est répétée à quatre reprises dans la partition et ne diffère de la musique originale de Chopin que par un nucléotide.

---

359. 1928-2000.

360. Susumo Ohno et Midori Ohno, « *The All Prevasive Principle of Repetitious Recurrence Governs not Only Coding Sequence Construction but Also Human Endeavor in Musical Composition* », *Immunogenetics*, 24 : 71-78. 1986. http://scienceblogs.com/worldsfair/upload/2006/06/24271music.pdf. Susumo Ohno, « *A Song in Praise of Peptide Palindromes* », Leukemia 7 (Supplement 2, August 1993), S157-9.

361. S. Ohno, *Hämatol. Bluttransf*, vol. 31, Beckman Research Institute of the City or Hope Duarte, California, USA, *Repetition as the Essence of Life on this Earth : Music and Genes*. http://www.science-connections.com/trends/human_leukemia/30.htm.htm. Susumo Ohno and Midori Ohno, « The All Prevasive Principle of Repetitious Recurrence Governs not Only Coding Sequence Construction but Also Human Endeavor in Musical Composition », *Immunogenetics*, 24 :71-78, 1986. Susumo Ohno, « A Song in Praise of Peptide Palindromes », *Leukemia 7* (Supplement 2, August 1993), S157-9.

ProteinMusic

En 1996, Ross King, généticien à l'université de Wales à Aberystwyth (Royaume-Uni), et Colin Angus, musicien, ont créé ProteinMusic, un logiciel de conversion des codes génétiques en musique.

> Les protéines sont belles et similaires aux structures musicales, complètement répétitives et non aléatoires.
>
> Ross King

Le programme ProteinMusic a été réécrit en langage Java. Il analyse les séquences d'ADN et les convertit en musique[362].

Genoma Music

En 2001, Aurora Sanchez Suza, microbiologiste à l'hôpital Ramón y Cajal à Madrid (Espagne), a collaboré aussi avec un musicien, le compositeur français Richard Krull, et cela a donné *Genoma Music* (ou musique du génome)[363].

Ils ont assigné les quatre bases de l'ADN de la façon suivante : C = do ; T = ré ; G = sol ; A = la. On peut remarquer une sorte de consensus pour l'adénine, la cytosine et la guanine, où la première lettre de ces trois bases donne l'attribution symbolique de leur note respective. Par contre, pour la thymine, ces chercheurs ont assigné un ré plutôt qu'un mi, comme nous l'avons mentionné précédemment avec les recherches de David Deamer.

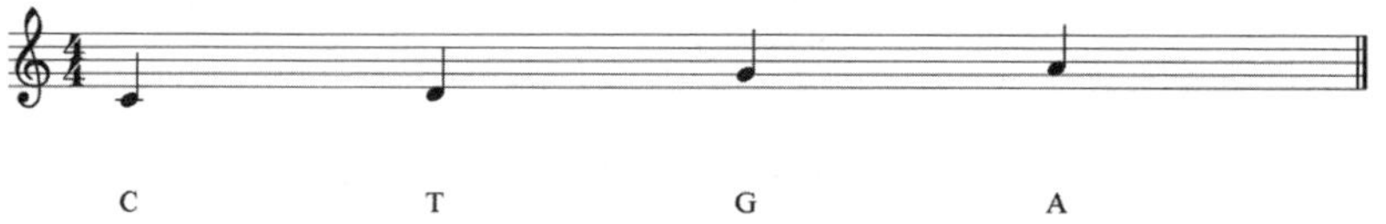

Les quatre bases d'ADN transcodées en notes de musique selon Aurora Sanchez Suza.

Ils ont, par exemple, utilisé le gène SLT2 de la levure de bière (la microbiologiste est une spécialiste des fongus) dans une de leurs compositions. Ils ont trouvé dans la séquence un triplet de base de nitrogène qui

362. Publication : R. King et C. G. Angus, *ProteinMusic : Computer Applications in the Biosciences*, 1996, vol.12, n° 3, p. 251-252, http://cat.inist.fr/?aModele=afficheN&cpsidt=3189907.

363. http://www.genomamusic.com/.

apparaissait plusieurs fois dans une succession rapide. Ce phénomène répétitif a aussi un équivalent musical appelé *ostinato*[364].

UCLA[365]

En 2007, Rie Takahashi et Jeffrey H. Miller, du département de microbiologie, d'immunologie et de génétique moléculaire, et l'Institut de biologie moléculaire, UCLA, ont utilisé des transcodages musicaux de séquences génétiques comme moyen éducatif.

> Le contexte de la recherche fondamentale, la conversion de séquences génomiques en musique, peut offrir un moyen pour présenter aux étudiants les concepts de séquences d'ADN et de protéines par leurs caractéristiques telles que durée, tempo et dynamique. Le but de notre travail est de trouver un mode de conversion des séquences génomiques (zones codantes et aussi non codantes) en notes de piano qui sonnent de façon acceptable à l'oreille d'un musicien, tout en restant fidèle à la science des séquences de protéines[366].

D'autres chercheurs de par le monde ont aussi élaboré leur propre démarche, mais il serait fastidieux de les énumérer tous. Citons néanmoins le compositeur Peter Gena (!)[367] qui, en 1995, a collaboré avec Charles Strom pour la création de ses différentes musiques et Linda Long, à la fois biochimiste et compositrice (1996)[368].

Comme nous venons de le constater, il n'existe pas de consensus sur la transcription des bases d'ADN en notes de musique. L'assignation de notes musicales aux quatre nucléotides est variable. On a donc affaire à une interprétation le plus souvent arbitraire, au bon gré des chercheurs. Il est à noter aussi que des biologistes se sont entourés de musiciens et de

---

364. http://www.rosicrucianfellowship.com/rays/micro_music.pdf.
365. Université de Californie à Los Angeles, États-Unis.
366. http://www.mimg.ucla.edu/Faculty/miller_jh/gene2music/Home.html.
Rie Takahashi et Jeffrey H. Miller, « *Conversion of Amino-Acid Sequence in Proteins to Classical Music: Search for Auditory Patterns* », Department of Microbiology, Immunology and Molecular Genetics and the Molecular Biology Institute, University of California, Los Angeles, CA 90095-1489, USA *Genome Biology* 2007, 8:405 doi:10.1186/gb-2007-8-5-405. http://genomebiology.com/2007/8/5/405.
367. http://www.petergena.com.
368. http://www.molecularmusic.com/.

compositeurs afin de révéler la structure musicale du vivant et illustrer leur perception de la génomique. Cette musique des sphères a pu être mise en lumière depuis que cette nouvelle science de la génétique a vu le jour en 1953[369], inaugurée par la découverte de l'ADN par Jim Watson et Francis Crick (et Rosalind Elsie Franklin)[370]. Si ce que nous avons présenté dans ce chapitre relève davantage d'une démarche artistique, il y a d'autres approches de recherche sur les sons de vie, parfois très anciennes. Abordons-les à présent, afin de nous permettre d'entrevoir de nouvelles perspectives qui s'ouvrent à nous grâce à une compréhension de plus en plus précise des liens qui unissent les sons et la vie.

369. J. D. Watson et F. H. C. Crick, *Nature*, 171, 1953, p. 737-738. http://www.nature.com/nature/dna50/watsoncrick.pdf.

370. C'est grâce aux clichés d'ADN de Rosalind Elsie Franklin, obtenus par la technique de diffraction des rayons X, que Watson et Crick ont fait leur découverte qui leur a valu le prix Nobel de physiologie et de médecine en 1962. Le nom de cette femme, décédée entre-temps, a été ajouté par la suite.

18

Le son de vie

Quand les vaches errent sur les flancs de la montagne et que Krishna les appelle au son de sa flûte, les arbres et les lianes de la forêt répondent en devenant tellement luxuriantes, en donnant des fruits et des fleurs, à un point tel qu'elles semblent être la manifestation de Vishnou dans leurs cœurs.

Bhâgavata (10.35.8-11)

De très anciennes traditions relatent l'utilisation de chants spécifiques en lien avec la nature ou l'agriculture. Par exemple, d'anciennes mythologies relatent que la musique peut avoir une influence sur les plantes. Ainsi, il semble que le son de la flûte de Krishna faisait s'épanouir les fleurs. Plus tard, au XVIe siècle, le célèbre musicien indien Tansen faisait, dit-on, fleurir les plantes avec ses chants de ragas[371].

Pasibutbut

Chez la tribu Bunun de Taïwan, il existe un chant appelé *Pasibutbut* qui favorise la récolte du millet[372]. Ce chant très prenant est interprété par un groupe de chanteurs se tenant debout en cercle, bras dessus, bras dessous, oscillant doucement et chantant en chœur de façon monodique, dans une dynamique ascendante et douce. Le chant de cette ancienne tribu

371. Tansen (1506-1589), musicien à la cour de l'empereur Akhbar. Titre d'un film indien datant de 1943 et relatant sa légende.

372. http://www.youtube.com/watch?v = MylWc4RF7vI.

austronésienne est traditionnellement considéré comme magique et miraculeux. Il est toujours pratiqué par cette peuplade qui a pu garder sa culture face à la Chine moderne. En revanche, aucune étude n'a été entreprise à notre connaissance pour savoir ce que ces incantations pouvaient apporter à la pousse du millet. Ce chant est dépeint par les ethnomusicologues, tour à tour, comme un chant de germination ou un chant de récolte ou qui favorise la récolte. Dans tous les cas, il est décrit comme magique, nous dirions chamanique.

Le chant des îles Trobriand

Entre 1915 et 1918, l'ethnologue Bronislaw Malinowski (1884-1942) a étudié une peuplade vivant aux îles Trobriand (Papouasie–Nouvelle-Guinée) et ayant de curieux rites magiques liés à l'agriculture. Lors de la mise en terre des tubercules d'igname (patate douce) appelés *taytu*, plante qui constitue leur nourriture de base, les cultivateurs trobriandais imitent le chant d'un oiseau très mélodieux, le cassican flûteur (*butcherbird*), appelé aussi corbeau-flûteur-pie et que les indigènes nomment *kabwaku*[373].

Voici ce qu'il écrit dans son livre *Les jardins de corail*, publié pour la première fois en 1935[374]:

> Le travail en commun est égayé par des défis et des cris mélodiques [...]. Le plus typique d'entre eux, [est le] le *kabwaku*. [...] Le *kabwaku* est un oiseau extrêmement mélodieux, que les indigènes imitent à s'y méprendre en modulant la voyelle *e*, d'une voix de fausset très aiguë.
>
> [...] Les indigènes affirment qu'il n'y a pas de magie dans cette formule [...] elle est dans une certaine mesure considérée comme indispensable à la santé des plants. « Elle fait pousser le *taytu*. » Ces cris sont tabous avant le début de la plantation et ne sont jamais proférés en d'autres occasions.
>
> [...] Les mélodies de la plantation sont désignées par l'expression *tadodo'usi taytu*, « nous appelons au *taytu* ».

---

373. Sans connaître l'anecdote que nous relatons ici, nous avons utilisé ce chant d'oiseau dans *Musique du ciel* (1990).

374. Bronislaw Malinowski, *Les jardins de corail*, La Découverte, 2002, p. 123-124 (rééd. De Maspero 1974, traduit d'une édition originale de 1935: *Coral Gardens and Their Magic: A Study of the Methods of Tilling the Soil and of Agricultural Rites in the Trobriand Islands*).

Le cri *kabwaku* est le suivant :

Kabwaku E-E-E-E-E-E !
Ula'i taytu wakoya
Wawawawawa...

Notons au passage que d'autres formules, magiques cette fois, sont utilisées lors de la plantation des ignames, appelées « le réveil du germe » :

> Nous plantons le *taytu*. Déjà il est couché dans le sol, plus tard il entend la magie au-dessus de lui. Le magicien des jardins récite la magie, il fait sortir le germe du sol. [...] D'une voix claire et sonore, le magicien fait pénétrer les mots dans le sol[375].

C'est la biologiste Pearl Weinberger de l'université d'Ottawa, en Ontario au Canada, qui cite Malinowski dans sa recherche sur les effets de sons de fréquences variables sur la croissance des plantes.

> Le folklore a souvent associé des sons musicaux spécifiques ou de type incantatoire avec la croissance des plantes exposées à ces cadences pendant la germination et la croissance ultérieure. [...] Dans certaines cultures du Pacifique, des cris mélodiques, imitant les cris d'oiseaux indigènes, sont toujours utilisés lorsque les plantes sont mises en terre dans les champs[376].

Dans la même étude, Pearl Weinberger fait état d'autres traditions musicales, africaines cette fois, en lien avec l'agriculture. Elle a d'ailleurs employé des enregistrements d'archives en provenance d'une tribu de la vallée de la Tonga au Zimbabwe, dont le village gît maintenant au fond du lac du barrage de Kariba[377].

---

375. *Les jardins de corail*, *op. cit.*, p. 129-131. Pearl Weinberger cite Malinowski en 1973 dans sa recherche : *The Effect of Variable-Frequency Sounds on Plant Growth.*

376. *Folklore has frequently associated specific sounds of the musical or incantation type with the growth habit of plants exposed to these cadences during germination and subsequent growth. (...) In some Pacific cultures, melodic cries, mimicking the calls of birds indeginous to the region are always used when plants are tended in the field.* Weinberger, P. *and* Graefe, U. (1973). *« The effect of variable-frequency sounds on plant growth », Canadian Journal of Botany*, 51 : 1851-1856.

377. Weinberger, P. *and* Graefe, U. (1973).

Auteure de nombreuses recherches sur l'influence des sons sur les plantes publiées à partir de 1968, Pearl Weinberger fait figure de référence dans le domaine[378].

Ses études semblent avoir été précédées par celles de George Obolensky qui, en 1960, a publié une étude s'intéressant à l'accélération de la germination de graines d'orge traitées par les ultrasons :

> On a traité des graines d'orge à différentes fréquences ultrasonores (30, 80, 570, 720, 960 kHz) avec des puissances de 2 à 5 W/cm^2, de 5 à 25 minutes, en vue d'étudier le mécanisme d'action des ultrasons sur le processus de la germination. [...] Le traitement provoque une accélération de la germination et modifie favorablement la durée de celle-ci. [...] Les processus enzymologiques produisant la thermogenèse biologique sont nettement accélérés par les ultrasons[379].

Dans ces années-là, plusieurs recherches sont entreprises par le Dr Singh, de l'université d'Annamalai (Inde). À partir de 1953, il en publie les résultats. Il a commencé ses expériences en stimulant la croissance de différentes plantes avec un diapason électrique, puis avec de la musique

---

378. Liste de ses publications, dont un brevet :
- Weinberger, P. *and* Measures, M. (1968), « *The effect of two audible sound frequencies on the germination and growth of spring and winter wheat* », *Canadian Journal of Botany*, 46 : 1151-1161.
- Measures, M. *and* Weinberger, P. (1970), « *The effect of four audible sound frequencies on the growth of Marquis spring wheat* », *Canadian Journal of Botany*, 48 : 659-662.
- Weinberger, P. *and* Das, G. (1972), « *The effect of an audible and low ultrasound frequency on the growth of synchronized cultures of* Scenedesmus obtusiusculus », *Canadian Journal of Botany*, 50 : 361-365.
- Measures, M. *and* Weinberger, P. (1973), « *Effects of an audible sound frequency on total amino acids and major free alcohol-soluble amino acids of Rideau wheat grains* », *Canadian Journal of Plant Sciences*, 53 : 737-742.
- Weinberger, P. *and* Graefe, U. (1973), « *The effect of variable-frequency sounds on plant growth* », *Canadian Journal of Botany*, 51 : 1851-1856.
- Weinberger, P. *and* Measures, M. (1979), « *Effects of the intensity of an audible sound on the growth and development of Rideau winter wheat* », *Canadian Journal of Botany*, 57 : 1036-1039.
- Weinberger P. Ottawa, Patent N° US3703051, *Methods for improving the growth characteristics of plant material such as seeds and growing plants*, 29/07/1971.

379. « Étude microcalorimétrique de l'accélération de la germination des graines, traitées par les ultrasons », dans *Biologia Plantarum*, vol. 2, n° 3, septembre 1960, p. 227-239.

classique de l'Inde, interprétée en direct par des musiciens. Le Dr Singh a déclaré qu'il avait prouvé sans l'ombre d'un doute que l'harmonie des ondes sonores affecte la croissance et le rendement des plantes et leur assimilation de carbone jusqu'à 200 pour cent par rapport à des plantes témoins[380].

En 1973, Dorothy Retallack publie un petit livre relatant ses expériences d'étudiante en biologie au sujet de l'influence de la musique observée sur des plantes[381].

En 2008, le sujet est toujours aussi actuel puisque, dans le cadre du dépôt d'une thèse de maîtrise en biologie, une étude très synthétique a été menée par Marcelo Silveira Petraglia[382] de l'université Estadual Paulista de Botucatu (Sao Paulo, Brésil). En voici le résumé :

> L'étude des effets que les sons et la musique peuvent avoir sur les plantes a été traitée de façon générale dans le passé, comme une question controversée. Cette présente étude aspire à examiner, dans un paradigme interdisciplinaire, quels mécanismes d'action sont impliqués et s'il est possible d'établir une relation de résonance et de cause et d'effet, linéaire ou pas, entre la vibration acoustique, la musique et les plantes.
>
> Nous avons effectué d'abord une étude comparative des diverses recherches précédentes sur le sujet, explorant leurs données, méthodologies et corrélations. [...]
>
> En général, nous avons constaté une cohérence entre les résultats obtenus dans les expériences que nous avons conduites et les données trouvées en littérature. [...] Il est possible de conclure qu'un processus acoustique peut effectivement influencer le développement

380. La plupart des travaux du Dr Singh ont été publiés par l'université d'Annamalai, où il dirigeait le département de botanique. T. C. N. Singh, 1965, « *On the growth and tillering in paddy variety Patambi under the irradiation of musical sound* », *Journal of Annamalai University*, 26 : 100-103. T. C. N. Singh and S. A. Gnanam, 1965, « *Studies on the effect of sound waves of nadeswarum on the growth and yield of paddy* », *Journal of Annamalai University*, 26 :78-89. (Citées par Pearl Weinberger, 1973.)

381. *The Sound of Music and Plants*, DeVorss Santa Monica, 1973.

382. Musicien, compositeur, titulaire d'une maîtrise en biologie générale et appliquée de l'université Estadual Paulista (2008).

d'une plante, mais que nous n'avons pas encore de bonne hypothèse pour expliquer cette interaction. [...]

1. Les organismes végétaux peuvent être affectés dans leur développement par un stimulus sonore.
2. La réponse d'un organisme végétal est sensible à la fréquence et à l'intensité du stimulus.
3. Le temps d'exposition et le calendrier de développement de la plante où le stimulus se produit semblent être des déterminants importants pour la réponse.
4. Le stimulus sonore est d'une nature bidirectionnelle et peut à la fois favoriser et inhiber la croissance des plantes.
5. Les plantes semblent avoir la capacité de reconnaître et de réagir aux sons organisés sous forme de musique[383].

L'auteur fait allusion ici aux études contradictoires publiées depuis environ un demi-siècle, dont certaines font état d'influences réelles des sons sur la croissance des plantes, tandis que d'autres font état d'une influence nulle. Cela s'explique, selon nous, par le fait que si ce ne sont pas les bonnes fréquences ou les bonnes musiques qui sont utilisées, l'effet est nul car il n'y a pas d'effet de résonance. Néanmoins, l'auteur de la thèse a constaté, lors de la reconstitution d'expériences, un réel effet des ondes sonores sur les végétaux, soit avec les «bonnes» fréquences ou musiques. Voyons maintenant comment cette influence pourrait être expliquée scientifiquement.

La génodique de Sternheimer : les protéodies[384]

Nous avons cité précédemment les recherches de David Deamer qui a pu mesurer les fréquences des bases de l'ADN et les traduire en musique. Après avoir mesuré les fréquences absorbées par l'ADN au moyen d'un spectromètre à infrarouges, il a divisé les longueurs d'ondes obtenues par 236 afin de les transcoder dans une gamme de sons audibles par transfert

383. *Estudos sobre a ação de vivrações acusticas e musica em organismos vegetais*, Marcelo Silveira Petraglia, Botucatu, Sao Paolo, Brésil. (Étude de l'action des vibrations acoustiques et musicales sur les végétaux.) Thèse de maîtrise en biologie. http://www.ouvirativo.com.br/rede/textos/textos-pdf/tx_mp_dissertacao.pdf.

384. http://www.bekkoame.ne.jp/ ~ dr.fuk/IndexF.html.

d'octaves. Il semblerait que cette même démarche ait été appliquée par le physicien français Joël Sternheimer qui aurait découvert, dans les mêmes années que David Deamer, l'existence de fréquences audibles, pour les acides aminés cette fois, et qui, après d'autres mesures et calculs, les aurait transcodées lui aussi par transfert d'octaves grâce à un processus qu'il nomme « ondes d'échelle ». Sa nouvelle science s'appelle la génodique.

> La génodique est une discipline nouvelle, située à l'intersection de la physique fondamentale, de la musique et de la biologie, qui étudie des aspects ondulatoires de l'expression du génome. Elle se fonde sur :
>
> - la caractérisation de séquences d'ondes naturellement émises lors de la traduction des gènes en protéines ; et
> - la description des « ondes d'échelle », qui permettent la communication entre les différents niveaux d'organisation des organismes vivants, en prenant en compte les dimensions de sujet associées.
>
> La recherche théorique et des expériences pratiques ont démontré qu'en utilisant des séries de sons harmonisés, directement accordés aux acides aminés dont la séquence compose les protéines, il est *a priori* possible de stimuler ou d'inhiber [...] la synthèse de tout type de protéine, de manière spécifique.
>
> Ces mélodies particulières (« protéodies ») permettent donc de réguler, en cas de besoin, les processus biologiques dans lesquels des protéines sont impliquées[385].

À partir de 1985, Joël Sternheimer a trouvé le rôle véritable que jouerait la musique sur les plantes. En 1992, le chercheur dépose un brevet : « Procédé de régulation épigénétique de la synthèse protéique[386]. » Celui-ci s'appuie sur une théorie selon laquelle la musique influence les êtres vivants de manière non auditive, soit par résonance moléculaire. Joël Sternheimer a découvert que les acides aminés avaient chacun une fréquence correspondant à une note de musique.

Ce chercheur a mis en évidence l'existence d'ondes d'échelle qui seraient des fréquences émises par les acides aminés à l'intérieur des cellules lors de la synthèse des protéines. Au moyen de la physique quantique, il est arrivé à calculer la fréquence de ces ondes inaudibles et à expliquer

---

385. http://www.genodics.com.
386. Brevet n° FR 92 06765 confirmé par un jugement en 2004.

par ce moyen l'interactivité vibratoire des molécules les unes avec les autres. Il a déterminé que chacun des vingt acides aminés connus émettait une fréquence propre. Ces fréquences se combinent ensuite dans l'ADN, qui forme ainsi un langage vibratoire, à la base de la vie. En décryptant ces fréquences, puis en les reproduisant à un niveau audible par transfert d'octaves, il est arrivé à stimuler la synthèse des protéines.

Une protéine est une sorte de collier dont les perles seraient les acides aminés. Chaque protéine est donc composée d'une suite d'acides aminés qui correspondent pour chacun d'entre eux à une note ou à un son, c'est-à-dire à une fréquence. Ainsi, une protéine devient une phrase fréquentielle, soit une chanson ! Par exemple, la protéine *xyz* pourrait être la chanson *Au clair de la lune* et la protéine *abc, Frère Jacques* ou *À la claire fontaine*. La phrase sonore de la protéine peut comporter une dizaine de fréquences ou plusieurs centaines, suivant sa complexité.

Grâce au génie génétique et au décryptage de différents génomes, de nombreuses séquences protéiques sont aujourd'hui connues et disponibles sur Internet. Joël Sternheimer a démontré que la diffusion de la séquence sonore d'une protéine à l'aide de haut-parleurs pouvait stimuler ou, au contraire, neutraliser sa synthèse. Il en a fait la démonstration, entre autres, sur des plants de tomate. Il a réussi à stimuler la fructification de plants expérimentaux en diffusant de manière répétée (de 1,5 min à 3 min par jour) la séquence musicale de la protéine favorisant la floraison. Il a aussi utilisé la musique de la protéine TAS14 qui a aidé des tomates à résister à la sécheresse en Afrique (Dakar, au Sénégal, 1996).

En outre, grâce à l'obtention de la séquence sonore permettant de stimuler une protéine, il serait possible de fabriquer aussi la séquence d'inhibition permettant de neutraliser l'activité protéique, uniquement en jouant sur les fréquences. On utilise alors les fréquences symétriquement opposées ou en « opposition de phase », phénomène bien connu en physique[387]. À chaque protéine correspond donc une suite de fréquences favorisant sa croissance (par amplification ou par stimulation) et une autre en opposition de phase, la bloquant (par inhibition).

Entre 2000 et 2003, Joël Sternheimer a œuvré à la mise en place d'applications agronomiques au sein du Nagata Agricultural Research Insti-

---

387. Ce procédé est notamment adapté à des casques de protection acoustique et pour diminuer la pollution sonore dans certains avions.

tute à Tokyo, au Japon. Puis, il s'est intéressé à des applications vinicoles en Champagne, Alsace, Lot et Loir-et-Cher, en France. Il cherche avec succès à favoriser l'épanouissement de la plante et à diminuer l'action des maladies fongiques ou autres (esca, mildiou, mosaïque). Il a entrepris une étude clinique pilote au sein du Department of Medical Science, St. Marianna University, Kawasaki, Japon (2000-2004). Il a démontré que la bactérie bioluminescente marine *Vibrio fischeri* voyait sa luminescence augmenter à l'exposition de la musique de la protéine correspondante.

Ces recherches seraient-elles applicables à la santé humaine ? Nous répondons oui sans hésiter, en sachant que de nombreux obstacles de toute nature entravent encore ce genre de perspectives : la musique est l'avenir de la médecine et la médecine est l'avenir de la musique.

Voici quelques exemples cités par Joël Sternheimer concernant des séquences protéiques trouvées dans certaines musiques du répertoire[388] :

- *O sole mio*, du compositeur Francis di Capua. On trouve dans les premières notes l'atp 6, ou protéine de la photosynthèse du tournesol. Musique composée à Odessa, Ukraine, 3e producteur mondial de tournesol.
- *Ringo-no-Uta, la chanson des pommes* de Manjome Tadashi. Inhibiteur d'acrosine 2, une protéine protège l'ovule. Or, cette musique qui, selon Joël Sternheimer, désinhibe l'ovule, a été très populaire après l'explosion de la bombe d'Hiroshima.
- *Valse en la bémol majeur* de Brahms (op. 39, n° 15) – G. Cziffra [CD EMI, *Pages immortelles*, plage n° 13] : thème de la beta-lactamase du *Bacillus Cereus*.
- *Aylilulilu*, Cantor Yossele Rosenblatt [CD *Yiddish Lullabies*, plage n° 1] : thème de l'inhibiteur du récepteur gamma 4 des cellules T humaines.
- *Aimer*, Damien Sargue et Cecilia Cara, extrait de *Roméo et Juliette* (G. Presgurvic), CD Mercury 2000 : thème de l'inhibiteur de l'inhibine beta-C humaine qui favorise la fertilité. Y a-t-il eu un pic de natalité en France cette année-là ?

---

388. http://sites.radiofrance.fr/francemusique/em/portee_mots/emission.php?e_id = 7&d_id = 270000555&arch = 1.

- Thème du *Lac des cygnes*, Tchaïkovsky (célèbre *Andante* de la fin du 1er acte) : inhibiteur de la tuberculine.
- *Le beau Danube bleu*, J. Strauss, op. 314 Orchestre Philadelphia, direction Eugene Ormandy : superposition lactoglobuline/récinositol triphosphate : coordination neuromusculaire.
- *Popcorn*, Hot butter (Barclay 61641J, 1972) : thème de la protéine *heat shock* : hsp101 du maïs.
- *Quartette en ré mineur K421*, début du 3e mouvement, d'Amadeus Mozart, réputé avoir été composé pendant l'accouchement de son premier bébé la nuit du 17 juin 1783 : thème du récepteur de l'ocytocine. Interprété par Oleg Kagan (*Live Classics,* 1999).

Nous avons beaucoup de considération pour ces travaux de pionniers que nous venons d'évoquer. Dans ces recherches réside, selon nous, une voie d'exploration qui ne va cesser de se développer. Les obstacles ralentissant l'application de ces recherches sont passagers, et bientôt tout cela sera compris scientifiquement et disponible pour le bien de tous.

Nous avons d'ailleurs été intéressés il y a quelques années à créer un projet applicable à l'agriculture ; ce fut *Agri-Sonic*. Ce projet n'a pas vu le jour, car nous avons été appelés à nous consacrer aux êtres humains et au soulagement de leurs souffrances par la transmission des musiques, ainsi que l'enseignement que nous apportons pour favoriser le bien-être et l'harmonie, aider nos semblables à guérir et à se guérir et faire avancer la science et la médecine. Voyons enfin comment de nouvelles recherches peuvent ouvrir encore d'autres horizons dans ce domaine qui nous est cher.

19

Nouvelles perspectives

Si l'on veut capter une émission de radio ou de télévision diffusée par un émetteur, cela prend une antenne accouplée à un récepteur accordé sur la même longueur d'onde. Si le récepteur est en désaccord avec l'onde diffusée, c'est-à-dire « désaccordé », rien ne se passe. Les fréquences de l'émetteur et du récepteur doivent être accordées en « sympathie » (c'est le terme scientifique) pour que l'émission puisse être transférée.

Une musique ou une onde sonore sont produites par un générateur de fréquence : instrument de musique, ordinateur, diapason, bol tibétain, chaîne stéréo... Les organes, les cellules, les molécules vibrent sur certaines fréquences et y sont accordés. Si le son ou la musique contient ces fréquences, il y a influence par résonance sympathique ; en cas contraire, rien ne se passe. Si la fréquence est en opposition de phase, il y a alors une réaction d'inhibition qui neutralise l'activité vibratoire sur le plan biologique.

De plus en plus de chercheurs œuvrant dans un esprit d'ouverture s'accordent sur le fait qu'une cellule vivante ou une molécule sont des émetteurs récepteurs d'ondes kilohertziennes. Cette perspective pourrait permettre d'expliquer que certains sons ou musiques influencent les plantes positivement et que d'autres n'en ont aucune ou même, dans certains cas, ont une influence destructive (rétrécissement des racines, action létale, etc.). Les nouvelles techniques d'imagerie médicale permettent, par exemple, de mettre en lumière la vibration cellulaire.

La musique cellulaire mise en images

Le Pr Gabriel Popescu, directeur du Quantitative Light Imaging Laboratory[389], a publié récemment un petit film[390] intitulé *Cell Walz* (*La valse des cellules*) dans lequel il montre la vibration d'un globule rouge et d'une membrane cellulaire filmés en temps réel. Ces images sont révolutionnaires et montrent comment les nouvelles technologies d'imagerie vont permettre, dans un temps très proche, de comprendre comment les sons interagissent sur le plan énergétique dans les vibrations cellulaires.

La sonocytologie

En mars 2004, le Dr James Gimzewski de l'UCLA (Université de Californie à Los Angeles) a publié ses travaux dans lesquels il montre comment, grâce à la nanotechnologie (science de l'infiniment petit) et un microscope à effet tunnel (*atomic force microscope*) qu'il a construit lui-même, il est arrivé à écouter et à amplifier le son de cellules vivantes.

En 2001, le Dr James Gimzewski a observé que lorsqu'on prend une cellule cardiaque vivante et qu'on la place dans un milieu nutritif, la cellule continue de battre au même rythme que l'organe d'où elle provient, c'est-à-dire qu'une cellule cardiaque bat elle-même comme un cœur. Il s'est alors demandé si ce phénomène était unique ou s'il se reproduisait pour d'autres types de cellules. Il s'est dit que si les cellules vibrent, elles créent nécessairement un son et que ce son, aussi ténu soit-il, devrait être détectable. Il devenait évident pour lui qu'une cellule émettait des vibrations et que même si ces dernières n'étaient pas audibles, elles pourraient le devenir à l'aide d'un capteur très sensible. Or, le Dr Gimzewski est un expert en nanotechnologie et il décide alors de fabriquer son propre microscope

389. Le laboratoire QLI (Quantitative Light Imaging) de l'université Illinois, dirigé par le Pr Gabriel Popescu, concentre ses recherches sur le développement des nouvelles méthodes optiques basées sur la dispersion lumineuse, l'interférométrie et la microscopie dans le but de quantifier la structure et la dynamique des cellules et des tissus. Le laboratoire est hébergé par le Department of Electrical and Computer Engineering and Beckman Institute for Advanced Science and Technology. Le laboratoire QLI se consacre à un champ de recherche interdisciplinaire en lien avec le développement technologique, la recherche en biologie et les applications cliniques. University of Illinois at Urbana-Champaign (UIUC), Department of Electrical and Computer Engineering Beckman Institute for Advanced Science and Technology, 405 North Mathews Avenue, Room 4055 Urbana, IL 61801.

390. http://light.ece.uiuc.edu/.

et de fonder une nouvelle science, qui aurait pour but d'étudier le son des cellules : la sonocytologie.

En 2004, il a réussi à détecter et à amplifier le son de cellules vivantes de levure de bière qui ont des fréquences de 933 Hz et 1773 Hz[391] ! Ces fréquences correspondent approximativement à un la ou à un la dièse de la gamme actuelle du piano à différentes octaves. Il a ainsi démontré ce qu'avaient pressenti avant lui Nikola Tesla et George Lakhovski : la cellule vivante est un corps oscillant qui émet des vibrations. Il a même pu enregistrer le son d'une cellule morte qui équivaut à un son de friture facile à imiter avec un poste de radio mal réglé. Il en a conclu que toutes les cellules vivantes (plantes, animaux) ainsi que les cellules humaines émettent des sons et que les vibrations émises sont différentes selon leur type ou leur état de santé. Ainsi, il a pu écouter des cellules cancéreuses qui ont un son différent des cellules saines, et il envisage la possibilité de pouvoir même faire des diagnostics « acoustiques » du corps humain au moyen de sa méthode. Par l'écoute du son des cellules lors d'un examen médical, il serait possible de mettre en évidence l'état de santé d'une personne et de produire un diagnostic.

De nouvelles découvertes confirment encore celles du Dr Gimzewski. Ainsi, le Dr Thomas Heimburg de l'université de Copenhague, au Danemark[392], a publié un article en 2007[393] où il mentionne que l'influx nerveux était musical. D'autres chercheurs sont parvenus aussi tout récemment à écouter le son des neurones dialoguant ensemble, appelé « potentiels ». Brian J. Ford décrit ce processus dans un article paru en avril 2010 , « Les secrets de l'intelligence se trouvent dans une seule cellule » :

> [...] en 2004, nous avons décidé d'enregistrer ces potentiels à partir des neurones en culture en laboratoire. Ils émettent des signaux électriques d'environ 40 hertz, qui sonnent comme un bourdonnement, un bruit irritant lorsqu'on les transcode en fichiers audio. J'ai utilisé des logiciels spécialisés afin de distinguer le signal isolé du bruit de

---

391. « Dying Cells Dragged Screaming Under the Microscope », *Nature*, 423, 106-107 (8 May 2003), doi :10.1038/423106b.

392. Niels Bohr Institute, auteur de *Thermal Biophysics of Membranes*, Wiley-VCH Verlag GmbH, Weinheim, 2007.

393. *Controversial New Idea : Nerves Transmit Sound, Not Electricity*, LiveScience Managing Editor posted : 14 March, 2007. http://www.livescience.com/humanbiology/070312_nerves_work.html.

> fond afin de produire des sons ayant un pic plus proche de la fréquence de la voix humaine et donc plus facile à percevoir.
>
> Les résultats filtrés à environ 300 Hz donnent un fichier audio ayant la qualité hypnotique ressemblant à des cris d'oiseaux marins. [...] Pourrions-nous être à l'écoute du langage du cerveau[394] ?

À l'instar des astrophysiciens qui s'interrogent sur les structures de l'infiniment grand qu'ils qualifient eux-mêmes d'instrumentales ou de musicales, les biologistes qui œuvrent dans les structures de l'infiniment petit qui nous constituent arrivent aux mêmes conclusions : les univers cellulaires et moléculaires qui nous composent sont eux aussi sonores. Cette perspective montre notre corps constitué d'une symphonie cellulaire, composant cette musique des sphères de l'infiniment petit. Si l'on compare notre corps à un orchestre, chaque cellule en est un instrument, avec les chœurs, les cuivres, les vents, les tambours, etc. Le chef d'orchestre est notre cerveau et notre conscience. Chaque cellule joue sa propre musique avec la particularité qu'elle a dans son noyau un coffret secret : un écrin dans lequel se trouve un fichier, supportant la partition de toute la symphonie de vie de l'organisme au complet, notre corps. Donc, une cellule-instrument a la capacité de recréer un corps-orchestre en totalité et de rejouer toute la symphonie. C'est ce qu'on appelle le plan cellulaire ou code génétique, présent à l'intérieur du noyau de chaque cellule. Ce code cellulaire est le plan architectural de la cathédrale que nous sommes. Grâce à ce plan et à sa lecture, il est possible de recréer avec de la matière nouvelle toutes sortes de cathédrales biologiques, avec des pierres vivantes ou de la poussière infiniment petite, car nous ne sommes que poussière (humain = humus). La résurrection serait-elle musicale ?

Il est donc démontré aujourd'hui que les cellules vivantes émettent des sons. D'autres recherches démontreront bientôt que les molécules, les atomes et les particules qui les composent émettent également des vibrations sonores.

394. Traduction d'une partie d'un texte écrit par Brian J. Ford, « *The Secrets of Intelligence Lie Within a Single Cell* », *New Scientist*, 26 avril 2010.

La biologie numérique de Jacques Benveniste

Le procès fait à Jacques Benveniste (1935-2004[395]) par ses pairs pour ses découvertes au sujet de la « mémoire de l'eau » est odieux : on lui a reproché d'avoir démontré des choses « impossibles » et contraires aux lois admises en biologie et en physique. Michel Schiff a d'ailleurs démontré l'imposture scientifique de cet ostracisme[396].

Ses découvertes de phénomènes étonnants au sujet de la mémoire de l'eau lui ont permis par la suite d'entreprendre des recherches à la frontière de la biologie et de la physique. C'est ce qu'il a appelé la biologie numérique :

> Dans un système rendu allergique au blanc d'œuf, un cœur de cobaye ne fait pas de différence entre de l'ovalbumine numérique et la vraie ovalbumine. L'activité magnétique d'une molécule est amplifiée et retransmise de façon acoustique. Les molécules se parlent par des ondes sonores. Par des vibrations, elles entrent en résonance si elles ont les mêmes vibrations. Ce qui annonce la création future de médicaments vibratoires constitués uniquement de vibrations reproduisant l'activité du médicament, car une molécule biologiquement active dans sa fonction de signal n'est rien d'autre qu'un émetteur d'ondes kilohertzien. Les sons que la molécule envoie pour communiquer avec la molécule spécifique avec laquelle elle veut communiquer sont un système de résonance qui est le même que celui que nous utilisons dans la TSF pour transmettre des ondes à distance.
>
> Très rapidement, les médicaments tels que nous les connaissons deviendront numériques et je pense même que l'on se servira des fréquences pour inhiber l'activité des bactéries : en enregistrant le spectre de fréquences d'une bactérie et en lui renvoyant le même spectre en opposition de phase, la bactérie me pourra plus communiquer l'extérieur, donc va mourir[397].

395. Jacques Benveniste, *Ma vérité sur la mémoire de l'eau*, Paris, Albin Michel, 2005, http://fr.Wikipédia.org/wiki/Jacques_Benveniste.

396. Michel Schiff, Un *cas de censure dans la Science : l'affaire de la mémoire de l'eau*, Paris, Albin Michel, 1994.

397. Documentaire *Trait pour trait : Jacques Benveniste, science en eau trouble*, coproduit par France Supervision et Science frontières, 1996.

Benveniste donne une analogie assez anodine avec la musique. Deux cordes vibrant ensemble sur des fréquences proches produiront un battement (*beat*). La longueur de ce battement augmente quand les deux fréquences s'approchent l'une de l'autre, et quand elles sont les mêmes le battement disparaît. C'est ainsi que les musiciens accordent leurs instruments et qu'il explique sa théorie de la mémoire de l'eau. Toutes les molécules sont faites d'atomes qui vibrent constamment et émettent d'une manière très complexe un rayonnement infrarouge (détecté depuis des années et constituant pour les scientifiques une partie essentielle de l'armement des méthodes d'identification des molécules).

Cependant, en raison de la complexité de leurs vibrations infrarouges, les molécules produisent aussi des fréquences de battement plus basses. Il se trouve qu'elles sont dans la gamme audible par l'humain (20 à 20 000 Hertz), et sont spécifiques pour chaque molécule. Ainsi, elles émettent également des fréquences dans la gamme de la voix humaine et c'est ce signal que Benveniste détecte et enregistre.

Si les molécules peuvent émettre, elles peuvent alors recevoir. L'émission spécifique d'une espèce de molécules sera captée par une autre munie de la structure moléculaire en accord pour la recevoir. Benveniste appelle corésonance cette correspondance et dit que cela fonctionne comme un poste de radio : à réglage différent, sons différents.

C'est de cette manière, affirme Benveniste, que les molécules biologiques arrivent à communiquer à la vitesse de la lumière avec leur propre molécule correspondante et pas une autre. C'est pourquoi de minuscules changements dans la structure d'une molécule peuvent affecter profondément son effet biologique. Ce n'est pas que ces minuscules changements structurels font qu'elle est mal ajustée avec son récepteur biologique comme dans l'approche classique. Les modifications désaccordent la molécule par rapport à son récepteur. De plus, tout comme les postes de radio et les récepteurs, les molécules n'ont pas besoin d'être proches pour que la communication s'installe.

Le rôle de l'eau dans tout cela? La molécule étant entourée d'eau de toute part, une seule molécule de protéine a autour d'elle 10 000 molécules d'eau qui sont autant d'agents qui relaient et amplifient le signal biologique provenant de la molécule d'origine.

C'est comme un CD qui, de lui-même, ne peut donner de son, mais qui a les moyens de le créer, gravé à sa surface. Pour entendre le son, il faut passer par un amplificateur électronique. Tout comme le chanteur sur le CD est là en tant que mémoire, l'eau mémorise et amplifie ainsi les signaux qui ont été dissous jusqu'à cesser d'exister. Il n'est pas nécessaire que les molécules soient là, mais seulement leur empreinte sur la solution dans lesquelles elles sont dissoutes. Et c'est l'agitation qui fait la mémoire.

À quoi ressemble le son des molécules? Didier Guillonnet, collègue de Benveniste, dit qu'on n'en sait pas encore assez pour reconnaître un modèle. Un enregistrement de molécule de caféine, par exemple, donne un spectre qui ressemble à du bruit. Cependant, quand on repasse l'enregistrement sur un système biologique qui y est sensible, celui-ci réagit. Nous avons envoyé le signal de la caféine de l'autre côté de la planète par télécommunications classiques, et il y a encore un effet produit, mesuré sur du tissu vivant.

Autre exemple: le signal venant de l'héparine (composant du système de coagulation du sang) ralentit cette coagulation lorsqu'on le transmet par *e-mail* entre Chicago, aux États-Unis, et Clamart, en France. Il serait donc possible de transférer l'action de médicaments grâce aux techniques de communication standards[398].

Le Pr Luc Montagnier, prix Nobel de médecine, découvreur du virus HIV, donne des conférences[399] intitulées *Nano-elements: From Pathogenic Microorganisms* (*Nano-éléments en provenance des microorganismes*

398. Communiqué de presse, Paris, 4 octobre 2004 (Jacques Benveniste est décédé le 3 octobre 2004).

399. http://www.lesmotsontunsens.com/luc-montagnier-vaccin-contre-le-sida-memoire-de-l-eau-jacques-benveniste-2744.

pathogènes; voir résumé[400]), durant lesquelles il décrit que lors de ses recherches sur le VIH, il a constaté l'occurrence de phénomènes décrits par Jacques Benveniste.

---

400. Texte de présentation de la conférence: Il existe de nombreuses façons par lesquelles les agents infectieux peuvent persister chez leur hôte, en dépit d'une réponse immunitaire adéquate de ce dernier et l'utilisation médicale des inhibiteurs puissants de leur réplication. Les rétrovirus ont évolué pour trouver la meilleure solution afin de persister en silence dans la cellule hôte par l'intégration de leur ADN dans l'ADN de la cellule. Mais les bactéries ont aussi appris à rester presque indéfiniment dans les tissus ou les organes dans un état de repos, insensibles aux antibiotiques et mal exposés à des réactions immunitaires. Il est également une propriété générale des microorganismes pathogènes pour adapter leur génome très rapidement à toute réaction ciblée contre eux, soit endogène (réponse immunitaire) ou exogènes (traitement). Je vais décrire certains phénomènes nouveaux chez les bactéries et les virus qui peuvent contribuer à la chronicité de nombreuses maladies et aux difficultés de l'éradication de leur origine infectieuse.
Le premier est ce qui peut être mieux défini comme la dispersion génétique. Quand un mycoplasme en suspension est filtré à travers des filtres de 100 et 20 nm, qui sont des pores beaucoup plus bas que la taille moyenne de ces microorganismes (300 nm), le filtrat est apparemment stérile quand il est cultivé en milieu synthétique ou analysé par PCR de l'ADN et imbriqué PCR de l'ADN. Toutefois, lorsque le filtrat est incubé avec des lymphocytes T humains (en ayant auparavant vérifié l'absence d'infection par le mycoplasme), on détecte à nouveau la résurgence des mycoplasmes avec toutes ses caractéristiques au bout de deux ou trois semaines de culture, même si le filtrat est dilué jusqu'à 10-6.
Notre interprétation actuelle est que les nanostructures en vigueur dans le filtrat contiennent chacune un morceau de l'information génétique qui peut éventuellement reconstituer un génome infectieux entier à l'aide de cellules eucaryotes. Cela nous a amenés à explorer la nature de ces nanostructures et à découvrir un autre phénomène énigmatique, qui peut ou non être lié à la première: c'est la génération d'ondes électromagnétiques de basse fréquence (1000 à 5000 Hertz) par les filtrats de certaines espèces bactériennes et les virus dans les dilutions appropriées aqueuses. Il est en fait une émission de résonance à la suite de l'excitation par les très basses fréquences en provenance de l'arrière-plan électromagnétique.
Des bactéries pathogènes comme E. coli, Staphylococcus, Streptococcus, Clostridium, etc., ainsi que les mycoplasmes et les virus comme le VIH sont des sources de structures émettant les signaux. Ces signaux sont environ tous semblables, même si une analyse plus fine peut trouver des différences spécifiques aux espèces. Les plasmas de personnes chroniquement infectées par les mêmes agents également peuvent produire des signaux similaires. La nature et l'importance de la pathogenèse des molécules impliquées seront discutées.

> L'information génétique peut être transmise de l'ADN à quelque chose qui est dans l'eau [...]. Ceci est un pas de plus dans la science-fiction. Je crois que Jacques Benveniste avait beaucoup d'idées très audacieuses. Moi, je suis un peu son tracé[401].

> La biologie moléculaire [...] a atteint des limites et elle n'explique pas tout. Certains phénomènes, comme l'homéopathie, restent mystérieux. Je fais allusion à certaines idées de Jacques Benveniste (le scientifique qui a inventé la « mémoire de l'eau »), car j'ai récemment rencontré des phénomènes que seules ses théories semblent pouvoir expliquer. Je pars d'observations, pas de croyances. Certaines choses nous échappent encore, mais je suis convaincu qu'on saura les expliquer de la manière la plus rigoureuse. Encore faut-il pouvoir mener des recherches à ce sujet ! Si l'on commence par nier l'existence de ces phénomènes, il ne se passera rien[402].

Les prises de position publiques du Pr Montagnier en faveur de Jacques Benveniste sont audacieuses. Il faut dire que cet homme de science n'a plus rien à prouver ni plus rien à perdre.

Les dents ultrasoniques

Le 29 juin 2006, nous recevions une dépêche de l'AFP annonçant qu'une équipe de scientifiques de l'université de l'Alberta à Edmonton, au Canada, a réussi à faire se régénérer des tissus internes de racines dentaires grâce à un appareil à ultrasons.

Nous savions que la fréquence de 47 000 Hz favorisait la régénération osseuse et cela semble maintenant confirmé : le générateur a déjà été testé sur plusieurs dizaines de patients.

> Pour le moment, nous avons l'intention de l'utiliser pour traiter des dents fracturées ou malades et pour réparer des asymétries de la mâchoire, mais cela pourrait aussi s'appliquer aux hockeyeurs ou aux enfants qui se cassent une dent.
>
> Pr Lie Chen, expert en nanocircuits
> (l'un des pères de cette invention)

---

401. Pr Luc Montagnier, Lugano, 27 octobre 2007.
402. Pr Luc Montagnier, *Les combats de vie*, Paris, JC Lattès, 2008.

L'appareil miniaturisé a la taille d'un petit pois qui s'installe comme une couronne temporaire. Il est très confortable en bouche. Il envoie des ondes ultrasoniques qui massent la gencive et stimulent la croissance de la dent et en régénèrent les tissus internes, comme le feraient des cellules souches, une autre thérapie d'avenir pour la dentisterie et la médecine car, selon le Dr Chen, la même technique pourrait s'appliquer à tous les os du corps.

À l'origine de cette découverte, il y a eu les observations du Dr Tarek H. El-Bialy[403], dentiste spécialisé en orthodontie, en ingénierie tissulaire et cellulaire ainsi qu'en bioacoustique médicale (imagerie et thérapie). Il a mené des expériences sur des lapins ayant eu des tissus dentaires altérés qui ont été publiées à partir de 1999[404]. Il s'est rendu compte que l'application d'ultrasons basse intensité pouvait avoir une action régénératrice. Il a remarqué sous son microscope comment les tissus des racines dentaires se régénéraient sous l'action d'ultrasons de basse intensité à 1,5 MHz, alors que les échantillons témoins ne subissaient aucune modification. Il a aussi noté que cette technique régénérait seulement le tissu osseux interne et non l'émail superficiel. Le traitement durait 20 minutes par jour durant 5 semaines.

> Si la racine de la dent est brisée, elle peut maintenant être réparée [...] Et du fait que nous pouvons maintenant faire repousser la racine des dents, un patient pourra avoir maintenant ses propres dents plutôt que des objets étrangers dans sa bouche.
>
> Dr Tarek H. El-Bialy

Il a rencontré ensuite les professeurs Chen et Ying Tsui du département d'ingénierie de l'université afin d'utiliser la nanotechnologie et d'ob-

---

403. http ://myprofile.cos.com/telbialy.

404. Références :
- El-Bialy, T. (2007) « Therapeutic ultrasound applications in craniofacial growth, healing and tissue engineering », *Rejuvenation Research*, 10 (3), 367-372.
- El-Bialy, T. (2007) « Applications of therapeutic ultrasound in dentistry and craniofacial area : Present and Future », *Canadian Acoustical Association Journal*, 35 (2), 69-73.
- El-Bialy, T. H., Hassan, A., Albaghdadi, T., Fouad, H. A., and Maimani, A. R. (2006) « Growth Modification of the Mandible Using Ultrasound in Baboons : A Preliminary Report », *American Journal of Orthodontics and Dentofacial Orthopedics*, 130 (10), 435 e7-435 e14.

tenir un appareil miniaturisé, plus ergonomique que le prototype breveté en voie d'approbation par Santé Canada et la FDA (Food and Drug Administration). Cet appareil appelé « LIPUS ultrasound regrows tooth roots[405] » sera commercialisé à la fin de 2012[406].

Nous expliquons le fait que dans cette recherche seuls les tissus osseux internes de la racine dentaire ont été régénérés, en émettant l'hypothèse que l'émail dentaire, la dentine, etc., répondent à d'autres fréquences que celle utilisée par le Dr Tarek H. El-Bialy et restent à découvrir.

Ces découvertes enthousiasmantes sont naturellement à mettre en parallèle avec la sonocytologie du Dr Gimzevski dont nous avons évoqué les recherches précédemment. Elles concluent provisoirement l'évocation de ces disciplines d'avant-garde, avenir de la médecine... et de la musique.

---

405. LIPUS : Low Intensity Pulsed Ultrasound (ultrasons pulsés à basse intensité), ou régénération ultrasonique des racines dentaires.

406. Voir le reportage vidéo en anglais sur la CBC :
http ://www.cbc.ca/MRL/clips/rm-lo/gerow-tooth060629.rm.
http ://www.articlecodex.com/articles/health/Dentistry/Patent-Future :-LIPUS-ultrasound-re-grows-tooth-roots-859926.htm.
http ://en.wikipedia.org/wiki/Low_intensity_pulsed_ultrasound.

Conclusion

Nous voici arrivés au terme de ce voyage au pays des sons. Nous souhaitons qu'il a permis au plus grand nombre de prendre conscience de l'importance des sons dans la vie.

Ce cheminement nous a permis de présenter quelques éléments biographiques illustrant la précocité et la continuité de notre engagement sonore : le son de (ma) vie...

Nous avons exploré ensemble le monde des vibrations et de l'imagerie sonore. Nous avons apporté un regard neuf nous permettant de pourfendre le mythe du son créateur : pour nous, l'Univers crée les sons, non l'inverse. Nous avons cherché à illustrer la musique des sphères et non les sphères de la musique. À travers l'évocation du pythagorisme, nous avons montré à quel point les anciens Grecs avaient une perception avant-gardiste du monde et comment cette vision avait pu influencer la révolution copernicienne qui a rassemblé sous une même bannière plusieurs démarches révolutionnaires convergentes datant de la même époque avec, entres autres, les de Cues et Bruno.

D'autres étapes de ce voyage au pays des sons nous ont permis d'illustrer comment la vision pythagoricienne pouvait s'appliquer à notre relation à l'Univers (la terre, la nature, le cosmos) et finalement constater comment cette vision-là pouvait s'appliquer aussi à la science de l'infiniment petit.

Nous avons découvert à quel point notre constitution intime à l'intérieur de nos cellules pouvait relever d'une organisation sonore et même musicale : la musique des sphères cosmiques est devenue la musique des sphères moléculaires.

Merci d'avoir entrepris ce voyage sonore au pays du pythagorisme, de l'univers des sons et de la musique des mondes. Certains sujets auraient mérité peut-être quelques approfondissements. Nous avons voulu présenter une synthèse qui reste très imparfaite et nous sommes persuadés que le peu que nous avons relaté a permis au lecteur de se rendre compte à quel point la conscience de la musique et des sons nous relie à la vie, à tout ce qui nous entoure et à l'Univers. Pythagore avait donc vu juste. La musique des sphères est une réalité qui s'applique à l'infiniment grand, comme à l'infiniment petit.

L'infiniment grand que nous composons est musical et nous composons une symphonie cosmique. L'infiniment petit qui nous constitue est également sonore et notre corps est donc constitué d'une symphonie cellulaire et moléculaire... Cette musique des sphères extérieure et intérieure, cette connaissance, cette mathématique, a permis d'intégrer l'humain dans un contexte vivant, vibrant et infini au sein d'un Univers éternel, d'une symphonie cosmique, sans début ni fin.

Écouter un son, c'est prendre un bain d'éternité. Que cette leçon de vie, que cette leçon de musique éternelle, puisse continuer de vibrer en vous et autour de vous à l'infini !

Annexe 1

Anesthésie à l'aide de la musique

Dr Sergio Sabolo, assistant d'anesthésie et de réanimation à l'hôpital pour enfants Regina Magherita, à Turin, en Italie (1993), traduction : Alain Carré.

Mon expérience d'anesthésie à l'aide de la musique remonte à une quinzaine d'années alors que, me rendant compte que ma fille, absorbée dans l'écoute de contes sonores, se coupait complètement du monde extérieur, j'avais essayé de répéter l'expérience avec des enfants qui devaient être soumis à l'endormissement pour une intervention chirurgicale. Le résultat avait été enthousiasmant parce qu'ils acceptaient beaucoup plus facilement les préparatifs pour l'administration du narcotique.

C'est seulement après la rencontre avec le Pr Alain Carré qui m'a présenté les résultats d'un travail fait par le Dr Gruel au Centre hospitalier régional de Rennes, que j'ai décidé de poursuivre cette recherche d'une façon plus rigoureuse.

Pour cela, j'ai divisé les enfants en 3 groupes de 20 enfants, répartis par tranches d'âge :

- Groupe 1 : de 2 à 4 ans ;
- Groupe 2 : de 5 à 8 ans ;
- Groupe 3 : de 9 à 12 ans.

Parce qu'il était proposé l'écoute de musiques différentes aux trois groupes :

- Groupe 1 : musique orientale, très douce ;
- Groupe 2 : contes sonores, excluant ceux pouvant provoquer de l'angoisse ;

- Groupe 3 : large gamme de cassettes qui comprenaient aussi les chanteurs du moment les plus en vogue.

Ont été sélectionnés des enfants qui devaient subir des interventions de courte durée, au maximum de 45 à 60 minutes, et pour lesquels il n'était pas nécessaire d'utiliser un produit pharmaceutique myorelaxant (curare) parce qu'il n'aurait pas été possible d'évaluer s'ils avaient réagi anormalement au stimulus douloureux.

Comme pour beaucoup de ces enfants, il n'était pas possible de leur faire écouter la musique la veille, étant donné qu'ils étaient opérés le jour même de leur entrée (pour de petites interventions ambulatoires, des réductions de fractures, etc.). On a pensé procéder de la même manière pour tous.

On faisait choisir aux enfants les plus grands la musique ou le conte, et l'écoute commençait 15 minutes avant qu'ils partent pour le bloc opératoire. La prémédication n'était faite à aucun d'entre eux, afin d'éviter le traumatisme de l'injection intramusculaire, et pour que l'assoupissement éventuel ne puisse être attribué au tranquillisant.

Le comportement des trois groupes a été différent. En ce qui concerne le groupe 1, seulement 8 patients ont toléré le casque et se sont tranquillement éloignés de leur maman sans pleurer. Les autres :

- Ou bien ont refusé le traitement dès le début, en enlevant le casque de leurs oreilles ;
- Ou bien, au moment de la séparation d'avec la maman, ont eu une crise de pleurs et d'angoisse qui a duré jusqu'au moment de l'administration du narcotique, malgré l'écoute de la musique.

Aux enfants du deuxième groupe, il était expliqué qu'ils écouteraient la musique ou le conte choisi pendant tout le temps où ils resteraient éloignés de la maman et qu'à la fin du conte ils retourneraient dans leur petit lit. Pour tous ces patients, il n'y a pas eu de problème au moment de la séparation d'avec la mère.

Pour le troisième groupe, c'était presque un jeu. Si, au cours de la même matinée, on devait opérer deux enfants ou plus, ceux-ci réservaient avant la musique qu'ils voulaient écouter ; ils se donnaient l'un l'autre des conseils sur quoi choisir, transformant ainsi l'attente de l'intervention en un moment agréable.

Les huit enfants du premier groupe qui ne s'étaient pas opposés à la musique sont rentrés au bloc opératoire déjà endormis, et deux d'entre eux ne se sont même pas réveillés au moment de l'injection intraveineuse du produit anesthésiant.

Aux enfants des deuxième et troisième groupes, au moment de l'entrée au bloc opératoire, on demandait de fermer les yeux et de ne pas les rouvrir jusqu'à nouvel ordre et de continuer l'écoute. À tout le personnel, on demandait de réduire au minimum les bruits qui auraient pu de quelque façon créer de l'appréhension.

L'injection intraveineuse était pratiquée avec l'aiguille la plus fine possible et grâce à cela, l'endormissement commençait sans beaucoup de traumatisme. Pour tous, on utilisait le Fentanyl et le Déhydrobenzpéridol (droleptan) associés (analgésie neuroleptique), dans la proportion de 1 pour 50.

Pour tous les patients, il a été possible de réduire le dosage initial de Fentanyl de 10 gamma/kg (dose utilisée habituellement pour tous les autres patients) à 5 gamma/kg. Par conséquent, le Déhydrobenzpéridol a été lui aussi réduit de 50 %. On faisait respirer aux patients dans un masque, un mélange d'oxygène et de protoxyde d'azote à 50 %. Pour les interventions qui duraient plus de 30 minutes, on administrait une dose ultérieure de Fentanyl de 5 gamma/kg à la fin des premières 30 minutes d'endormissement. On rejoignait ainsi le dosage de 10 gamma/kg/heure qui s'avérait nécessaire pour obtenir un bon niveau d'anesthésie, avec cette différence que ce dosage n'était pas administré en une dose unique au début de l'endormissement, comme il était habituellement fait avec les enfants qui n'écoutaient pas la musique pour obtenir un bon niveau d'anesthésie et, grâce à cela, dans les interventions de courte durée (inférieures à 30 minutes), le réveil était plus rapide et sans douleur.

Les avantages de ce type d'anesthésie faite avec la musique sont les suivants :

1. Pas de prémédication ;
2. Tranquillité du malade qui arrive au bloc opératoire, ce qui fait que tous les préparatifs se déroulent dans le calme et la sérénité, et le traumatisme psychologique est grandement réduit.
3. Réduction jusqu'à 50 % des produits pour l'endormissement ;
4. Réveil tranquille et sans agitation, parce que l'enfant tend à retrouver au moment du réveil la situation qui précédait l'endormissement.

Les patients soumis à des interventions de moins de 30 minutes et qui n'avaient pas reçu une autre dose d'anesthésiant intraveineux étaient parfaitement réveillés environ 30 minutes après la fin de l'intervention, et quelques-uns voulaient de nouveau écouter la musique ou entendre la fin du conte qui leur avait échappé. Ils n'éprouvaient pas de douleur post-opératoire et ne s'étaient pas rendu compte de ce qui leur était arrivé.

Les mamans étaient pleinement satisfaites du résultat obtenu et, de cette façon, on a en partie réussi à dédramatiser, également pour elles, un moment autant chargé de tensions, comme peut l'être une intervention chirurgicale sur son enfant.

Annexe 2

Intérêt de la musique d'Emmanuel Comte dans un service de chirurgie vasculaire

Dr Yves Heynen, Dr Yves-Gabriel Heynen,
Dr P. Larnaudie, Dr M. Pourrieux, E. Comte,
Clinique Jeanne-d'Arc, à Vichy, en France (1996).

Résumé

Nous avons un réel intérêt pour utiliser de la musique en salle d'opération depuis 1983. Cela nous permet d'améliorer l'ambiance opératoire. La découverte de la musique d'Emmanuel Comte en 1993 nous a permis de constater des effets que nous n'avions jamais soupçonnés auparavant avec d'autres musiques. Après avoir opéré 250 personnes avec la musique d'Emmanuel Comte, nous avons clairement constaté chez nos patients une grande déconnexion, très favorable à la réalisation d'anesthésies locales. Nous avons constaté une baisse significative du stress opératoire et de la douleur. Ces observations ont été confirmées par une étude comparative portant sur 50 malades répartis en deux groupes : le groupe A n'avait aucune aide et le groupe B bénéficiait de la musique d'Emmanuel Comte intitulée *Musique du ciel* et d'un accompagnement parlé de type hypnose (hypnose ericksonnienne). L'étude démontre une baisse significative de l'angoisse et de la douleur, ainsi qu'une augmentation significative du confort.

Travaux réalisés dans les blocs opératoires de la Clinique Jeanne-d'Arc, à Vichy, en France par le Dr Yves-Gabriel Heynen, chirurgien vasculaire, ancien interne des Hôpitaux de Lyon, ancien chef de clinique à la faculté, assistant des hôpitaux, membre du Collège français de chirurgie vasculaire.

Introduction

Depuis 1983, nous utilisons, à l'instar de nombreuses équipes chirurgicales, de la musique en salle d'opération. C'est la rencontre avec Emmanuel Comte en octobre 1993 qui a totalement bouleversé notre expérience et nous a permis d'envisager d'autres utilisations à la musicothérapie. C'est cette expérience que nous pouvons rapporter aujourd'hui.

Expériences antérieures

Entre 1983 et 1993, nous avons testé différents types de musique. Nous avons remarqué que les musiques dites classiques ne peuvent constituer qu'un bruit de fond et ne permettent que d'améliorer une ambiance éprouvante. Seuls les patients déjà musiciens ou connaisseurs peuvent véritablement lâcher prise et se fondre dans la musique.

Usage des musiques classiques

Ces musiques peuvent constituer une musique d'ambiance dans les couloirs menant à un bloc opératoire, à condition d'être douces et agréables à l'audition. Elles peuvent être utilisées pendant les anesthésies générales pour favoriser l'harmonie d'une équipe ou au réveil par l'intermédiaire d'écouteurs. Le choix de telles musiques est une affaire d'expérience et le malade peut facilement y participer. Dans le bloc opératoire, les installations classiques de sonorisation stéréophoniques sont adéquates, de même que l'utilisation d'écouteurs, si le patient souhaite une écoute plus privative.

Usage des musiques de relaxation

Nous avons aussi utilisé des musiques dites de relaxation. On demande à ce genre de musique un bénéfice plus évident dans le déroulement d'une anesthésie. La relaxation doit rassurer le patient, le calmer, constituer en quelque sorte l'équivalent d'une prémédication à une intervention. Ces musiques sont à utiliser soit avant une intervention s'il s'agit d'une opération sous anesthésie générale, soit pendant l'intervention si l'opération se fait sous anesthésie locale. Nous avons utilisé de nombreux types de ces musiques qui ont apporté un certain degré de confort aux patients.

Mais dans le cadre particulier d'une intervention, les musiques dites de relaxation ne nous ont jamais permis de supprimer la prémédication ou d'aider les patients particulièrement angoissés. À notre avis, seuls les patients longuement entraînés à la relaxation peuvent bénéficier de ce genre de musique en pareille situation.

Découverte des musiques d'Emmanuel Comte

Premières observations cliniques

Depuis novembre 1993, nous utilisons la musique d'Emmanuel Comte. Nous avons constaté des réactions chez des patients que nous n'avions jamais soupçonnées auparavant, après 10 ans de pratique en musique.

Un état de conscience modifié

Nous avons constaté que la musique d'Emmanuel Comte créait un état de conscience modifié et permettait quelquefois d'obtenir des déconnexions plus importantes : les patients échappent d'une manière franche dans les temps et dans le lieu aux contraintes d'un bloc opératoire et d'une intervention chirurgicale.

Avantages pour l'anesthésie

Ce type d'état de conscience modifié est particulièrement favorable à la réalisation d'anesthésies locales, car il permet d'en diminuer considérablement la dose et donc les risques inhérents pour le patient. La musique d'Emmanuel Comte permet de supporter très facilement ce type d'anesthésie, puisque le stress lié à la présence dans le bloc opératoire ou l'appréhension à la douleur disparaît quasi totalement. Pour ce dernier type de musicothérapie, les musiques intitulées *Musique du ciel* et *Occidentale sagesse* sont particulièrement bien adaptées. Nous avons utilisé ces deux œuvres chez 250 malades opérés d'un éveinage par insuffisance veineuse (plus de 3000 patients en 2001).

Premières conclusions

La musique d'Emmanuel Comte permet de créer un état qui reste à définir. Elle a pu créer un tel détachement du corps que, dans certains cas où l'anesthésie locale n'avait pas endormi le nerf crural, ou imparfaitement, il a été possible de poursuivre l'intervention dans des territoires non anesthésiés, sans aucune aide supplémentaire. Nous avons voulu confirmer ces résultats dans une étude clinique.

Étude comparative sur 50 malades répartis en 2 groupes

Cette étude a fait l'objet d'un film et a été présentée lors du congrès « L'hypnose, un passage vers la guérison » organisé par l'Institut québécois d'hypnose ericksonnienne (IQTHE), qui s'est tenu à Sherbrooke, au Québec, du 9 au 14 août 1996.

Avertissement

Cette étude avait été prévue au départ pour être réalisée sur un échantillonnage de 100 malades répartis en 2 groupes. Nous avons dû le réduire à une population de 50 patients répartis en 2 groupes. Il nous a été difficile de recruter des personnes pour le groupe B (sans aucune aide), où les patients se plaignaient de ne pas avoir droit à la musique. Les résultats de cette étude pourront être jugés comme non significatifs, compte tenu du nombre insuffisant de patients répartis dans les deux groupes. Néanmoins, les résultats obtenus ont confirmé ce que mon équipe et moi avions constaté auparavant sur des centaines de malades.

1. *Protocole.* Dans tous les cas, il a été réalisé une anesthésie tronculaire du nerf crural en salle d'induction. Le malade reçoit un comprimé d'Atarax en prémédication. Il est ensuite conduit en salle d'opération où les champs opératoires sont disposés. La table d'opération a été modifiée pour offrir un confort de type chaise longue au patient.

2. *Durée de l'intervention, système d'écoute.* L'intervention dure 45 minutes. Dès qu'elle débute, la musique d'Emmanuel Comte, *Musique du ciel*, est diffusée en continu grâce à des haut-parleurs holophoniques placés dans les deux salles d'opération. Ce système holophonique (holophones de type intégral couplés à un amplificateur stéréophonique et à un lecteur de disques compacts) permet la restitution fidèle de la qualité sonore, avec restitution du son en 3D. Le niveau sonore a été réglé afin qu'il ne couvre pas la voix du chirurgien. En outre, le personnel a été réduit au minimum et a été entraîné à la discrétion, afin de réduire autant qu'il était possible tout stress sonore indésirable (instruments chirurgicaux, portes, bruits, conversations...).

3. *Musique et hypnose.* Dans un souci de rationalisation pour l'équipe soignante, nous procédons surtout en utilisant la fixation de l'audition du patient sur la musique. Cette dernière est utilisée pour potentialiser l'anesthésie et améliorer le confort opératoire. En plus de la

fixation sur la musique, nous utilisons l'hypnose de type conversationnelle. Cette technique consiste en un accompagnement verbal qui utilise le questionnement-ratification, la métaphore-conte ou, plus rarement, l'accompagnement dans un loisir ou un souvenir agréable. L'hypnose associée à la musique d'Emmanuel Comte nous a permis dans tous les cas de relaxer efficacement les personnes agitées ou anxieuses, autorisant l'intervention sans aide pharmacologique supplémentaire. Dans la plupart des cas, elle a permis aux patients d'oublier le moment opératoire, autorisant parfois même des gestes simples dans des zones peu ou pas anesthésiées.

4. *Description.* Cette étude comparative a été réalisée sur un total de 50 malades répartis en 2 groupes. Le groupe A bénéficiait de musique et d'hypnose, et le groupe B n'avait aucune aide. Les paramètres étudiés ont été :

   - le confort (opératoire, postopératoire) ;
   - l'angoisse (préopératoire, opératoire, postopératoire) ;
   - la douleur (opératoire, postopératoire).

   Les appréciations ont été recueillies par le chirurgien auprès du patient selon une échelle analogique graduée de 0 à 10. (Le confort – Opératoire – Postopératoire ; l'angoisse – Préopératoire – Opératoire – Postopératoire ; la douleur – Opératoire – Postopératoire.)

   Les appréciations ont été recueillies par le chirurgien auprès du patient selon une échelle analogique graduée de 0 à 10.

5. *Analyse des résultats.* Les tableaux des pages suivantes montrent les écarts d'angoisse, de confort et de douleur chez les patients opérés avec musique et hypnose (groupe A) et ceux opérés sans aucune aide (groupe B).

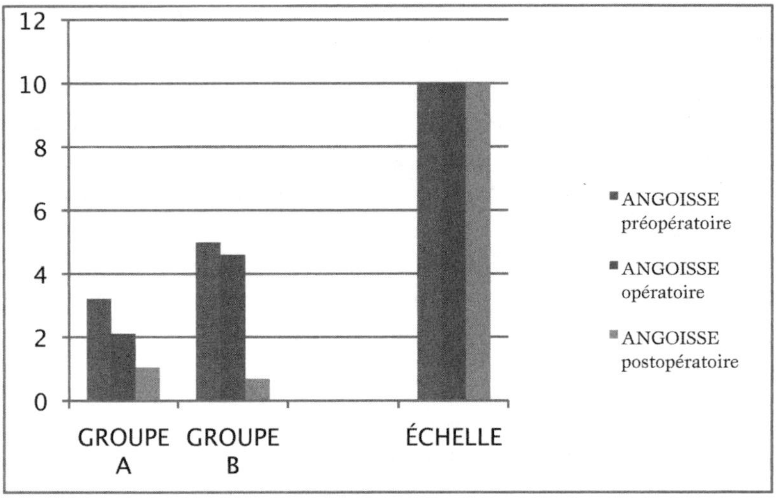

ANGOISSE

PRÉOPÉRATOIRE
GROUPE A : Échelle de 0 à 10 : 3,2/ÉCART –36 %
GROUPE B : Échelle de 0 à 10 : 5

OPÉRATOIRE
GROUPE A : Échelle de 0 à 10 : 2,1/ÉCART –54 %
GROUPE B : Échelle de 0 à 10 : 4,6

POSTOPÉRATOIRE
GROUPE A : Échelle de 0 à 10 : 1,05
GROUPE B : Échelle de 0 à 10 : 0,7

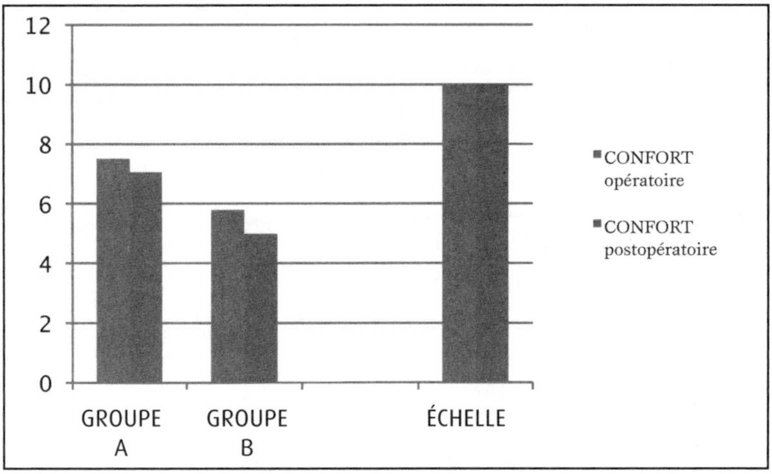

CONFORT

OPÉRATOIRE
GROUPE A : Échelle de 0 à 10 : 7,5/ÉCART + 29,4 %
GROUPE B : Échelle de 0 à 10 : 5,8

POSTOPÉRATOIRE
GROUPE A : Échelle de 0 à 10 : 7,05/ÉCART + 41 %
GROUPE B : Échelle de 0 à 10 : 0,5

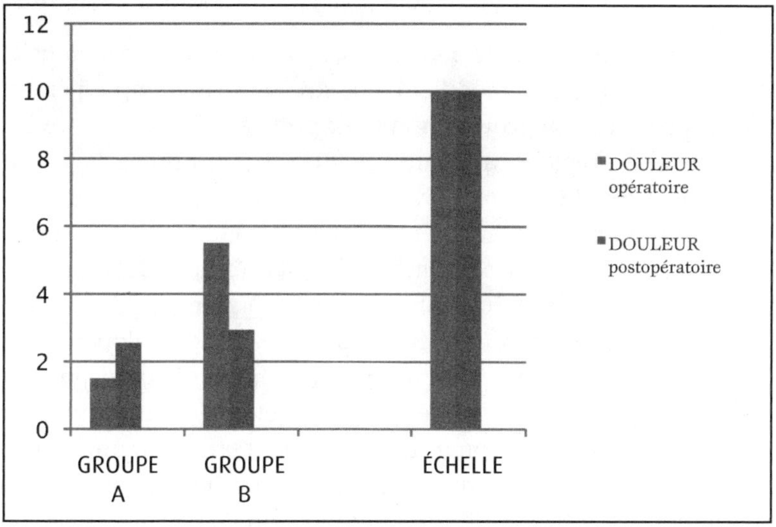

DOULEUR

OPÉRATOIRE
GROUPE A : Échelle de 0 à 10 : 1,5/ÉCART –72.6 %
GROUPE B : Échelle de 0 à 10 : 5,5

POSTOPÉRATOIRE
GROUPE A : Échelle de 0 à 10 : 2,55/ÉCART + 41 %
GROUPE B : Échelle de 0 à 10 : 2,9/ÉCART –13 %

Diminution de l'angoisse

Sur l'échelle de 0 à 10, l'angoisse préopératoire est passée de 5 dans le groupe témoin à 3,2 dans le groupe d'étude, soit une baisse de 36 %. Sur la même échelle, l'angoisse opératoire est passée de 4,6 dans le groupe B à 2,1 dans le groupe A, soit une baisse de 54 %. En ce qui concerne l'écart noté concernant l'angoisse postopératoire, il est non significatif.

Augmentation du confort

Sur l'échelle analogique de 0 à 10, le confort opératoire est passé de 5,8 dans le groupe témoin (B) à 7,5 dans le groupe d'étude (A), soit une augmentation du confort de 41 %.

Diminution de la douleur
La diminution de la douleur opératoire a été notée sur la même échelle à 5,5 dans le groupe B contre 1,5 dans le groupe A, soit une diminution de la sensation de douleur pendant l'opération de 72,6 %. La diminution de la douleur postopératoire donne un écart de 13 % en faveur du groupe A, qui a été jugé comme étant non significatif.

6. *Discussion et conclusion.* Dans 80 % des cas, la technique de musique et d'hypnose a permis de modifier l'idée stressante du temps opératoire et tous les patients du groupe A étaient prêts à subir une autre chirurgie sous anesthésie locale dans les mêmes conditions. Les résultats nous montrent d'une façon évidente qu'il y a une nette amélioration du confort du patient : augmentation de 29 % avant l'opération et de 41 % pendant. L'angoisse, quant à elle, est diminuée de manière significative : de 36 % en préopératoire et de 54 % pendant l'opération. En ce qui concerne la douleur, la baisse de 72 % pendant l'opération dans le groupe d'étude montre à quel point les patients du groupe A ont apprécié cette nouvelle médecine. Cette étude montre que l'utilisation de la musique d'Emmanuel Comte peut efficacement contribuer à aborder plus sereinement l'hospitalisation. Elle permet de diminuer de manière significative toute la pathologie liée au stress opératoire par la baisse de l'angoisse de la douleur ainsi que par l'augmentation du confort du patient.

Bibliographie

Anaximandre de Milet. *Fragments et témoignages*, Presses universitaires de France, 1991.

Anaximène. *La philosophie ionienne,* dans Robert Lahaye, *L'École de Milet*, Éditions du Cèdre, 1966.

Archimède. *Traité Le Sablier*, dans *Œuvres d'Archimède*, Éd. Chez François Buisson, 1807.

Aristote. *Traité du ciel*, Libraire philosophique de Ladrange, Éd. A. Durand, 1866.

Bach, Anna-Magdalena. *La petite chronique d'Anna-Magdalena Bach*, Éditions Buchet-Chastel, 1994.

Baudelaire, Charles. *Les fleurs du mal*, dans *Œuvres complètes*, tome 1, Gallimard, Bibliothèque de La Pléiade, 1975.

Benveniste, Jacques. *Ma vérité sur la mémoire de l'eau*, Albin Michel, 2005.

Boèce. *Traité de la musique*, Édition Brepols, 2004.

Burnouf, Eugène. *Bhâgavata Purãna*, Jean Maisonneuve 1840 et 1981 (5 tomes).

Bohm, David. *La plénitude de l'Univers*, Éditions Le Rocher, 1987.

Bruno, Giordano. *De l'infinito universo et mondi*, Venice, 1584, *Œuvres complètes*, Les Belles Lettres, 1994, tome III, *De l'infini, de l'Univers et des mondes*, traduction J.-P. Cavaillé.
De la causa, principio, e Uno (De la cause, du principe et de l'unité), 1584.
La Cena de le Ceneri (Le banquet des cendres), 1584.

Cage, John. *Pour les oiseaux*, Belfond, 1976, entretiens avec Daniel Charles, réédité en 2002 chez L'Herne.

Cellini, Benvenuto. *Mémoires de Benvenuto Cellini (1500-1571), orfèvre et sculpteur florentin*, deux tomes, Société littéraire de France, 1919. Réédité par Julliard en 1965, réf. 2546-414, *Vie de Benvenuto Cellini écrite par lui-même*, en deux volumes.

Chaignet, A. Ed. *Pythagore et la philosophie pythagoricienne*, Librairie académique, Éd. Didier et cie, 1874.

Chaillet, Jacques, Viret, Jacques. *Le symbolisme de la gamme*, *La revue musicale*, n° 408, 1988.

Chardak, Henriette. *L'énigme Pythagore*, Presses de la Renaissance, 2007.

Chladni, Ernst Florens. *Die Akustik*, Breitkopf & Härtel, 1802. *Entdeckungen über die Theorie des Klanges* (Découvertes au sujet de la théorie des sons), 1787.

Cicéron. *De la République*, dans *Histoire de la littérature romaine*, Éditions Delagrave, 1871.

Comte, Emmanuel. *Le son d'harmonie*, Éditions MedSon, 2009.

Copernic, Nicolas. *De revolutionibus orbium caelestium*, Nuremberg, 1543.
Des révolutions des orbes célestes, A. Blanchard, 1970.
De Hypothesibus Motuum Coelestium a se Contitutis Commentariolus (connu sous le titre de *Commentariolus*), dans *Œuvres complètes*, Éd. du CNRS, Éditions scientifiques polonaises, 1973.

Cousto, Hans. *The Cosmic Octave Life Rhythm*, Medocino (Californie), 1988, 2000.

Curzon, George Nathaniel. *Tales of Travel*, Hodder & Stoughton, 1923.

Darwin, Charles. *Voyages of the Beagle*, John Murray, 1889.

De Cues, Nicolas. *De la docte ignorance*, Éd. de la Maisnie, P.U.F., 1930.

De Gérase, Nicomaque. *Manuel d'harmonique*, trad. Charles-Émile Ruelle, Annuaire de l'Association pour l'encouragement des études grecques en France, Baur, 1881.

De Martinville, Édouard-Léon Scott. *Principes de phonautographie*, déposés en 1857 à l'Académie des sciences de l'Institut de France, Service des archives et du patrimoine historique de l'Académie des sciences et de l'Institut de France.

De Maupassant, Guy. *Contes de la bécasse*, dans *Œuvres complètes*, Louis Conard, 1909-1910.

Démocrite. *Fragments*, dans *Les Présocratiques*, Gallimard, 1988.

Descartes, René. *Lettre à Chanut, 6 juin 1647, dans Œuvres complètes*, Gallimard, Bibliothèque de la Pléiade, 1953.

Diogène, Laërce. *Vie de Pythagore*, Édition Slatkine, 2002.

Encrenaz, Thérèse, Bibring, Jean-Pierre, *et al.* *Le système solaire*, EDP sciences, CNRS Éditions, 2003.

Épicure. *Lettres et maximes*, Texte établi et traduit par Marcel Conche, PUF, 1987.

Euclide. *Les Éléments*, Presses universitaires de France, 1990.

Gomperz, Theodor. *Les penseurs de la Grèce : histoire de la philosophie antique*, Payot, 1910.

Grimm, Jakob et Wilhelm. *Der Rattenfänger von Hameln (Pied Piper of Hamelin)*, Deutsche Sagen, 1816.

Hart, Mickey. *Voyage dans la magie des rythmes, un batteur rock chez les chamanes*, Robert Laffont, 1992.

Heimburg, Thomas. *Thermal Biophysics of Membranes*, Wiley-VCH Verlag GmbH, 2007.

Hellet, Charles Funck. *De la proportion, l'équerre des maîtres d'œuvre*s, Cahiers techniques de l'art, 1949.

Héraclite. *Die Fragmente der Vorsokratiker*, Hermann Diels, Weidmannsche Buchhandlung, 1906.

Hérodote. *Histoire*, Éd. Charpentier, 1850.

Héron d'Alexandrie. *Les pneumatiques (Pneumatica)*, dans Albert Rochat, *La science des philosophes et l'art des thaumaturges dans l'Antiquité*, G. Masson éditeur, 1882.

Hersen, Pascal. *Morphogenèse et dynamique des Barchanes*, thèse de doctorat, École normale supérieure de Paris, 2005.

Hofstadter, Douglas. *Gödel, Escher, Bach : Les brins d'une guirlande éternelle*, Éd. Dunod, 2008.

Jamblique. *Vie de Pythagore*, Les Belles Lettres, 1996.

Jenny, Hans. *Cymatics 1 & 2. The Structure and Dynamics of Waves and Vibrations*, Basilius Presse. Réédition en anglais en 2005 : *Cymatics : A Study of Wave Phenomena & Vibration*, Macromedia, Newmarket (New Hampshire) 03857 USA.

Jouve, Guillaume. *Le problème des cordes vibrantes chez D'Alembert*, thèse, Université de Saint-Étienne, France. http://www.univ-st-etienne.fr/anum/fbp/jouve.pdf.

Kepler, Johannes. *Harmonice Mundi,* Johann Planck, 1619.

Lamont, J. V. *Der Erdstrom und der Zusammen Desselben mit dem Erdmagnetismus (Les courants telluriques et leurs relations avec le géomagnétisme)*, Leopold-Voss-Verlag.

Lauterwasser, Alexander. *Images sonores d'eau, la musique créatrice de l'Univers*, Médicis, 2007.

Liu, Hui. *Jiuzhang suanshu, dans Encyclopaedia of the History of Science, Technology, and Medicine in Non-Western Cultures*, Part 10, 1154-1157, doi: 10.1007/978-1-4020-4425-0_9348, 2008.

Livre des morts tibétain (Le). Éditions Adrien Maisonneuve, Librairie d'Amérique et d'Orient, 1975.

Lucrèce. *De la nature* (*De rerum natura*), Flammarion, 1998.

Malinowski, Bronislaw. *Les jardins de corail*, La Découverte, 2002.

Marcoz, Jean-Baptiste-Philippe. *Astronomie solaire d'Hipparque soumise à une critique rigoureuse et ensuite rendue à sa vérité primordiale,* Éditions De Bure Frères, 1828.

Meibom, Marc (Marcus Meibomius). *Antiquae musicae auctores septe*, Amsterdam, 1652.

Mille et une nuits (Les). Garnier-Flammarion, 1993, traduction d'Antoine Galland.

Montagnier, Dr Luc. *Les combats de vie*, Lattès, 2008.

Newton, Isaac. *Opticks*, Londres, 1704. En français : *Optique*, Christian Bourgois éditeur, 1989.

Novalis. *L'Europe ou la chrétienté, Œuvres complètes*, Gallimard, 1975.

Omotunde, Jean-Philippe. *L'origine négro-africaine du savoir grec*, vol. 1., Coll. Connaissance du monde nègre, Éditions Menaibuc, Yaoundé, 2001.

Payne, Cathy. *Silent Thunder*, Penguin Books, 1998.

Platon. *Critias, La République, Timée*, dans *Œuvres complètes,* Belles Lettres.

Pline l'Ancien. *Histoire Naturelle*, Paul-Émile Littré (éditeur), 1848-1850.

Plutarque. *Œuvres complètes*, Éditions Didier, 1844.

Polo, Marco. *Les voyages de Marco Polo*, dans *Le livre des merveilles*, 1298, Éditions Hatier, 2002.

Porphyre. *Vie de Pythagore*, 30, Les Belles Lettres, 1982.

Ptolémée, Claude. *L'Almageste*, Hermann,1927.

Quintilien, Aristide. *La musique*. Traduction et commentaire de François Duysinx, Bibliothèque de la faculté de philosophie et lettres de l'Université de Liège, Fascicule CCLXXVI, Librairie Droz, Genève, 1999, I, 9, p. 51-54.

Retallack, Dorothy. *The Sound of Music and Plants*, DeVorss, 1973.

Rousseau, Jean-Jacques. *Dictionnaire de musique*, tome onzième, Éd. Deterville, 1817.

Savart, Félix. *Mémoire sur la construction des instruments à cordes et à archet*, lu à l'Académie des sciences (Paris), le 31 mai 1819.

Schafer, Raymond Murray. *Acoustic Communication*, Ablex Publishing Corporation, 1984 (réédité en 2001 par Greenwood Press).
Le paysage sonore, Lattès, 1979.
The Soundscape : Our Sonic Environment and the Tuning of the World, 1993.
The Tuning of the World, 1977.

Schiff, Michel. *Un cas de censure dans la science : l'affaire de la mémoire de l'eau*, Albin Michel, 1994.

Shenton, Andrew. *Olivier Messiaen's System of Signs : Notes Towards Understanding his Music*, Ashgate Publishing, 2008.

Stanley, Thomas. *Pythagoras : His Life and Teachings*, Ibis Press (Florida), 2010.

Tannery, Paul. *De Thalès à Emphédocle, Pour l'histoire de la science hellène*, Gauthier Villars, 1930.

Thalès de Milet. dans Jean-Paul Dumont, *Les Présocratiques*, Gallimard, 1988.

Tomatis, Alfred. *Écouter l'Univers*, Robert Laffont, 1999.

Turok, Neil. *Endless Universe Beyond the Big Bang*, Doubleday Publishing, 2007.

Tyndall, John. *Sound*, 3e édition, Appleton and Co., 1875.

Verne, Jules. *Robur le conquérant*, 1886. Paru dans le *Journal des Débats politiques et littéraires* (Paris), du 29 juin au 18 août 1886.

Volland, Hans. *Handbook of Atmospheric Electrodynamics*, CRC Press.

Zhoubi, Suanjing. Traité, dans C. Cullen, *Astronomy and mathematics in ancient China: the Zhou bi suan jing*, Cambridge University Press, 1996.

Zillmer, Hans-Joachim. *L'erreur de Darwin*, Le Jardin des livres, 2009.

Articles de revues

Andreotti, B. « *The Song of Dunes as a Wave-Particle Mode Locking* », *Physical Review Letters*, vol. 93, n° 238001(4), 2004.

Balser, M., Wagner, C. (1960). « *Measurement of the Spectrum of Radio Noise From 50 to 100 c/s* », *J. Res.*, NBS 64D : 415-418.

Balser, M., Wagner, C. (1960). « *Observations of Earth-Ionosphere Cavity Resonances* », *Nature*, 188 : 638-641.

Balser, M., Wagner, C. (1962). « *Diurnal Power Variations of the Earth-Ionosphere Cavity Modes and Their Relationship to Worldwide Thunderstorm Activity* », *J.G.R*, 67 : 619-625.

Balser, M., Wagner, C. (1962). « *On Frequency Variations of the Earth-Ionosphere Cavity Modes* », *J.G.R*, 67 : 4081-4083.

Balser, M., Wagner, C. (1963). « *Effect of a High-Altitude Nuclear Detonation on the Earth-Ionosphere Cavity* », *J.G.R*, 68 : 4115-4118.

Cahiers des mardis-cliniques en soins infirmiers du CUSE, vol. 7, 1995-1996, p. 67-76. Université de Sherbrooke, Sherbrooke (Québec).

Chouet, Bernard. « Long-Period Volcano Seismicity : Its Source and Use in Eruption Forecasting », *Nature*, 380, 1996, p. 309-316.

Communiqué de presse, Jacques Benveniste, Paris, 4 octobre 2004.

Douady, Stéphane. « L'énigme des dunes chantantes », *Pour la Science*, n° 342, 2006.

Douady, Stéphane, *et al.*, « The Song of the Dunes as a Self-Synchronized Instrument », *The American Physical society (APS)*, Physical Review Letters, Volume 97, Issue 1, 2006.

El-Bialy, T. (2007) « *Applications of Therapeutic Ultrasound in Dentistry and Craniofacial Area : Present and Future* », *Canadian Acoustical Association Journal*, 35 (2), 69-73.

El-Bialy, T. (2007) (2007). « *Therapeutic Ultrasound Applications in Craniofacial Growth, Healing and Tissue Engineering, Rejuvenation Research*, 10 (3), 367-372.

El-Bialy, T., Hassan, A., Albaghdadi, T., Fouad, H. A., Maimani, A.R. (2006). « *Growth Modification of the Mandible Using Ultrasound in Baboons: A Preliminary Report, American Journal of Orthodontics and Dentofacial Orthopedics*, 130 (10), 435 e7-435 e14.

Ford, Brian J. « *The Secrets of Intelligence Lie Within a Single Cell* », *New Scientist*, 26 avril 2010.

Gimzewski, James. « *Dying Cells Dragged Screaming Under the Microscope* », *Nature*, 423, 106-107 (8 May 2003), doi:10.1038/423106b.

Jenny, Hans. « La cymatique, image des vibrations », *Le courrier de l'Unesco*, décembre 1969, p. 7.

« Johannes Kepler, le musicien du ciel », *Pour la science, Les génies de la science,* n° 8, août 2011.

Kemp, Martin. « *Georg Lichtenberg Visualized a New Branch of Science* », *Nature*, 435, 888, 16 June 2005, doi:10.1038/435888a; publié en ligne le 15 juin 2005.

Lichtenberg, Georg Christoph. *Commentatio posterior super nova methodo motum ac naturam fluidi electrici investigandi*, Recitata D. XIX, Dec. MDCCLXXVIII (1778).

McVeigh, Daniel P. *An Early History of the Telephone, 1664-1865*, Columbia University, 2000. *Oxford Dictionary of Scientists*, Oxford University Press, 1999.

Ministère de l'Écologie et du Développement durable (France), *La gestion du risque volcanique aux États-Unis*, Mission CSERV, édité par le CIFEG (Centre international pour la formation et les échanges en géosciences), « Nouvelles méthodes de surveillance géophysique : activité sismique des volcans et nouvelles technologies basées sur les signaux de longues et très longues périodes », Bernard Chouet. http://www.prim.net/professionnel/documentation/CSERVusa.pdf.

Morphogenèse et dynamique des barchanes, thèse soutenue le 22 juin 2004 au Laboratoire de physique statistique de l'École normale supérieure de Paris.

Müller, C., Schlindwein, V., *et al.* « Singing Icebergs », *Science*, 25 November 2005, vol. 310, n° 5752, p. 1299.

Murray Schafer, Raymond. *Handbook for Acoustic Ecology*, Barry Truax Ed., 1978. *Nature : « Scientists Split Over Regulations on Sonar Use Fresh Evidence Suggests Man-Made Noise Can Harm Marine Mammals »*, Rex Dalton, 9 October 2003.

Nothias, Jean-Luc. « Pourquoi les dunes chantent-elles ? », *Le Figaro*, 15 octobre 2007.

Ohno, Susumo. « *A Song in Praise of Peptide Palindromes* », *Leukemia* 7 (Supplement 2, August 1993) : S157-9. *Immunogenetics* 24 : 71-78, 1986.

Polle, Joyce H., Tyack, Peter L., *et al.* « *Elephants Are Capable of Vocal Learning* », *ElephantVoices*, Amboseli Trust for Elephants, P. O. Box 15135, Langata 00509, Nairobi, Kenya, Biology Department, Woods Hole Oceanographic Institution, Woods Hole, Massachusetts 02543, USA Institute of Zoology, University of Vienna, 1090 Vienna, austriaptyack@whoi.edu.

Psychology of Music, 2003, vol. 31(2) 173-186.

Scholz, Paul, Bretz, M., Nori, F. « *Sound-Producing Sand Avalanches* », *Contemporary Physics*, 1997, vol. 38, n° 5, p. 329-342.

Schumann, W. O., König, H. L. « *Uber die Beobachtung von Atmospherics bei Geringsten Frequenzen* », *Naturwissenschaften*, n° 41, p. 183, 1954.

Science & Vie, n° 980, mai 1999, p. 24.

Sedley, Taylor. *New York Times*, 22 décembre 1878.

Singh, T. C. N. (1965). *On the Growth and Tillering in Paddy Variety Patambi Under the Irradiation of Musical Sound, J. Annamalai University*, 26 : 100-103.

Singh, T. C. N., Gnanam, S. A. (1965). *Studies on the Effect of Sound Waves of Nadeswarum on the Growth and Yield of Paddy, J. Annamalai University*, 26 : 78-89.
« Son et musique au paléolithique », *Pour la science*, n° 253, novembre 1998.

Suda, Naoki, *et al.*, « Earth's Background Free Oscillations », *Science*, 279, 1998, p. 2089.

Tesla, Nikola (1905). « *The Transmission of Electrical Energy Without Wires as a Means of Furthering World Peace* », *Electrical World And Engineer*, January 7 : 21–24.

Université de Liège, Belgique, *RFCC (Revue francophone de clinique comportementale et cognitive)*, www.ulg.ac.be/aemtc/revue_francophone.html, vol. IX, n° 2, p. 20-28 (par Sylvie Robichaud-Ekstrand, Ph. D., professeure agrégée, Université de Montréal, chercheure, Institut de cardiologie de Montréal. www.ulg.ac.be/aemtc/sommaire.html).

« Volcans », *La recherche*, 310, juin 1998, p. 90-94 et 18.

Watson, G. N. (1918). « *The Diffraction of Electric Waves by the Earth* », *Proc. Roy. Soc.* (London), Ser. A 95 : 83-99.

Weinberger, P. Patent N° US3703051. *Methods for Improving the Growth Characteristics of Plant Material such as Seeds and Growing Plants*, Ottawa, 29th July 1971.

Weinberger, P., Das, G. (1972). « *The Effect of an Audible and Low Ultrasound Frequency on the Growth of Synchronized Cultures of Scenedesmus Obtusiusculus* », *Canadian Journal of Botany*, 50 : 361-365.

Weinberger, P., Graefe, U. (1973). « *The Effect of Variable-Frequency Sounds on Plant Growth* », *Canadian Journal of Botany*, 51 : 1851-1856.

Weinberger, P., Measures, M. (1968). « *The Effect of Two Audible Sound Frequencies on the Germination and Growth of Spring and Winter Wheat* », *Canadian Journal of Botany*, 46 : 1151-1161.

Weinberger, P., Measures, M. (1970). « *The Effect of Four Audible Sound Frequencies on the Growth of Marquis Spring Wheat* », *Canadian Journal of Botany*, 48 : 659-662.

Weinberger, P., Measures, M. (1973). « *Effects of an Audible Sound Frequency on Total Amino Acids and Major Free Alcohol-Soluble Amino Acids of Rideau Wheat Grains* », *Can. J. Plant Sci.*, 53 : 737-742.

Weinberger, P., Measures, M. (1979). « *Effects of the Intensity of an Audible Sound on the Growth and Development of Rideau Winter Wheat* », *Canadian Journal of Botany*, 57 : 1036-1039.

Wilson, Robert Woodrow. « *Discovery of the Cosmic Microwave Background* », *Modern cosmology in retrospect*, Cambridge University Press, 1990, p. 291-307.

Webographie

Liens actifs sur la page :
www.medson.net/liens-le-son-de-vie.html

Chapitre 2

www.meditation-sonore.com

www.medson.net/revue-presse/revue11.html

http://www.medson.net/recherche/cardio.html

Chapitre 3

http://www.medson.net/musique-therapeutique.html

Chapitre 5

http://eurekalia.umh.ac.be/sitepedago/bellesphotos/images/Chladni1_jpg.jpg

http://echo.mpiwg-berlin.mpg.de/ECHOdocuView/ECHOzogiLib?url=/mpiwg/online/permanent/library/5M6VYMSC/pageimg&pn=5&mode=imagepath

http://imgbase-scd-ulp.u-strasbg.fr/displayimage.php?album=759&pos=1

http://books.google.ca/books?id=WcMPAAAAQAAJ&pg=PA365&dq=chladni+trait%C3%A9+d%27acoustique&hl=fr#PPP5,M1

http://www.univ-st-etienne.fr/anum/fbp/jouve.pdf

Chapitre 6

http://www.firstsounds.org/public/First-Sounds-Working-Paper-04.pdf

http://www.firstsounds.org/sounds/index.php

http://www.firstsounds.org/

http://www.nytimes.com/2008/03/27/arts/27soun.html

http://www.lefigaro.fr/sciences/2008/03/28/01008-20080328ARTFIG00411-vingt-ans-avant-edison-un-francais-avait-invente-la-gravure-sonore.php

http://www.archive.org/details/soundtyndallj00tyndiala

http://cdl.library.cornell.edu/cgi-bin/moa/pageviewer?frames = 1&coll = moa&view = 50&root = %2Fmoa%2Fcent%2Fcent0042%2F&tif = 00047.TIF&cite = http%3A%2F%2Fcdl.library.cornell.edu%2Fcgi-bin%2Fmoa%2Fmoa-cgi%3Fnotisid%3DABP2287-0042-7

http://www.kage-mikrofotografie.de/en/kage/

Chapitre 8

www.seti.org

http://endlessuniverse.net/

http://remacle.org/bloodwolf/philosophes/Ciceron/finibusherodote.htm

http://www.archive.org/stream/pythagoreetlaph00taregoog/pythagoreetlaph00taregoog_djvu.txt

Chapitre 9

http://henriette-chardak.org/pages_projets/pyt7.php

www.musicologie.org/theses/nicomaque_01.html

http://www.remacle.org/

http://remacle.org/bloodwolf/erudits/nicomaque/harmonique.htm

Chapitre 11

http://slis.ac-rennes.fr/pedagogie/maths/histoire/histbabyl.htm

http://www3.ac-nancy-metz.fr/clg-georges-de-la-tour-metz/file/La%20tablette%20Plimpton.pdf

http://pagesperso-orange.fr/jm.nicolle/cusa/publidocti/page_docti.htm

http://fr.Wikipédia.org/wiki/Giordano_Bruno

http://www.astroariana.com/1-2-Loi-de-Titius-Bode.html

http://fr.encarta.msn.com/encyclopedia_761574916/Titius-Bode_loi_de.html

http://www.techno-science.net/?onglet = glossaire&definition = 6572

http://co-creation.net/weid/forme/ra.htm

http://www.jp-petit.org/science/f700/f701.htm

Chapitre 12

http://www.spaceweather.com/glossary/inspire.html

http://soi.stanford.edu/results/sounds.html

http://www.futura-sciences.com/fr/sinformer/actualites/news/t/astronomie/d/soho-ausculte-le-coeur-du-soleil_11872/

http://www.cnes.fr/web/CNES-fr/849-soho.php

http://golfwww.medoc-ias.u-psud.fr/instru.html

www.radio-canada.ca/actualite/v2/decouverte/

http://hearingvoices.com/news/2007/11/saturn-sings-nasa/

http://www-pw.physics.uiowa.edu/space-audio/

http://www-pw.physics.uiowa.edu/space-audio/Iowa10-2002.html

http://www.futura-sciences.com/news-ondes-sonores-deforment-atmosphere-externe-soleil_10695.php

http://fr.Wikipédia.org/wiki/Johannes_Kepler)

http://paiste.com/e/products_any_overv.php?menuid=4

Chapitre 13

http://blogfiles.wfmu.org/KF/0511/Singing_Iceberg.mp3

http://www.sciencemag.org/content/vol310/issue5752/images/data/1299/DC1/Muller.AudioS1.wav

http://www.awi-bremerhaven.de/de/

http://www.sciencemag.org/cgi/content/abstract/310/5752/1299

http://www2.canoe.com/techno/nouvelles/archives/2005/11/20051125-223158.html

http://www.sciencedaily.com/releases/2005/11/051128080318.htm

http://www.radio-canada.ca/audio-video/pop.shtml#urlMedia%3D/Medianet/CBFT/Decouverte200410171830_1.asx

http://www.usgs.gov/

http://www.prim.net/professionnel/documentation/CSERVusa.pdf

http://en.Wikipédia.org/wiki/Nikola_Tesla

http://en.Wikipédia.org/wiki/Schumann_resonance

http://147.175.143.11/

http://www.agu.org/pubs/crossref/2007/2006RS003478.shtml

http://spaceweb.oulu.fi/projects/schumann/

http://www.cnrs.fr/manifestations/grainsdescience/endetail/physique/dunes.htm

http://www.cnrs.fr/manifestations/grainsdescience/endetail/physique/chant_dunes.htm

www.lps.ens.fr/ ~ douady/SongofDunesIndex.html

http://www.infidels.org/library/historical/charles_darwin/voyage_of_beagle/

http://www.inlibroveritas.net/lire/oeuvre6471.html

http://ebooks.adelaide.edu.au/v/verne/jules/v52ro/chapter12.html

http://pavillonlivres.canalblog.com/

http://www.lps.ens.fr/ ~ hersen/data_html_french/perso/these_hersen.pdf

http://www.lps.ens.fr/ ~ hersen/data_html_french/chants.html

http://www.lefigaro.fr/sciences/2006/07/26/01008-20060726ARTFIG90001-pourquoi_les_dunes_chantent_elles_.php

http://www.pmmh.espci.fr/fr/morphodynamique/SongOfDunes.html

http://www-personal.umich.edu/ ~ nori/boom/Review-Booming-Sand.pdf

http://www.prim.net/professionnel/documentation/CSERVusa.pdf

http://arxiv.org/abs/nlin.AO/0412047

http://www-personal.umich.edu/ ~ nori/boom/RMP.html

Chapitre 14

WSP (http://www.sfu.ca/ ~ truax/wsp.html

http://www.sfu.ca/

http://www.sfu.ca/ ~ truax/index.html

http://www.sfu.ca/ ~ truax/handbook2.html

http://interact.uoregon.edu/MediaLit/WFAE/home/

http://www.radio-canada.ca/nouvelles/santeeducation/nouvelles/200109/18/002-chenille.asp

http://www.pnas.org/cgi/content/abstract/191378898v1

http://www.pnas.org/cgi/content/full/191378898/DC1

http://www.pnas.org/

http://www.newscientist.com/news/news.jsp?id = ns99994343

http://www.zoology.ubc.ca/ ~ bwilson/herring.html

http://www.radio-canada.ca/nouvelles/Santeeducation/nouvelles/200310/10/001-cetace-sonar.shtml http://www.radio-canada.ca/nouvelles/Santeeducation/nouvelles/200503/23/003-elephants-sons.shtml

http://www.pbs.org/wnet/nature/elephants/

Chapitre 15

http://www.wired.com/science/discoveries/news/2008/02/qa_turok

http://www.fractaluniverse.org/

http://www.fractaluniverse.eclipse.co.uk/ElectroFractalUniverseWebVersion.pdf

http://www.technologyreview.com/blog/arxiv/25492/

http://public.web.cern.ch/public/fr/LHC/LHC-fr.html

http://www.dailymotion.com/video/x2zuqa_puissances-de-dix-powers-of-ten_shortfilms

http://www.ledevoir.com/2009/01/07/226093.html

http://www.futura-sciences.com/fr/sinformer/actualites/news/t/astronomie/d/la-grande-musique-de-lunivers-rayonnement-fossile-et-big-bang_4857/

http://fr.Wikipédia.org/wiki/Wilkinson_Microwave_Anisotropy_Probe

http://news.bbc.co.uk/2/hi/science/nature/3832711.stm

http://fr.Wikipédia.org/wiki/Fond_diffus_cosmologique

http://news.bbc.co.uk/2/hi/science/nature/1304666.stm

Chapitre 16

http://mcescher.frloup.com/

http://www.medson.net/liens/liens3.html

http://www.mp3tube.net/musics/Joseph-Haydn-Symphony-47-III-Menuetto-e-Trio/231479/

http://www.youtube.com/watch?v = 9cbxzIW6MNw&feature = related

http://www.youtube.com/watch?v = hUJagb7hL0E

http://fr.Wikipédia.org/wiki/4 % E2 % 80 % B233 % E2 % 80 % B3

http://www.john-cage.halberstadt.de

http://www.melafoundation.org/dream02.htm

http://www.leadguitar.ca/

http://www.leadguitar.ca/download_section.htm

http://www.geocities.com/Vienna/9349/summary.html

http://classes.yale.edu/fractals/

http://www.brotherstechnology.com/yale/FractalMusic/FractalMusicLab.html

Chapitre 17

http://www.whozoo.org/mac/Music/Sources.htm
http://whozoo.org/mac/Music/Sources.htm
http://algoart.com/
http://www.leonardo.info/isast/articles/lifemusic.html
http://www.whozoo.org/mac/Music/
http://www.leonardo.info/isast/articles/lifemusic.html
http://www.whozoo.org/mac/Music/Primer/Primer_index.htm
http://www.leonardo.info/isast/articles/lifemusic.html
http://whozoo.org/mac/Music/Spidroin.htm
http://www.astrobio.net/exclusive/441/beaming-a-lifeform-musically
http://psychevanhetfolk.homestead.com/dna.html
http://www.oursounduniverse.com/music_samples.html
http://news.bbc.co.uk/2/hi/science/nature/222591.stm
http://www.toshima.ne.jp/ ~ edogiku/index.html
http://scienceblogs.com/worldsfair/upload/2006/06/24271music.pdf
http://sourceforge.net/projects/proteinmusic/
http://cat.inist.fr/?aModele = afficheN&cpsidt = 3189907
http://www.genomamusic.com/
http://www.rosicrucianfellowship.com/rays/micro_music.pdf
http://www.mimg.ucla.edu/Faculty/miller_jh/gene2music/Home.html
http://genomebiology.com/2007/8/5/405
http://www.petergena.com
http://www.molecularmusic.com/
http://www.nature.com/nature/dna50/watsoncrick.pdf

Chapitre 18

http://www.youtube.com/watch?v = MylWc4RF7vI
http://www.ouvirativo.com.br/rede/textos/textos-pdf/tx_mp_dissertacao.pdf
http://www.bekkoame.ne.jp/ ~ dr.fuk/IndexF.html
http://www.genodique.net

http://sites.radiofrance.fr/francemusique/em/portee_mots/emission.php?e_id = 7&d_id = 270000555&arch = 1

Chapitre 19

http://light.ece.uiuc.edu/

http://www.livescience.com/humanbiology/070312_nerves_work.html

http://fr.Wikipédia.org/wiki/Jacques_Benveniste

http://www.lesmotsontunsens.com/luc-montagnier-vaccin-contre-le-sida-memoire-de-l-eau-jacques-benveniste-2744

http://myprofile.cos.com/telbialy

http://www.cbc.ca/MRL/clips/rm-lo/gerow-tooth060629.rm

http://www.articlecodex.com/articles/health/Dentistry/Patent-Future:-LIPUS-ultrasound-re-grows-tooth-roots-859926.htm

http://en.wikipedia.org/wiki/Low_intensity_pulsed_ultrasound

Table des matières